外资研发机构
在国家创新体系建设中的作用

The Role of Foreign R&D Institutions in the National Innovation System

陈宝明　杨　娟　丁明磊◎著

经济管理出版社
ECONOMY & MANAGEMENT PUBLISHING HOUSE

图书在版编目（CIP）数据

外资研发机构在国家创新体系建设中的作用/陈宝明，杨娟，丁明磊著 . —北京：经济管理出版社，2020. 8

ISBN 978 - 7 - 5096 - 7400 - 0

Ⅰ. ①外…　Ⅱ. ①陈… ②杨… ③丁…　Ⅲ. ①外商投资—研究机构—作用—国家创新系统—研究—中国　Ⅳ. ①F204

中国版本图书馆 CIP 数据核字（2020）第 159216 号

组稿编辑：申桂萍
责任编辑：申桂萍　宋　佳
责任印制：黄章平
责任校对：张晓燕

出版发行：经济管理出版社
　　　　　（北京市海淀区北蜂窝 8 号中雅大厦 A 座 11 层　100038）
网　　址：www. E - mp. com. cn
电　　话：（010）51915602
印　　刷：唐山昊达印刷有限公司
经　　销：新华书店
开　　本：720mm × 1000mm/16
印　　张：18. 5
字　　数：322 千字
版　　次：2021 年 5 月第 1 版　　2021 年 5 月第 1 次印刷
书　　号：ISBN 978 - 7 - 5096 - 7400 - 0
定　　价：78. 00 元

前　言

　　随着经济科技全球化深入发展，跨国公司研发活动日趋国际化和全球化，跨国公司在国际上设立研发机构，成为外商直接投资的主要形式之一。近年来，随着我国创新环境日益改善，再加上我国具有庞大的市场规模和低廉的人力资源成本等有利因素，越来越多的跨国公司选择在华设立研发机构，并加快了在我国的研发布局。跨国公司外资研发中心在我国不仅数量快速增长，在我国开展的创新活动也日益增多，并成为我国创新活动的重要力量。大中型外资研发机构的研发投入增长速度加快，近 10 年增长 10 倍多。外资研发机构在华从事研发活动的人员规模也不断扩张。世界 500 强在华研发机构的规模普遍较大，不少机构的研发人员已达数千人。

　　国际金融危机爆发后，外资研发投入逆势增长，研发中心的地位得到了跨越式提升，并向战略研发中心转变。基础型、创新型本地化研究占比有所上升，越来越多的跨国公司将在华研发中心作为其亚太区研发总部，有些甚至升级为全球技术研发中心。例如，通用电气、埃克森美孚、英特尔等全球知名企业都在上海设立了全球研发中心。外资研发中心主要集中在长三角、环渤海和珠三角地区，近年来也开始出现向中西部扩散的趋势。

　　外资研发中心在我国的规模日益扩张，已成为我国国家创新体系的重要组成部分，外资企业和外资研发机构的科技创新动向以及企业的研发活动对我国行业未来的发展产生着重要的影响。从总体上看，外资研发中心的设立和发展给我国科技创新和经济发展带来了难得的机遇，极大地增强了我国科技创新的活力。外资研发中心在我国的设立和发展有利于集聚全球创新资源，实现技术和管理溢出，在一定程度上促进我国企业的创新能力提升和产业转型升级。比如，外资在华大量设立研发机构，客观上有助于促进我国快速成为全球企业研发基地，越来越多的高端技术产品直接在我国本土研发设计并实现产业化，使我国企业创新得以建立在一个比较高的层次和更加开放的全球平台上。外资研发中心的发展，对本土企业和科研机构具有示范作用，促使本土企业和研发机构不断提高管理水平和产品开发的能力，通过在本土开展创新活动，可以更多地培养本土人才，在一定程度上抑制我国高端人才流向海外。

另外，就像市场上的任何一类主体一样，外资研发机构对人才、资源等的使用也必然意味着其他主体对这类资源占用的减少，由于外资研发机构的发展受制于跨国公司的全球整体研发布局，导致这些研发机构的发展自主性受到一定限制，在我国国家创新体系建设中的作用有待进一步加强。目前，多数跨国公司的研发投资主要用于技术的本地化研究，原创性开发和创新性研究仍然比较少；越来越多的跨国公司倾向于建立独资的研发中心，研发中心与创新体系中各类主体的交流与互动还有待进一步加强。部分外资研发机构的研发功能还不强，没有真正地开展研发活动。而我国多数企业在与跨国公司合作过程中，由于自身技术创新能力不够强，加深了相关产业各环节对跨国公司的技术依赖。

从总体上看，外资研发机构和外资企业以及各类创新主体已成为我国国家创新体系的重要组成部分，对我国国家创新体系建设发挥着重要的作用。外资研发中心的投资和设立也使我国引进外资的方式发生了很大变化。跨国公司为适应金融危机对国际产业转移所造成的影响，可能越来越倾向于生产和研发的转移同步相伴进行，也给我国提高利用外资的效益、实现利用外资从"量"的提高到"质"的提升带来了机遇。顺应国际经济、科技发展环境的变化，研究如何通过政策手段对外资研发中心创新和发展进行引导，从而充分发挥外资研发中心在我国国家创新体系建设中的重要作用，具有十分重要的意义。

目前，我国在研究发挥外资研发中心作用方面还存在以下主要问题：一是对外研发机构的情况掌握不够全面。从总体上看，我国对外资研发机构在我国的投资和发展情况、研发和创新活动、发展趋势等仍然不够了解。二是对外资研发机构的影响把握不够全面，对于外资研发机构的创新活动和所起的作用缺少准确的判断，例如，外资研发机构的发展对创新驱动发展战略实施的影响，外资研发中心的发展对我国战略性新兴产业发展的影响等都缺乏研究，使我国在制定引导外资研发机构发展的政策方面存在依据不足、情况不明的问题。三是对外资研发机构在国家创新体系中的地位认识不够清晰。对于外资研发机构的发展需求和政策需求都不够明晰，缺乏总体上的把握，不利于国家创新体系的整体建设。四是对如何规范管理外资研发机构缺乏有效手段。以往对外资重吸引而轻管理，管理制度建设不够，经验积累不足，亟待借鉴国际经验，完善对外资研发机构的管理。

本书撰写的主要目的，就是明确外资研发机构在我国国家创新体系建设中的定位和作用，系统了解跨国公司在我国进行研发投资的现状和主要趋势，外资研发中心在我国开展创新活动的主要态势及经济、科技政策方面的需求，分析外资研发机构对我国科技创新和产业发展所造成的影响，研究提出充分发挥外资研发机构在我国国家创新体系建设中重要作用的建议。

为了充分了解外资研发机构发展情况，我们配合相关部门针对设立外资研发机构的企业进行了广泛而深入的调研，书中相关数据就来自于这次调研中反映的情况。当然，在调研中，很多外资研发机构都反映了在创新发展中存在的问题，并提出了相应的政策建议，在书中一并总结加以反映。

本书是课题研究的成果，各位课题组成员分别承担了本书的写作工作，具体如下：前言、第四章、第六章、第七章（陈宝明）；第一章（天津工业大学张金桥、中共北京市物资有限公司党校谢昱）；第二章（陈宝明、杨娟）；第三章（杨娟）；第五章（丁明磊）；第八章第一节和第二节（广东省科技评估中心李晓琴），第八章第三节（北京理工大学段海霞），第八章第四节和第五节（谢昱）；附件（杨娟、陈宝明、北京理工大学傅碧霄）。

目　录

第一章 关于外资研发机构研究的综述

随着经济科技全球化深入发展，外资研发机构的发展得到社会各界的关注，国内外学者围绕研发国际化以及外资研发机构的发展和作用等主题进行了大量的研究，为开展对于促进外资研发机构创新发展的研究奠定了良好的基础。

一、关于外资研发机构的区位选择动机与影响因素

研发国际化是外资研发机构发展的一般驱动因素，全球研发国际化的发展趋势对于跨国公司在我国设立外资研发机构具有重要的影响。国外文献对跨国研发投资的主要影响因素进行了深入的研究。如 Hirschey 和 Caves（1981）基于 20 世纪美国产业层面数据的研究发现，向外国市场出口对美国企业海外研发有重要影响。Negassi（2004）对法国企业的实证研究表明，市场规模、市场份额、研发集中度和人力资源（专家数量和从业人员的比例值）是影响其研发成功与否的关键因素。Gardon 和 Sanchez（2006）认为，行业研发的密集程度与行业产品的广泛程度有很强的联系。Florida（1997）认为，跨国公司研发是一个异质的过程，由于行业部门的不同，研发（实验室）投入有很明显的差异。Reddy 和 Sigurdson（1997）对印度科技企业进行的案例分析发现，外资研发在印度投资的主要决定因素是相关科技人员以及研发成本。

一些学者认为，跨国公司研发全球化的区位选择与跨国公司研发全球化的动机直接相关。Dunnig（1997）指出，公司海外研发投资的动机很大程度上并不仅是扩展现存的竞争优势而是期望获得新的优势或者补充资产，这些新的优

势和补充资产有助于支撑和加强它们的全球竞争能力，当跨国公司认为与竞争对手相比具有一定所有权优势，通过对外国区位的内部化开发能获得理想收益时，就要从事研发的对外直接投资。他认为，跨国公司海外研发直接投资能帮助企业获得某种优势，该优势与公司业已存在的优势结合在一起，有利于跨国公司保持和加强竞争地位。跨国公司的海外研发直接投资，是为了承担以下一种或几种组合职能：产品、原材料或工艺技术的适应或改善；基础材料或产品研究；生产研究的合理化或成本最小化；了解和监视国外技术能力的发展变化。Mansfield（1979，1994）、Hewitt（1980）、Jaffe（1986）、Cohen 和 Levinthal（1989）、Pearce（1989，1992，1999）、Haknason 和 Zander（1988，1990，1992）、Nobel（1993）、Patel 和 Pavitt（1991，1996）、Kuemmerle（1997，1995，1999）、Dalton 和 Serapio（1999）等均对跨国公司研发全球化的动机做了系统研究。他们认为，一般可从技术—供给驱动和市场—需求导向两个角度来解释跨国公司研发全球化，技术—供给驱动动机包括接近技术中心、利用研发资源、新技术和新产品的开发、获取最新技术和信息等，市场—需求导向动机包括技术当地化、产品开发、生产销售服务支撑等。Haknason、Pearce、Dalton、Serapio 是供求因素理论的代表人物。Hewitt（1980）对研发全球化的动机进行了总结性分类，包括适应性动机、当地市场导向动机和全球性动机。Paetl 也将其归纳为三点，包括调整产品、工艺、原材料适应国外市场，为海外生产机构提供技术支持；跟踪监视国外科技发展动态；在母国之外创新核心产品和关键技术。Bas 和 Sierra（2002）将跨国公司海外研发的动机归纳为技术跟踪型、母国基地开发型、母国基地扩张型、市场寻求型四种类型。Kuemmerle（1997）研究指出，跨国公司分散研发主要有两种功能：一是吸收先进知识，并移转至母公司研发基地，以提升母公司研发产出绩效；二是移转母公司的研究成果至海外制造据点，或提供海外市场技术服务，以更有效结合研发、生产与销售。

　　跨国公司研发全球化除了具备各种动机之外，东道国的环境和条件对其研发全球化尤其是区位的选择会产生重要的影响，也成为吸引跨国公司研发全球化的重要因素。Lall（1979）、Hirsehey 和 Caves（1951）、Lund（1986）、Pearee（1989，1992）、Kumar（1995，1996，2001）、Fors 和 Zejna（1996）、Zedwtitz 和 Gassmna（2002）等对跨国公司研发全球化区位选择的影响因素做了研究。研究结果表明，跨国公司研发全球化的区位选择与跨国公司在东道国的市场渗透程度、东道国的市场规模、跨国公司在东道国的当地生产导向和技术活动强度、当地研究开发资源状况、基础设施与环境条件以及同一行业在当地的研发水平有着密切关系，与东道国的政策环境（尤其是《知识产权保护法》）也有很大的关系。

近年来，与技术源头接近作为跨国公司海外研发区位决定的影响因素之一，其重要性在不断上升，某一地区的产业优势条件日渐成为构成跨国公司研发全球化重要区位因素之一，跨国公司在许多行业技术的领先区域设立海外研发中心的意愿日益强烈。Fors 和 Zejna（1996）、Lall（2000）、Serapio 和 Dalton（1999）、刘孟俊等（2003）的研究都证明了产业优势条件对于吸引跨国公司设立海外研发中心的重要性。Abel Marin 和 Martin Bell 对 20 世纪 90 年代跨国公司在阿根廷的技术转让和溢出的实证研究发现，跨国公司对发展中东道国知识溢出是由于跨国公司与母国之间有高级知识源的联系，至于跨国公司对东道国的溢出效应与东道国的能力有很大的关系。

学者们对于跨国公司在华设立研发机构的动机和决定因素进行广泛的研究分析。Kostova（1999）认为，制度距离（即东道国与母国之间的制度水平差异）是在华外国经营者决策的重要制约因素。楚天骄和杜德斌（2006）将市场规模、东道国的研发资源和政策环境作为衡量在华跨国研发投资环境的评价指标。张水清和杜德斌（2001）的研究指出，新兴产业的吸引是跨国公司研发全球化的重要动力。李佳涛和钟京（2003）对 276 个在华研发机构进行了研究，认为区位、本土合作伙伴的性质、跨国公司的国籍是决定在华研发机构是否从事基础研究工作的三个关键因素。Sun 等（2006）的研究表明，在华跨国研发投资的重要影响因素是快速成长的中国市场、大量低成本高素质的劳动力、政策倾斜等。陈飞翔和戴伟（2006）对中国省级数据的实证分析表明，人力资源开发状况对跨国公司研发投入有明显的正面影响。李洁（2005）对 2003 年各省截面数据的实证研究发现，科研和人力资源、FDI 的区位分布、区域经济水平、区域研发投资环境（包括自然地理位置、交通、通信等）是影响跨国公司在华研发区域抉择的重要方面。何琼和王铮（2006）对 2000 年中国各省跨国研发数据的截面分析得出结论，FDI 是影响跨国研发投资区位选择的最大因素，但不是唯一影响因素。崔新健等（2010，2011）分析了跨国公司在华研发投资的行业决定因素，以及世界 500 强在华设立研发中心的特征及其成因。

围绕外资研发机构的产业分布、设立方式以及区域发展特点，我国学者进行了很多研究和探讨。薛澜、柳卸林等采用不同样本所做的研究都发现，外商在华设立研发中心最集中的是电子信息行业。在地区分布上，喻世友等和长城企业战略研究所的研究表明，外商在华设立的研发中心主要集中在北京、上海和广东。部分学者重点研究了外资研发机构的设立方式。长城企业战略研究所（2001）的调研发现，大部分外资在华研发中心都是作为中国公司的一个部门，也有少数研发中心注册为独立法人。而柳卸林等对 19 家跨国公司在京研发机构的实证分析则进一步表明，非独立法人研发中心的数量略多于独立法人研发中心的数量。一些学者在区域分布以及在增长态势上进行研究。杜德斌（2007）等基于对上海、北京、天津、广东、江苏、浙江、福建、大连等省（市）的外资研发机构的调查和研究，得出跨国公司在中国的研发机构迅猛增加、研发投入迅速增长、人员规模急剧扩张、业务功能不断提升、研发领域逐步拓宽、基础研究和核心技术开发的比重上升、与国内创新机构的合作较为频繁、区域分布在东部沿海的发展现状和趋势。林耕和陆莺（2004）提出北京已成为跨国公司最重要的研发投资中心，跨国公司技术研发合同在北京大幅增长的走势提升了北京在国际社会的地位，并围绕地方发展机遇、目前存在的问题等方面进行探讨，对改善投资环境，吸引跨国公司研发机构落户北京，发展和完善技术市场，促进科技经济发展提出了重发展更重管理的相关政策建议。盛刚（2006）通过对天津的 69 家外资研发机构以及一些较大规模的企业的科技活动情况的调查分析，得出了一些结论，包括：在津的外资研发机构数量还不足，在研发机构的地理分布中具有一定的区域集聚性，研发人才、研发成果、研发经费都主要集中在少数几个领域中；在津的外资研发机构研发活动主要以应用研究和研发成果应用为主，主要业务领域是工程领域的研发活动和工业设计，大部分的研发机构都没有专利和科技论文产出；在津的外资研发机构大多是非独立的，而且外籍研发人员或海外归国人士不多，研发人员的整体素质还有待提高；从研发成果的所有权归属来看，超过 50% 的研发机构要求成果归母国（或来源地区）所有，实际专利申请量的 98.7% 在事实上都是归母国所有；在津外资研发机构与企业的合作行为较少，与大学的合作较为活跃。绝大多数的外资研发机构都没有参与中国政府的合作项目，虽然他们大多表示愿意参与中国政府的合作项目。

二、关于外资研发机构的运作管理

外资研发机构是一种较为新型的研发机构，其运作机制和运行特点与传统的研发机构具有较大的不同。各国学者围绕外资研发机构的运作管理开展了较为细致的研究。主要包括以下两个方面：

（一）外资研发机构的职能分类

Ronstadt（1977，1984）基于国际产品生命周期，将外资研发中心（跨国公司海外 R&D 机构）的类型按照不同的职能进行了划分：一是技术转移单位（Technology – transfer Units，TTU），其职能是接受、使用与完善由母公司提供的技术，为海外子公司实现技术的本地化适应；二是本地技术单位（Indigenous Technology Units，ITU），其职能是服务于海外子公司，根据海外市场进行独立的，与母公司技术并无直接关联的新产品开发；三是全球技术单位（Global Technology Units，GTU），其职能是进行面向公司的全球市场的新产品开发；四是公司技术单位（Corporate Technology Units，CTU），其职能是负责母公司的长期研究，探索新的技术领域，CTU 通常承担了公司最核心的基础研究。Taggart（1998）等从跨国公司对 R&D 承诺与学习环境这两个维度进一步分析了 Ronstada 划分的四类外资研发机构的特点，指出技术转移单位的 R&D 承诺低，学习环境差；地方技术单位的 R&D 承诺高，学习环境差；全球技术中心的 R&D 承诺高，学习环境优；而公司技术中心的 R&D 承诺低，学习环境优。

Hood 和 Young（1982）将外资研发中心（跨国公司海外 R&D 机构）分为下面三种具有不同的职能的类型：一是技术支持实验室（Support Laboratory），其职能是从技术上对跨国公司海外的制造与销售体系提供支持，使来自母公司的技术在东道国发挥最大效用；二是本地一体化实验室（Local Integrated Laboratory），其职能是以东道国市场需求为导向进行新产品的研发和设计；三是国际化实验室（International Interdependent Laboratory），其职能是根据跨国公司全球研发需要，与公司全球 R&D 网络上的其他机构协调开展 R&D 活动。Pearce 和 Papanastassiou（1999）基于这一职能分类方法对外资研发中心（跨国公司海外 R&D 机构）在英国的战略演化进行了分析。

Hewitt（1980）将外资研发中心（跨国公司海外 R&D 机构）的职能分为：适应（Adaptive）型研发、本地市场导向（Local Market – oriented）型研发和全球（Global）型研发三类。Hakason 和 Nobel（1993）基于对瑞典公司的研究，把外资研发中心（跨国公司海外 R&D 机构）职能分为：技术监测单位（Technology Listening Units）、生产支持单位（Production Support Unite）、市场导向单位（Market – oriented Units）、政策动机单位（Politically Motivated Units）和多元动机单位（Mult – motivated Units）五类。

Prahalad 和 Doz（1986）指出，跨国公司海外子公司的各项职能可归结为全球整合（Global Integration）与本土响应（Local Response），其中全球整合指将地理位置分散的子公司的各项活动进行集中管理，使达到降低平均成本的规模经济与一致性协调。本土响应则是由海外子公司提升其决策自主性，以适应本土竞争和顾客的差异化需求。Kuemmerle（1997）则认为，HBE 型投资的职能是为公司在国外的生产基地提供技术支持，调整产品标准化程度以适应当地需求，HBA 型投资的职能是从全球范围的竞争对手及各类大学、研究机构那里获取知识，并指出跨国公司 R&D 职能动态演进是从 HBE 向 HBA 发展的。Goshal 和 Bartlett（1988）以动态视角对 Ronstadt 的职能分类进行了新的解释，认为随着跨国公司国际化的不同发展阶段，其 R&D 机构的职能不断发生变化：第一阶段，R&D 职能集中于公司总部，服务全球市场；第二阶段，R&D 职能分散到海外，但服务于母国市场；第三阶段，海外的 R&D 机构服务全球市场；第四阶段，建立全球 R&D 机构，服务全球市场。

（二）外资研发机构的组织管理研究

一些学者研究了跨国公司全球 R&D 机构的组织问题，也就是母公司及海外研发机构间的管理、信息交流与沟通等问题。Boutellier 等（1999）将国际化研发机构的组织形式分为五类：母国集权型（Ethnocentric Centralized R&D，或民族中心型）、全球集权型（Geocentric Centralized R&D）、多中心分散性（Polycentric decentralized R&D）、网络中心型（R&D Hub Model）、一体化网络型（Integated R&D Network）。他们进而指出，母国集权型与全球集权型的组织结构是中央集权式的，不同之处在于后者更强调国际合作；多中心分散型的组织结构是高度分散化、弱中心模式的，各个独立 R&D 单位之间存在竞争；网络中心型的组织结构是分散化、强中心模式的，海外 R&D 单位起到辅助支持作用；而一体化网络型的组织结构是高度分散化、多能力中心模式的，国际 R&D 单位通过协作实现一体化。

Brockoff（1998）将跨国公司海外研发机构的组织归纳为三种类型：一是中心—外围型，公司总部研发中心执行创新，外围海外研发机构进行信息搜集、技术转移和市场适应性研发。二是多区域能力中心型，总部中央研究机构，海外设立多个区域性能力中心，区域中心对地方或全球市场进行开发，区域中心间缺乏沟通。三是全球网络化组织型，总部中央研究机构与海外所有 R&D 机构互成网络，进行全球协作开发。

Chiesa（1996）将跨国公司的全球 R&D 组织模式分为三类：一是全球中心（Global Central），跨国企业将技术资源高度集中于母国发展，而将海外技术转移单位分散化；二是全球专业化（Global Specialized），跨国公司将全球性专业化任务委托给国外特定的实验室，以改善产品研发过程的效率，特定产品种类的研发活动集于特定地区；三是全球整合（Global Integrated），各个国外实验室保持独立且自由发展新产品，并在共同利益最大化原则下由母国中央研究机构协调整合。而 von Zedtwitz（2002）指出 R&D 国际化的组织形式并不是一成不变的，为适应全球化，跨国公司 R&D 组织正变得越来越富于弹性、开放和一体化。

在组织沟通方面，Zanfei（2000）认为，随着跨国公司海外研发机构越来越趋向于针对海外市场开发海外研发资源，原先向跨国公司总部集中化的沟通模式和单一信息流动渠道不再适用。Moenaert 等（2000）认为应从企业和团队两个层面，以平行结构、非正式网络、高效能团队来促进跨国公司海外 R&D 机构间的沟通。

组织结构的形成受到多种因素的影响，Dunnig（1995）认为技术的变化和全球化带来的需求差异使等级制的组织重新构建它们的创新组织方式。Zanefi（2000）在需求多元化和技术变革外加上了地区差异化。

三、关于外资研发机构对东道国创新能力的影响

外资研发活动对东道国创新能力的影响，是世界各国普遍关注的问题，学者

们从各个角度进行研究，形成了各种观点，但是从总体上看，对外资研发机构所产生的创新影响难以产生一致的结论。

首先，围绕外资研发机构的外溢效应进行研究。一些学者认为，外资研发机构通过技术外溢效应和创新效应对东道国的技术创新产生影响。Lucas（1988）和 Krugman（1987）等把技术作为内生变量，并结合新经济增长理论，研究了企业国际化进程中比较优势的内生性与动态转移。其中，包括技术知识的国际外溢"干中学"学习曲线以及技术创新对比较优势的影响等。通过研究他们认为，技术作为影响国际贸易和直接投资的内生变量，将在企业国际化进程中产生诸多效应，其中最主要的是技术外溢效应和创新效应。伴随直接投资的技术外溢效应是一个综合的动态过程：既有通过进口机器设备、中间品等硬件技术的转移，也有技术咨询服务、技术人才培训、组织管理技能和企业家精神培养等软技术的渗透和扩散，更重要的是技术开发和创新机制的动态发育。除了技术外溢引致的技术创新外，伴随直接投资的流入，还能够给东道国带来制度和管理的创新，引入新的观念和思维方式，并推动企业制度、行为、组织结构和运行模式的创新。

许多学者通过研究发现，外资研发机构通过知识流以及各种相应的效应产生溢出效应。Fang 等（2002）在对跨国公司在中国台湾设立研发机构对其溢出效应的研究中，从知识流角度出发，将知识溢出定义为一种主要表现为跨国公司研发机构与本土高校、科研机构、企业等知识主体在交流方面的知识的动态过程。我们认为，这种基于知识交流的研究方法对于揭示跨国公司对东道国知识溢出的微观机理是大有裨益的。部分学者认为，外资研发机构通过示范效应、竞争效应和人才流动效应对溢出效应产生影响。郑德渊等（2002）提出研发活动的主要产品是信息或知识，由于信息具有公共物品的特性，因此，研发活动具有显著的外部效应，即溢出效应。跨国公司在中国的研发行为也具有显著的溢出效应，这种溢出效应主要通过以下三个方面对中国技术创新起到促进作用：一是示范效应。跨国公司研发机构的进入，使中国的企业和科研机构又多了一种学习渠道，通过与跨国公司在本国研发机构的技术交流，学习先进的科研管理手段，推动本国技术创新体系的发展。二是竞争效应。跨国公司在中国的研发投资增加了本土企业技术创新的竞争压力，本土企业不得不加大技术创新的投入力度，提高自身的技术能力和研发管理水平。三是人才流动效应。跨国公司在中国进行研发投资必然会发生跨国公司研发机构与本土企业、研究机构之间的人员流动。这些人员将在跨国公司中学习到的先进技术与管理经验带回本土企业或者研究机构中，提高了本土的技术创新能力。赖明勇等（2006）认为，跨国公司维护其自身垄断优势的本能和中国本土企业较弱的学习和吸收能力，是影响示范效应发挥作用的主要因素。另外，跨国公司研发投资所带来的竞争冲击，可能会使国内一些企业将资源更多地投入到经营绩效的短期改善上，而不是进行风险高、见效慢的研发活动上。另外，对于既缺技术同时自有资金又不富足的国内企业，即使有强烈的自主研发动机和研发项目，能否为项目融通足够的资本也是很大的问题。

还有学者认为在竞争压力下，外资研发对东道国企业技术进步有比较显著的影响。Blomstrom（1991）、Kaminski 和 Riboud（2000）认为，外资企业的进入会增强本国市场的竞争压力从而迫使本地企业加大研发力度，提高技术水平和生产效率。Keller 和 Yeaple（2004）在比较了进口与 FDI 两种不同渠道产生的外溢效应后认为，FDI 带来的研发外溢效应显著大于进口产生的技术效应。章文光和王晨从区域创新系统的视角分析外资研发对本土创新能力的影响，可知外资研发与区域创新系统互动的机制，主要包括自然介入互动、知识创新互动、技术创新互动、人力资本互动、政府政策互动和中介服务互动六个方面，利用北京、上海、江苏、广东四地 1999~2008 年的面板数据进行了实证研究。实证得出外资研发的自然介入深度与区域创新能力存在显著的正相关关系，其他各项互动指数与区域创新能力的相关关系不显著。提出地方政府在调整外资管理政策时，应该从单纯的吸引外资研发转变为鼓励外资研发与区域创新系统互动的政策体系。

一些学者用计量的方法分析了外资研发机构对东道国的创新能力的影响。王红领等（2006）利用中国行业层面的面板数据，通过回归分析考察了具有研发活动的 FDI 对我国民族企业自主创新能力的影响，结果显示，FDI 对于中国内资企业的研发能力有显著的促进作用。刘云等（2003）利用 1985~2001 年的数据，使用最小二乘法研究了跨国公司母公司专利申请对我国技术创新的影响，结果发现，在华外商投资 500 强及其母公司在华专利申请对我国国内技术引进、消化吸收和创新有积极的影响。冼国明和严兵（2005）的研究也得出了基本类似的结论。杰弗逊和胡广州（2005）从专利的角度考察了国内企业自主研发的情况。他们利用中国 1995~2001 年的企业数据对专利申请量和 FDI 之间的关系进行了实证检验，发现行业中 FDI 企业占工业增加值的比重每提升 10%，专利的申请数量就提升 15%。2005 年《世界投资报告》指出，从东道国的角度看，研发国际化有可能加强东道国的技术和创新能力，但也有可能加大未能与全球创新网络衔接的国家的落后差距。

学者经过研究后认为，外资研发机构扮演着国家创新体系与全球创新网络"桥接"作用。章文光（2007，2008）对跨国公司在华投资研发中心与我国政府不同的博弈目标进行了比较，剖析了影响和决定二者竞争与合作程度的主要因素，建立了竞合博弈模型，并从投入产出的角度构建了跨国公司在华研发中心的绩效模型，认为跨国公司在华研发投资既是跨国公司母国国家创新体系向海外的延伸，也是我国国家创新体系的组成部分。秦岩（2008，2011）对跨国公司在华研发机构功能演化的轨迹和机制进行了描述。

其次，学者经过研究后认为，外资研发机构的行为对东道国的创新能力具有双面性。20世纪80年代末，一些学者开始关注外资研发对发展中东道国创新能力的影响，他们认为，本地科研机构通过与外资在当地设立的研发机构联合，其科技能力可以得到大幅度拓展（Pearce，1989）。随着研究的深入，更多的学者开始指出外资研发行为的两面性。Dunning（1994）在总结前人的研究成果的基础上，指出关于外资研发对发展中东道国的影响有两种相反的观点。一种观点认为，这种研发投资对东道国的经济增长是有利的，因为它可以为东道国提供技术和管理技能，而这些技术和管理技能反过来又可以以较低的成本为东道国创造其他间接的正面价值。另一种观点认为，外资在当地的研发行为几乎未给东道国带来什么好处，但是占用了东道国非常有限的研发资源。同时，这种投资行为与东道国的经济增长关联性不大，反而还造成人才外流，使稀缺资源从更有用的领域分流出去。

Reddy（1997）结合外资在印度的研发投资的具体情况，认为外资在发展中东道国的研发行为通过某些途径增加了东道国的创新能力，这些途径包括：为东道国带来新的设备和全球知识网络，为当地大学新增了研究设备，给东道国的科学家带来了"商业文化"理念，增强了东道国科研人员的应用能力。在带来好处的同时，外资在发展中国家和地区的研发行为也带来了消极影响，主要表现是在跨国公司的高薪诱导及激励政策下，当地大批优秀技术人员流向外资企业，造成国内企业技术人员短缺。另外，对于发展中国家和地区来说，外资研发还可能会制造一些所谓的"高科技孤岛"（High-tech Enclaves），这些领域一般很少有知识扩散到发展中国家和地区的经济中。不过Reddy认为，由于知识和技能不会长时间孤立，随着人才的流动和在本地采购材料，这些知识最终会扩散到当地经济中去。所以，外资研发行为给发展中东道国带来的有利影响要大于其不利影响。

江小涓（2000）认为，由于跨国公司能增强我国的技术开发能力，能引导国内的研发方向，促进国内配套企业提高技术水平，吸引和培养人才，所以，对我国技术水平的提高和研发能力的增强有促进作用。另外，外商研发机构还可以通过技术溢出效应实现一些间接效应，包括人才流动、示范作用、竞争产生的压力、开辟新的研发领域、促进国内外学术交流与合作等。董书礼（2004）认为，跨国公司研发本地化既有可能促进我国产业技术进步，也有可能造成不利影响。促进作用主要体现在跨国公司在华研发机构能够抑制科技人才的外流，而且能够吸引海外中国留学生和华人学者回国从事科研工作，在一定程度上留住了中国的人才。从长远看，一旦国内企业激励政策到位，必然会有部分受雇于跨国公司的人才回流，成为国内企业的研发骨干力量。而且跨国公司在华研发机构的研发活动是相对开放的，能直接把先进技术和研发管理经验带进中国，通过与中国大学、科研机构以及企业的合作研发活动，缩短中国与国际先进科技的差距。

也有学者认为，对东道国技术进步影响在不同情况下表现不同。Driffield（2001）运用英国制造业1989～1992年的行业面板数据，研究了跨国公司通过投资和产出以及研发的技术溢出效应，发现外资对英国本地企业研发支出在行业间和行业内有不同的效应，即在行业内有挤出作用，在行业间有显著的溢出效应。薄文广等（2005）对Cheung等（2004）的模型进行了一些修正，利用中国29个省、市、自治区1995～2003年的面板数据，引入人力资本以及人力资本与FDI的连乘变量，重新考察了FDI对中国技术创新的影响结果显示，FDI对于中国的技术创新会发挥积极的影响，但前提是要跨越一定的人力资本门槛。FDI对我国外观设计的专利申请量影响程度最大，而对发明专利申请量影响最小。另外，FDI对中国技术创新的影响也存在明显的区域性特征，FDI对东部地区专利申请量的影响要强于对中部地区的影响，而FDI对于西部地区的专利申请量几乎没有影响。

但是，也有部分学者对外资研发对中国创新能力的影响持不乐观态度。蒋殿春（2004）通过比较静态分析，发现了在大多数情况下外资带来的竞争冲击将降低国内企业研发的边际价值，进而弱化后者的研发动机。同时，他利用一个二阶段博弈模型，得到了外资研发带来的竞争效应往往会恶化国内企业研发融资能力的结论。蒋殿春和夏良科（2005）分析了外资研发对我国高技术产业企业技术创新能力的影响，认为外资引发的竞争加剧不仅没有激发国内企业的创新动力，反而因吞噬后者的市场空间，从而打击了它们的创新积极性。由于有强大的资金实力和雄厚的技术积累，外资企业在研发竞争中明显采取了"领先一步"的战略，而国内企业的科技活动会对对方产生"挤牙膏"效应，激发对方更强的创新动力。因此，国内企业在与对方的技术创新竞争中很难占据上风。李茜认为，在沪外资研发机构的设立使本土企业技术发展更加依赖国外研发力量、加剧了本土人才流失的现象、造成内外资企业的不平等竞争等，从而对上海发展造成负面影响。

四、关于推动外资研发机构发展的政策

针对外资研发机构的政策，国内大多数学者对于外资研发机构从鼓励的角度出发，主张促进外资研发机构发展。杜德斌（2007）等基于对上海、北京、天津、广东、江苏、浙江、福建、大连等省（市）的外资研发机构的调查和研究，提出关于推动外资研发在我国的发展应按照鼓励发展、规范管理、促进合作、提高服务的思路和相关的政策建议。吴贻康（2000）针对中国国际科技合作协会在1995年底到1999年4月对跨国公司在中国设立研发机构所做的调查，分析了引入跨国公司研发投资的利弊得失，得出了不论我国与国外、境外合办研发机构或是外国在华独办研发机构，从宏观和战略上看是利大于弊，提出我国应该在趋利避害的基础上对外资研发机构采取鼓励、引导、扶植、欢迎，在政策上采取必要的措施，积极发挥我方优势，尽量缩小其负面影响，使这些合作方式朝着互利的方向健康发展的对策建议。袁建新（2009）认为，跨国公司研发活动的不断扩散，是促进我国产业结构升级、提高国际竞争力的重要途径。但跨国公司在华进行的研发活动也存在"挤出效应"、投入与"外溢"不足等问题，需要及时采取切实措施克服与防止其产生负面影响，从而在进一步鼓励跨国公司开展在华研发活动、促使外资研发机构提高研发活动的档次、增强跨国公司研发机构的溢出效应、提高本土吸收能力四个方面提出了对策建议。江小涓（2000）对38家在京跨国公司的研发投资行为进行了考察，分析了跨国公司在我国设立研发机构的原因，得出外资研发机构的组织形式为内设式、外设式和合作式，研发活动的类型为创新型研发、适应型研发和专用技术型研发，并分别分析了外资研发机构的经济影响和存在的问题，最后提出了顺应研究与开发活动全球化的趋势，强化我国的优势，解决存在的问题，吸引跨国公司在我国设立更多的研发机构，促使其发挥更大的积极作用的政策建议。王健（2008）通过分析美国（国民待遇）、韩国（优化环境、促进合作、提升自我）、新加坡（充分利用政策的引导作用）、德国（国民待遇，多种促进措施并举）和中国上海（优惠政策鼓励设立外资研发机构）等国家和地区经验的对比分析，提出北京促进外资研发机构的发展建议，包括完善投资环境、加强人才培养及人才的合理流动、加强外资研发机构的合作、税收优惠以及引导增加研发投入等。

从总体上看，学者们提出了各种发挥外资研发机构作用的建议，包括：一是加强合作。孔欣欣和郭铁成在深入分析跨国公司在华研发对本土企业影响的基础上，提出了外资企业与内资企业研发投入保持在1:2比例为宜、制订并实施"中国本土研发促进计划"等政策建议。崔新健（2011）在明确利用外商研发投资的目标和政策体系的前提下，从鼓励研发 FDI、研发 FDI 获益、建立完善 NIS 这三个方面提出政策建议。李茜（2010）提出鼓励外资研发机构与企业、科研机构和高校合作，促进其融入上海市技术创新体系，通过资金匹配的方法提高外资研发机构与本市企业、科研院所合作的积极性。同时设立专项基金或合作津贴等形式鼓励和支持其与高校建立人才合作培养机制。李津（2010）建议中国相关企业应谋求加入跨国公司的全球产业链，通过"反向工程"，如从低端的零部件生产、产品组装等逐步实现技术的学习与创新，加快跨国公司核心研发的进入。马忠法和宋永华（2008）提出要从法律制度上为先进技术的引进、消化、吸收和再创新创造条件，加大技术的后续研发投入，加强政府、学校和企业之间的后续研发合作。在对引进技术进行消化吸收的基础上，逐步进行自主创新，形成自己的核心技术。

二是改善投资环境。林耕和陆莺（2004）从改善投资环境、吸引跨国公司研发机构落户北京、发展和完善技术市场、促进科技经济发展方面提出了"重发展更重管理"的相关政策建议。江小涓（2000）提出要将眼界放宽，营造适合生产型外商投资企业的投资环境。李茜（2010）提出采取差别的产业投资优惠政策，引导外资研发资金流向。在不同的产业研发领域所从事的研发活动实行有差别的优惠政策，使研发资金更多地流向高新技术产业和新兴产业。还可采取差别的用人鼓励政策，鼓励外资研发机构聘用本土员工和应届毕业生，对聘用本地员工及培训本地员工成绩突出者，可适当给予更多的政策优惠。

三是加强税收等优惠政策支持力度。李津（2010）建议我国政府应出台和细化外资移入的政策，加大力度引导跨国公司在华设立研发机构，并实施本土化策略，以提升我国企业的技术含量。李茜（2010）提出在现有的政策基础上，政府一方面可以充分利用WTO的《补贴与反补贴措施协议》，加强对研发活动的补贴，另一方面可以简化入境科研人员和相应物料的留驻与进入手续，降低土地、税收等其他相关研发运作成本。袁建新（2010）提出充分利用WTO的《补贴与反补贴措施协议》，加强对国内所有（包括外资）的研发活动补贴。同时要提高政策和政府运作的效率和透明度，增强政策的可预见性；简化入境科研人员和相应物料的进入与留驻的手续；降低研发用房地产成本和其他商务运作成本；选择条件适合的地点，按照跨国公司研发机构的特点设立研发园区，构建科技合作平台。外商投资研发机构研究课题组（2006）提出在设立有利于促进我国经济发展的外资研发机构时，要扩大进口环节免税范围，提高通关便利化程度。对于符合导向政策的外商投资研发项目，应将目前执行的鼓励类项目进口设备免征进口环节关税和增值税的优惠政策扩大到进口备品、备件和耗材，降低研发成本，并进一步提高研发项目进口设备和耗材的通关便利程度。同时，要完善税收激励政策，考虑将对内资研发机构设定的税收优惠同样适用于符合导向政策的外商投资研发机构。提高个人所得税政策的国际竞争力，包括降低海外高级研发人才的个人所得税税率、提高基本免税额、增加免税扣除项目等。同时，也要注意避免过去引进外资中所出现的各地方的过度竞争以及竞相提供过度优惠政策的问题。

四是加强知识产权保护。知识产权保护是促进外资研发的重要方面，一方面保护外资研发机构的成果权益，另一方面对外资研发机构在中国的活动进行监督管理。李茜（2010）认为，健全完善知识产权保护体系，保护外资研发机构的成果权益不受侵犯十分重要，建议尽快制定知识产权保护实施细则，详细规定产权保护制度，以便中外双方以法规为依据开展互惠互利的合作。江小涓（2000）提出要加大对典型案例的查处和惩罚力度，以实际行动提高我国政府保护知识产权的能力。外商投资研发机构研究课题组（2006）从加强自主知识产权的创造和保护工作以及依据知识产权类型设定不同的保护方式和保护标准两个方面加强知识产权保护工作。袁建新（2010）建议加强知识产权保护，为全社会营造一个良好的知识创新环境，真正做到创新者得益。

五是改善市场环境。学者们从改善市场竞争环境入手，提出加强本土研发、提升本土企业吸收能力的建议。张志斌（2006）提出要增强我国企业的研究与开发能力，树立企业在技术创新中的主体地位，加强对企业的技术服务和融资便利。可建立企业技术服务机构，并为企业提供各类专业的人才，同时要通过各种优惠政策和便利的融资环境，加快企业的技术革新。袁建新（2009）提出，要提高本土教育与科研水平，积极鼓励高校和科研院所创办高新技术企业，把这些高校、科研院所在国际科技界所获取的信息、知识、技术等资源与孵化平台尽快地结合好。通过设立风险基金、发展创业资本市场等手段，繁荣本土创新活动，推动科研成果的产业化。江小涓（2000）提出只有存在强有力的竞争对手，企业才会有使用新技术和加强研发活动的压力。在国内，一个产品领域不能由一家外商投资企业形成垄断地位，要在国内组建有竞争力的大型企业集团、进口同类产品和吸引其他跨国公司在华投资，打破外资研发机构的垄断地位。谢富纪（2006）认为，市场机制的不完善导致技术交易成本高、国际技术贸易的效益低，要完善技术市场的交易制度和交易机制，应强化企业产权制度改革，提高企业创新动力，加大对企业技术创新、技术获取的资金扶持，调整科技资源配置，增强科研机构供给的动力。李茜（2010）提出要形成对垄断和相关产业技术控制的限制，建议在同一领域应吸引更多的外资在本地建立研发机构，打破单一跨国公司在某一行业的垄断地位，形成跨国公司之间的相互竞争，以促使外资竞相向本市转移其核心、尖端研发技术；在促进市场公平竞争的同时，要有意识地打造规模大、资金和技术实力雄厚的企业，增加研发投资，提高其核心竞争优势，这样的企业才有足够的能力与跨国公司在研发方面展开竞争。

第二章　世界主要国家促进外资研发机构创新发展的趋势与经验借鉴

外资研发机构已经成为研发全球化的重要形式，世界各国对外资研发机构的设立和发展都给予高度重视，特别是 2008 年国际金融危机以来，采取多种措施和手段，积极引进外资研发机构和引导外资研发机构开展创新活动。

一、世界主要国家为吸引外资研发机构采取的政策措施

（一）各国都把外资研发机构作为国家创新体系的重要组成部分

虽然外资研发机构具有一定的特殊性，世界各国在历史上对如何对待外资研发机构曾有过争论，但是当前，世界各国对外资在本国开展研发活动普遍采取积极支持的态度，特别是金融危机之后，后发工业化国家把引进外资研发机构作为吸引外商直接投资的重要方向，纷纷修改法律、出台政策，增强对外资研发机构的吸引力。美国从 20 世纪 70 年代就围绕跨国公司参与美国研发活动展开过争论，但是 1996 年，美国工程院成立了专家委员会对外资研发机构的利弊进行了全面深入分析，形成结论认为：美国政府不应为了保护美国企业而采取特别措施防范外国企业参与美国的研发活动，对跨国公司在美机构应给予国民待遇。这些认识成为美国对待外资研发机构政策的基础和依据。近年来，美国大学科技园区协会等诸多组织陆续联合发布了《空间力量：建设美国创新共同体体系的国家战

略》《空间力量2.0：创新力量》等报告，提出了"美国创新共同体"的概念，并把完备的国际投资环境作为吸引外部创新企业和人才进入美国创新共同体的重要前提。美国还于2011年6月提出"选择美国"计划，通过对外营销、投资决策、信息服务和咨询支持等服务吸引国际资本进入美国。

日本《通商白皮书》（2009）认为，日本应加强外商对内直接投资，日本政府决定吸引海外的人力资源和技术投资日本，创造更多的就业机会和创新机会，计划在2020年FDI存量要达到350亿日元。2013年，日本出台复兴战略，吸引研发中心和全球跨国亚洲总部驻扎在日本，并对全球跨国公司在日本新设立的外资研发机构的总部提供优惠政策。韩国政府则认为，国际部门已不再是外部变量，而是研发活动的重要参与者，韩国的研发体系要从"在国内完成"变为"全球联网"，推动创新体系从"本国决定型"向"全球网络型"转变。为此，韩国政府必须积极促进别国的研究机构、劳动力和研发活动的发展，并大胆地开放韩国的研发体系。2014年1月，韩国政府公布"促进外国人投资方案"，吸引更多跨国企业在韩国设立企业总部、地区总部或研发中心。印度2002年发表了《印度2020年展望》报告，明确提出了创立世界级研发中心的目标，并提出利用政策吸引跨国公司来印度进行研发投资。

（二）对外资研发提供税收优惠政策

税收优惠是各国吸引和促进外资研发机构发展的重要手段。爱尔兰为吸引外资，向来实行低税政策，公司税仅为12.5%，个人所得税也较低。为吸引跨国公司在爱尔兰设立研发部门，爱尔兰还实施累计研发支出可享受税收抵免政策、研发人员可享受税收抵免政策、转让知识产权可免除印花税等优惠政策。公司在基准年花费在研发活动上的累计研发支出，可享有25%的研发税收抵免，此外，研发支出还可享有12.5%的税收抵免。新加坡企业研究开发支出可以双倍从应课税收入所得额中扣除，新成立的高科技公司和从事研发的公司可获得10年的免税期。金融危机后，新加坡内外资企业实行统一的企业所得税政策，自2008估税年度起，企业所得税税率为18%，自2010估税年度起所得税税率调为17%。跨国公司将区域总部或国际总部设在新加坡，可分别适用15%或10%的企业所得税税率。为鼓励企业加大研发力度，新加坡政府规定，自2009估税年度起，企业在新加坡发生的研发费用可享受150%的扣除。在新加坡，凡拥有"先锋企业"称号的企业，其资金投资于经批准的有利于创新科技及提高生产力的先进科研项目（本国境内尚无从事相同行业的公司），还可减免 26% 的公司所得税，免征期限为 5～10 年。

根据韩国《税收特例限制法》规定，外国人投资区、自由贸易区、经济自由区域（包括济州国际自由城市）内的外资企业法人税、所得税税收优惠为前 3 年免缴国税，后 2 年减半。2014 年韩国"促进外国人投资方案"规定，所有的外资跨国公司总部雇员都能享受 17% 的所得税税率。并且将外资公司在应纳税所得额中可以从雇用的当地人中每人抵扣额提高到 2000 万韩元。日本《促进进口和对日投资法》对投资于被日本政府认定为特定对内投资的制造业、批发业、零售流通业、服务业等 151 个行业，出资比例超过 1/3 的外国投资者，提供优惠税率和债务担保，外资企业成立 5 年内所欠税款可延长到 7 年缴纳。日本经济产业省 2011 年出台引资新政策，其中外国企业在日本设立地区总部和研发中心能享受法人税优惠。根据日本政府通过的税制改革大纲，2011 财政年度起，公司法人税将从现行的 40.69% 下调至 35.64%，而上述新进外资企业将在前 5 年享受 28.5% 的优惠税率。美国对外国投资也采取一定的税收激励措施，包括向内陆和欠发达地区投资实行税收优惠；国内收入法（LRC）还包含鼓励外资投向基础设施的特殊刺激措施，有些条款也允许全部减免外国投资者的资产收益税，允许某些资产加速折旧以鼓励基础设施投资。

（三）对设立研发中心或总部给予财政补贴

很多国家对设立外资研发中心等给予财政补助。日本制定了促进在日本设立亚洲地区落地项目的资助计划，对跨国公司在日本设立高附加值、具有较高经济收益潜力的商业活动，包括研发中心或地区总部进行初始投资的支持。日本经产省从 2010 财年补充预算和 2011 财年预算中拿出 25 亿日元补助金，用于支持外企在日本新设地区总部或研发机构。资助的费用包括调查设计费、设施费用、设备费用、设施租赁费用等。资助率为中小企业的 1/2，非中小企业的 1/3，在灾害地区建立机构的 2/3，资助上限为 5 亿日元。爱尔兰的财政资助主要分为资本资助、就业资助、研发资助与培训资助。资本资助用以补贴购买土地、房屋、新工厂与设备的资本支出费用；只要创造长期全职的就业机会就可享受到就业资助，通常按就业人数平均从 1250～12500 欧元不等；外资企业还可享受爱尔兰企业局（IDA）提供的培训资助。爱尔兰对外资企业提供的研发资助，一种是资助公司建立或升级改造其常设研发职能部门和设备，另一种是资助有相当研发实力公司的高质量高风险研发活动。

为鼓励外资设立高科技企业及设立 R&D 中心，韩国从 2004 年起引入 "CASH GRANT" 现金支持制度，即向投资者以现金返还最少 5% 以上投资额的制度；投资总额在 500 万美元以上，且正式雇用专业研究人员超过 20 人的研发中心也可享受现金返还。韩国《外国人投资促进法》规定，外商投资企业新招收 20 名以上工人的，在最长 6 个月内政府提供教育培训补助金每人每月 10 万~50 万韩元，每超过一人政府还在 6 个月范围内每月提供 10 万~50 万韩元的雇佣补助金。新加坡以计划的方式支持符合发展方向的外商投资和外资研发机构的发展，包括：资本援助计划对能在经济和技术方面为新加坡带来特殊利益的投资项目企业提供低息的长期贷款；创新发展计划资助在新加坡注册企业一定比例的开销，包括人工、设备材料、专业服务、技术转让、版税等费用，主要是协助、推动从事制造业和服务业的企业在新加坡进行 R&D 活动；新技术培训计划资助在新加坡注册企业的新技术、新产品、新工艺流程的应用及开发和新服务方面的人力资源培训，包括受训员及培训员的工资、生活费津贴、机票、课程费用等。新加坡还制定了特许国际贸易计划、商业总部奖励、营业总部奖励、跨国营业总部奖励等多项计划以鼓励外资进入。2010 年，新加坡政府提出在研究与开发、认可设计、收购知识产权、知识产权注册、购买/租赁自动化设备、员工培训六项经营活动中进行创新优惠奖励，一年共计 5.2 亿新元。该计划于 2010 年推出，有效期为 2011~2015 年。[①] 根据该计划，企业在规定的 6 项经营活动中，首 30 万新元符合规定的费用可以享受 250% 的税额抵扣。政府于 2011 年预算案中将每个项目可享受税额抵扣的上限从首 30 万新元提高到 40 万新元，可享受的税额抵扣比率从以前的 250% 提高到 400%。新加坡还对在新加坡从事科学研究的公司设立补助金。凡从事竞争力强及战略科技研究的公司可享受项目支出的 50% 为补助金，期限 5 年，每年以 1000 万新元为限额。补助金额取决于公司对新加坡科技贡献的大小及研究领域或学科。新加坡科技局在审核科技成果后给予补助金。

（四）促进引进高技能人才

为了促进高技能外国专家的进入，日本于 2012 年 5 月 7 日实施了一项高技能外国专家的分数制移民制度，为高技能外国专家提供优先的移民待遇。高技能

---

①　新加坡对外国投资的优惠．新加坡企业通网站［EB/OL］．www.enterpriseone.gov.sg.

外国专家活动被分为先进学术研究活动、先进专业技术活动和先进商业管理活动三类，根据每一类活动特征，设定一定分数，总分达到一定的数字（70 分），就对相关人给予优先移民待遇。此外，日方还缩短外资公司审批所需时间，并把针对外籍员工的在留资格审查期从 1 个月缩短至 10 天。

新加坡从 1979 年起，通过向企业集资建立技能开发基金，规定企业要为工资每月不满 750 新元的职工向国家缴纳相当于该职工工资 1%～4% 的技能发展基金，此外，新加坡政府还推出一项"海外培训计划"，即要求凡资本在百万元以上或雇员在 50 人以上的外资企业，招聘新职员，必须派到投资者或技术先进的外国企业进行实习、培训，其差旅费和生活补助由新加坡政府提供。据不完全统计，新加坡研究领域里的外来人才占 70%～80%。

（五）创造良好外部环境，提高服务水平

改善服务、创造良好环境是吸引外资研发机构的重要手段。为加快引进外资步伐，日本政府在 2011 年 6 月《新经济增长战略》中明确，通过完善投资环境，吸收更多高附加价值外资企业，创造新的就业机会的税收、人才等方面的优惠政策。日本贸易振兴会积极为外资企业提供金融、税收、社会保险、房地产以及相关行政手续的服务，帮助相关公司在日本投资。美国把努力完善国际投资环境作为外部创新企业和人才进入美国创新共同体的重要前提，2012 年实行"投资美国"新措施，充分利用美国在全球各地的商务官员，加强与国际投资界的联系，直接游说潜在的投资者；减少外国人在美国投资的障碍，简化政府审批程序，解决外资医疗保险、能源成本及签证政策等各种问题；提供各州政府和地方政府帮助，协助其项目吸引海外投资，促进在全国范围内的投资和贸易发展。2015 年，时任美国总统奥巴马宣布新的行政举措，为外国投资者提供投资咨询和签证便利，为投资者提供在美投资基本知识培训服务、有关各州投资激励政策的在线数据库和其他投资工具，以帮助投资者确定具体投资对象以及寻找当地潜在合作伙伴。美国政府还将改革 L-1B 签证制度，允许跨国企业暂时将其他国家分公司具有专业技能的雇员更快派遣到美国分公司。

韩国简化外商办理投资申报、取得建厂许可等有关手续所需的文件，处理有关外商投资审批业务的最长时间也缩短至 30 天，超过这一时限视为自动许可。1999 年就设立了外国人投资支援中心，由专门职员和产业资源部、财政经济部、文化观光部、环境部、京畿道等政府部门分别派遣，共 95 名人员组成，向外国

投资者提供包括投资手续在内的一站式服务。

新加坡出入境手续相对简单，在签证及工作许可证两个方面提供方便。来寻求商机和制订商业计划的企业家可申请在新加坡停留 6 个月，如得到国家科技局的认可，允许延长至 1 年；批准开办起步公司的外国企业家，发给有效期 2 年的工作准证，并可延长 3 年。对在本地工作的外籍人士要求必须具备本地缺乏的特别技能、知识或经验，或能对本地经济有所贡献。

（六）发挥地方以及园区的作用

相对于中央，地方在引进外资、促进就业等方面更为积极。为吸引外资，日本建立地方与国家相一致的引资体制，设立"结构改革特区"，目前已确立五个地区为"促进对日投资地区"。各地制定地方性优惠政策，对外资企业采取减免事业税、固定资产税、不动产取得税，对前期调研、租用办公用房或建设用地等提供补助。神户市把引进外资 R&D 型企业作为产业集群的要素加以推进，该市以"医疗产业都市"为主题，推进具有世界竞争力的环境建设，成功引进了一批美、澳医药和医疗仪器领域的研发型企业。

美国多数州和地方政府给新开办的外资企业以 5～15 年的财产税减免，允许外资企业的工厂和设备实行加速折旧，许多州和地方政府通过发行地方性债券筹集资金以购买或建立工厂和其他商业设施，然后再把这些工厂和设施租给外国投资者。许多州和地方政府积极提供机场、港口、铁路、公路、供电、供水等各种基础设施，给外资企业利用当地大学或政府研究和开发机构的便利、支持外资企业培训工人计划等。2008 年后，美国各地方州、市积极改善投资环境，芝加哥市政府成立世界商务委员会，设立"EDGE 项目"（能够带来经济增长的经济发展项目），以个性化政策吸引外资入驻开发区。佐治亚州提供众多的税收优惠和激励方案，包括"美国第一"劳动力培训计划，帮助符合要求的企业实现目标。

韩国设立"外商投资地区制度"，凡符合条件的外资企业，如提出申请，其工厂所在区域即可被指定为"外商投资地区"，享受"国税 5 免 2 减、地税 3 免 2 减"的基本税收优惠政策和国有土地租费全免政策，并可以在基础设施、生活环境设施建设等方面得到支持。根据《外国人投资促进法》规定，对外商企业专用园区、国家产业园区和外国人投资区内的企业，享受最长 50 年国有土地租赁费减免优惠。

新加坡建设了著名的新加坡科技园，便于园区内外资企业以及人员之间的交流,为跨国公司研发中心开展活动提供方便。印度政府着手规划了一系列科技园区,这些科技园区所拥有的优越投资环境吸引了大量外国科技公司入驻并在园区内建立了相应的科研中心。

(七) 引导和鼓励外资研发机构开展创新活动

世界各国积极开放科技资源,引导和鼓励外资研发机构开展创新活动,融入国家创新体系。一是科技计划对外资研发机构开放。日本在 1986 年批准并实施了《研究交流促进法》,逐渐将科研项目对在日本工作的外国人开放,可以个人独立申请。日本还有"科学研究补助金",凡是符合条件的在日外国人均可以申请获得资助。美国允许外资企业参与联邦政府研发计划,美国先进技术计划(ATP)采取一事一议的方式决定是否允许外资参与,1994 年所有申请的企业中3% 为外资企业,而其中有一半最终获得了资助。二是鼓励联合研发。新加坡鼓励具有政府背景的研究机构与国外研究院所及跨国公司在新加坡的研发机构建立多种形式的合作关系。对研发项目和被认定为高技术项目的资金援助最高可达项目总成本的50%;对符合条件的研发中心或项目的设立,政府可通过某种方式提供优惠贷款。美国联邦实验室也与外国公司开展合作,主要是通过企业与实验室签署合作研发协议来进行。NIST 从 1995～1998 年与企业签署的 500 份协议中有 34 家是与外国公司合作开展的,同一时期 NIH 的比例为 26:237。在具体协议内容上有关部门或实验室主要需要把握两个原则:一是对方公司所属国家是否允许美国机构和人员与其本国研究机构开展类似合作研究;二是相关合作取得的研究成果应优先考虑在美国进行生产。

二、各国促进外资研发机构创新发展的经验及启示

(一) 对外资研发机构采取针对性的措施

外资研发机构的设立和发展对东道国创新体系建设具有重要意义。各国把促进外资研发机构的进入和发展作为外资政策的重要方面,采取有针对性的吸引外资研发机构和促进外资研发机构发展的政策措施。比如,美国实施"选择美国"

计划等吸引国际资本进入美国，并称无论是瑞士的诺华制药公司（NOVATIS）的全球研发总部搬到马萨诸塞州，还是德国的奔驰汽车公司（Benz）要在密西根设立研发中心，都算是在美国进行的投资。[①] 新加坡、日本、韩国等特别重视吸引外资研发中心和跨国公司总部，设立专门的机构来促进外资引进，出台专门政策吸引外资研发中心和跨国公司总部。实践证明，各国采取的有针对性的措施对于吸引和利用外资研发机构发挥了显著的作用。

（二）把改善外商投资环境作为吸引外资研发机构的根本保障

外资研发机构的设立和发展，有赖于东道国综合的竞争环境。各国为吸引外资研发机构都设立了较为宽松的外商投资法律和制度，特别是投资能够得到较好的保护。知识产权框架完整、保护体系完善是很多国家在美国进行研发投资的重要原因之一，韩国政府每年投入逾 10 亿美元，通过制订重点课题、简化专利审查手续、与中介机构开展合作及为企业提供法律援助等手段来完善知识产权制度。而印度对外国直接投资存在诸多限制，对外资企业征收高额税收、实行投资限制及在相关法律方面存在不确定性，加上官僚主义作风严重，使得众多投资者对印度不敢投资，虽然印度政府从 2004 年以后采取多种措施改善外资环境，但是仍然需要有很大的努力。

（三）东道国创新资源成为外资研发机构设立和发展的主要驱动因素之一

东道国科技创新基础以及创新资源丰富程度已成为吸引外资研发机构的重要因素之一。美国研发投入规模巨大，在世界研发投入中占据优势地位，据巴特尔测算，2013 年美国研发投资占全球研发投入的 29%。大规模研发投资带来的外溢效应，成为外资研发机构选择设立的主要原因之一。爱尔兰高素质劳动力，是吸引更多跨国公司来此开展研发投资的一大因素。在欧洲，爱尔兰人均受教育程度较高，教育与优势产业结合紧密，爱尔兰的大学率先提供云计算的相关课程，为许多跨国公司在爱尔兰设立云计算中心和大数据分析业务提供人才的支持。韩国是 OECD 成员国中大学入学率最高的国家，稳定的教育体系让韩国能够向各公司企业持续提供高素质人才。印度丰富且廉价的科技人才储备，也成为外国公司寻求将越来越多的研发活动转移到印度的重要原因之一。

---

① 美国加强吸引外资．设立研发中心都算投资［EB/OL］．www. stnn. cc，2007 - 03 - 16.

（四）对外资研发机构的管理不可忽视

世界主要国家在对外资研发机构发展采取积极支持政策的同时，也根据外资研发机构本身的特点加强管理。美国对外国投资实施的限制基本上集中在由联邦政府直接控制和管理的部门，包括明确禁止进入、严格限制进入、有选择地限制进入以及特殊限制部门等，并对外资实行报告制度和审查制度等。根据《国际投资和服务贸易普查法》规定，联邦政府为了分析和统计目的，可以就在美国进行的外国投资进行信息收集，不同类型的外国投资应向不同的政府部门进行报告。外资研发机构在美国开展科研活动或获取科研成果也受到一定限制。根据美国法律，美国联邦政府有关部门可对外国企业及其在美分支机构参与联邦资助的科研项目和与联邦实验室开展合作进行管理。各部门在实际管理中掌握的尺度不一，比如外资企业与联邦实验室进行合作研究需要把握两个原则：一是对方公司所属国家是否允许美国机构和人员与其本国研究机构开展类似合作研究；二是相关合作取得的研究成果应优先考虑在美国进行生产。而不同的联邦实验室在执行"优先由美国生产"的要求时也采取不同的方法。如 NIST 授权其实验室主任在签订合作协议时对相关内容是否符合此规定进行判断，如其认为可能存在敏感内容则可向 NIST 院长申请介入和指导。而美国能源部对所属联邦实验室严格控制，实验室本身在签署合作协议以及对于合作研究所形成的发明、专利、版权、商标和数据的使用等都要受能源部的严格控制，严格要求有关知识产权必须在美国实施。

第三章 我国外资研发机构的
发展历程与趋势

随着全球经济一体化的发展，跨国公司研发活动也日益呈现出国际化发展趋势，跨国公司在我国设立研发机构日益增多。

一、外资研发机构在我国的发展历程

随着经济全球化深入发展和国际竞争日趋激烈，发达国家一些具有世界影响力的跨国公司为了适应市场复杂性、产品多样性以及消费需求差异性的要求，同时也为了更加充分地利用世界各国所具有的人才和科技资源，降低新产品研制过程中的成本和风险，在生产国际化水平不断提高的基础上，更加重视在全球范围内进行研发活动的优化配置。我国作为世界上最大的发展中国家，拥有稳定的政治环境、高速的经济发展、庞大的市场规模、优良的基础设施以及充沛且价格低廉的劳动力资源，在吸引跨国公司研发机构上具有显著的优势，跨国公司基于增强市场竞争力的需要，纷纷在我国设立相应的研发机构。

从总体上看，我国利用外资的规模和水平经过了由少到多、由量的扩大到量质并举的过程，如图3-1所示。外资在华设立研发机构经历了由探索到兴起到迅速扩张的几个阶段。根据我国实际吸引外商直接投资（FDI）的规模、增长速度、外资政策和空间分布等因素，我国外资研发机构的发展经历了起步、快速发展和稳定增长三个阶段。

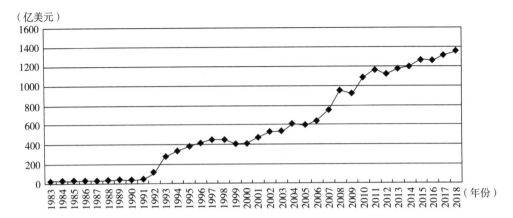

（亿美元）

图3－1　1983～2018年我国实际使用外商直接投资金额

资料来源：商务部商务数据中心。

（一）起步阶段（改革开放以后至1994年）

20世纪90年代以前，我国每年实际使用外商直接投资金额仅为20亿～30亿美元，数额相对较小。随着改革开放的深入和我国产业的发展，90年代以后，我国吸引外商直接投资金额快速增长，特别是1992年邓小平南方谈话和党的十四大召开，确立了我国经济体制改革的目标是建立社会主义市场经济体制，我国吸收外商投资掀起了高潮。1992年，我国实际使用外资突破100亿美元，达到110.08亿美元。

在外商直接投资金额增加的同时，跨国公司在我国开始设立研发机构。1993年，摩托罗拉全球软件集团中国中心在京成立，拉开了跨国公司在华设立研发机构的大幕。[①] 但是普遍认为，我国真正意义上的第一家外资研发机构应该是1994年加拿大北方电讯公司投资成立的"北京邮电大学—北方电信研究中心"[②]。

在这一时期，我国政府调整和颁布了一系列有关外商投资的政策法规，包括1986年的《关于鼓励外商投资的规定》及若干实施办法、《外资企业法》，1988年的《中外合作经营企业法》，1989年《关于鼓励台湾同胞投资的规定》，1990年《关于鼓励华侨和香港澳门同胞投资的规定》，为外资研发机构在我国的发展

---

① Unctad. World Investment Rtport 2005. New York and Geneva：United Nations，2005.

② 长城企业战略研究所. 跨国公司在华R&D投资分析［J］. 中国软科学，1998（8）：122－128.

奠定了基础。

这一阶段，跨国公司开始将产品和生产组装环节陆续转移到我国，设立研发机构的目的更多的是与生产的转移相配合，既能为与政府建立良好合作关系奠定基础，也有助于公司为我国市场经营提供技术支持。而从国内来看，对外资投资的政策也是逐步建立起来的，外资研发机构发展的政策环境也逐步完善。这一时期，外资研发机构的存量和流量都十分有限，并且多数研发机构并没有呈现出明显的研发密集型特征，而主要是围绕着产品的适应性改造和技术支持与服务展开的。

在这一阶段，跨国公司在我国经营主要以产品延伸和市场扩张为主，对研发本地化的需求并不迫切，而且由于知识产权等各方面问题的担忧，跨国公司在我国设立的研发机构在跨国公司的创新与研发链条中还不能扮演关键性的角色，尤其是涉及先进技术转移等问题的时候，跨国公司的态度则更加谨慎。

在探索阶段，外资研发机构进行研发的主要方式是在中外合资企业内部进行研发或与我国的高校、科研院所等建立合作关系。在中外合资企业内部进行研发的活动主要涉及对市场提供技术支持、进行产品或服务的适应性调整；在与高校合作方面，外资研发机构往往采取提供先进设备、研发资助、非核心项目外包等方式进行，而很少存在涉及先进技术的共同研发项目。因此，在这一阶段，外资研发机构的研发功能发挥得并不充分，对于东道国技术创新能力提升的促进作用也是十分有限的。

（二）快速发展阶段（20 世纪 90 年代中后期至 2008 年）

随着经济快速发展以及对外开放的不断推进，跨国公司在我国设立研发机构越来越多。进入 21 世纪，我国实际使用外商直接投资金额进一步增长，2001 年达到 468.78 亿美元，2008 年达到 923.95 亿美元，达到空前的高度。

1997 年，我国《鼓励设立中外合作合资研发中心办法》的出台，推动跨国公司在我国设立研发机构掀起了热潮。2000 年，原外经贸部颁布《关于外商投资设立研发中心有关问题的通知》，规范了外商投资研发机构的形式、经营范围、条件、设立程序。《关于进一步鼓励外商投资有关进口税收政策的通知》《关于扩大外商投资企业进出口经营权有关问题的通知》《外商投资产业指导目录》等文件的出台，更加明确了政府对于外资研发机构的优惠待遇，使我国投资环境大为改善，为各种形式的外资企业发展提供了法律保障，为外资研发机构在我国的发展创造了越来越好的环境和条件。特别是各级地方政府采取了一系列的措施加快改革开放的步伐，国有企业改革以及经济领域的放开，促进了外资更多地进入我国，我国政府在扩大对外开放的同时加强了宏观经济调控，积极、合理、有效地利用外资，对外资的需求开始从以追求数量为主转向以提高质量为主。

2001 年，随着我国加入世界贸易组织，我国政府对外商投资的限制进一步放宽。外资研发中心的发展也迎来了快速发展与飞跃阶段，在我国设立研发机构的跨国公司也越来越多，包括微软、IBM、朗讯、英特尔、诺基亚等国际巨头纷纷在我国成立研发机构。我国外资研发中心的 70% 以上是 2000 年后设立的。

在这一阶段，随着我国引进外资规模的大幅度增长，投资区域和行业不断扩大，外资研发机构也进入快速发展阶段。在华外资研发机构在我国开展的研发活动越来越多样化，并且除了承接来自母公司的先进技术外，还开始有针对性地对中国市场需求展开本地化研发尝试。此外，在华外资研发机构与我国企业、高校、研究院所间的合作也越来越深入，例如，在研发合作方面，与国内的联想、华为等本土企业在研发方面建立了深入的合作关系；在与高校合作方面，除了继续提供科研基金、对特定研究领域提供资助外，还建立了大量的培训中心和联合实验室，并且开始以联合研发的形式与国内部分高校、科研院所开展产品的开发和设计活动。

在这一时期，许多早期进入我国市场的跨国公司开始加强在我国的长远规划，外资研发机构在华的研发活动也进入了一个崭新的里程碑。这一阶段的外资研发机构职能开始逐渐由价值链的低端向高端转移，并且更多地采用独资的方式建立面向全球的研发中心。在这一阶段，在华外资研发机构的研发活动开始呈现出较为明显的全局性和战略性，并且在跨国公司全球经营布局中的地位愈发重要。例如，爱立信公司在已有六个研发中心的基础上，于 2002 年在北京又新成立了中国研发总院，为爱立信的全球经营活动提供技术支持；而摩托罗拉不仅在我国建立了全球生产基地，还对北京全球研发中心投入了超过 10 亿美元的研发资金用于技术多样化开发。

（三）稳定增长阶段（2009 年至今）

2008 年全球金融危机爆发，我国外商直接投资和外资研发机构建设遇到前所未有的挑战，长期作为全球研发主阵地的欧美发达国家陷入了经济衰退、需求低迷的窘境，而我国不但保持了稳定的经济增长，对于跨国公司和外资研发机构的态度也更为包容和开放，实际使用外商直接投资金额虽然在短期内出现下滑，但总体呈现稳定增长势头，而与之相应，外资研发机构发展进入由量的扩张向质的提升阶段。

从全球来看，为了稳定增长，各国对于外资更加重视，纷纷出台政策吸引外资进入，特别是美国等实施"再工业化"，吸引对外投资回流美国。2009 年，我国实际使用外商直接投资金额由 2008 年的 952.53 亿美元，下降到 918.04 亿美元，同时，一些地区外资企业撤逃现象也开始显现。我国吸引外资工作面临着较为严峻的局面。为了进一步增强对外资的吸引力，提升外资利用质量，促进和鼓励外资加强研发投资，成为我国政策的着力点。2010 年，国务院发布了《关于进一步做好利用外资工作的若干意见》，明确表示鼓励中外企业加强研发合作，支持符合条件的外资研发机构与内资企业、研究机构合作申请国家科技开发项目、创新能力建设项目、申请设立国家级技术中心认定等活动。2012 年，商务部联合财政部、海关总署、国家税务总局发布了《关于外资研发中心采购设备免/退税资格审核办法的通知》，明确了外资研发中心在设备采购关税减免、技术开发费用抵扣、研发技术转让税收免征等方面的优惠政策。此外，各地方政府也出台了很多优惠政策，吸引跨国公司到本地设立研发中心。国际金融危机后，在世界经济发展形势下，我国实际使用外商直接投资金额呈现回升和稳定增长态势，2010 年就恢复到 1088.21 亿美元，创下历史新高，此后稳定增长，到 2018 年，达到 1349.70 亿美元。

在这一阶段，在华外资研发机构在数量增多、规模扩大、质量提升的同时，功能正逐步发生"质变"，由最初的产品本地化、应用技术研究，发展到更高水准的基础性研发、全球性研发，并且与本地科研院所、高校的合作日渐频繁和紧密。比如，GE 中国研发中心与长海医院合作开发基于内窥镜超声的先进成像算法，致力于慢性胰腺病早期诊断研究；康宁与上海硅酸盐研究所成立联合实验室，支持未来产品的开发；微软与清华大学、北京大学等高校开展的研发合作已经涉及基础研究、技术孵化、产品开发等多方面，形成了完整的创新链条。随着越来越多的外资研发机构落户我国，研发活动中的技术溢出效应逐渐显现，并且开始对推动我国技术创新、产业升级发挥积极的作用。

二、外资在华设立研发机构的类型

外资研发机构的设立和运行受到多种因素的影响，与其他研发机构相比，具有不同的运作机制和特点。跨国公司设立外资研发机构出于不同的动机和目的，外资研发机构发挥的功能和作用也各不相同，因此采取多种不同的方式和组织架构，开展多种研发活动。

（一）按照成立动机和服务目标划分

在海外设立研发机构，归根到底，是跨国公司出于自身发展需要而做出的决策，设立外资研发机构，是与东道国基础资源以及条件相适应的，服务于跨国公司的多种动机和目标，也服从于跨国公司在东道国的主要目标。从跨国公司进入我国的过程来看，初期主要以市场开发和销售为主，其后是出于产业转移的需要把制造和加工环节转移到我国，最后才是出于市场竞争的需要开展本土研发和创新。跨国公司在我国设立的研发机构也主要服务于这几种动机和目标。基于此，外资研发机构可以划分为以下几类：

一是市场驱动型。设立外资研发机构的主要目的是服务和利用东道国市场，满足跨国公司拓展和占领东道国市场的需求。市场驱动型是外资研发机构设立的初始目标，是跨国公司初期在我国设立外资研发机构的主要类型，当然，这类外资研发机构的活动也以市场开发服务为主，主要从事适应性产品开发和技术支持与服务。

二是制造驱动型。随着生产基地的转移，跨国公司在我国越来越多地设立制造工厂，通过多种方式，比如并购国内制造企业并进行改造等，把加工和组装环节设在我国，从而使我国在短时间内成为世界的制造工厂。跨国公司设立的研发机构，也以服务在我国设立的生产制造基地为主要目标，解决制造和加工环节存在的技术问题为主，推动产品的适应性技术改造需要。

三是研发驱动型。由于我国企业科技创新能力不断提升，国内产业和市场竞争日益激烈，也由于我国创新资源日益密集，跨国公司需要把更多的研发活动布局在我国进行，这一阶段设立的外资研发机构主要目标是利用东道国创新资源，按照跨国公司在东道国的竞争和发展需求，组织开展更多的研发活动。

（二）按照主要功能划分

根据外资研发机构在技术创新方面发挥的作用以及服务对象的范围不同，可以把外资研发机构划分为技术转移型、本土技术支持型、全球技术支持型三种类型。

1. 技术转移型

技术转移型研发机构的主要职责是将母公司的技术创新成果转移到当地的子公司，为东道国子公司的生产和经营活动提供技术支持，包括为本地生产或销售提供技术指导、维修服务和产品测试等，其研发活动的特点是对母公司先进技术的吸收以及针对东道国市场和用户需求、技术差别、材料性能差异等对原有技术进行改良和革新，针对当地应用的适应型改进，重点支持当地产品和工程部门在新的环境中更有效地利用已有的技术，以实现母公司技术的本地化。

2. 本土技术支持型

本土技术支持型研发机构受母公司的控制相对较少，由跨国公司在东道国全资拥有的投资性子公司设立，也有的独立于子公司而以独立法人的形式设置。本土化研发机构可以针对本土或区域市场自主开展创新，与当地生产保持密切联系，对产品进行地方化改造或者从事新产品和独创性产品的开发，以便对东道国市场上的不同之处做出迅速反应，增强其竞争力，扩大其在东道国的市场占有率。

3. 全球技术支持型

全球技术支持型研发机构属于较为高级的创新活动中心，与母公司的核心创新中心处于同等水平。全球技术支持型研发机构可由当地综合实验室发展而来，也可独立于当地的生产而建立，但是与当地的创新资源和创新网络保持着良好的联系。全球技术支持型研发机构着眼于母公司的长期发展目标，结合地方研发资源从事具有重大技术突破的应用型基础技术研发，同时，从事应用于母公司全球市场的产品或工艺开发，为母公司的全球性技术发展战略提供支持。

（三）按照组织架构划分

客观地讲，外资研发机构也是研发机构的一种，具有一般研发机构所具备的形态，外资研发机构也按发展目标和管理需求形成一定的组织架构，当然这样的组织架构一方面要符合科技创新发展的规律，另一方面也要适应自身管理需要和本土特点。

1. 平行型组织架构

平行型组织架构的外资研发机构在空间组织上具有多个平行的研发中心，各个中心彼此独立，各自为政，彼此之间没有控制和被控制的关系。其地理特征表现为空间分布的分散性，在地理上有多个平等中心，空间关联性弱，彼此缺乏信息交流，这种研发机构类型广泛存在于经营产品跨度较大的跨国公司。例如，西门子分别在北京、上海和南京等城市形成多个研发基地，其中北京以研究为主，上海以医疗集团的研发投资为主，南京则是多个业务领域彼此独立的事业部门研发机构的集聚体。

2. 集权型组织架构

集权型组织架构的外资研发机构在空间组织上呈现出点线的辐射结构特征，表现为由跨国公司在华某一个研发机构作为创新主体，对分散的其他研发机构进行统一协调。地理特征表现为空间分布的不平等点状布局，主研发中心与辅助研发中心之间有层级之分。例如，成立于 1995 年的 IBM 中国研究院除了负责系统技术、基础架构、信息管理等基础的研发活动外，还要统筹安排位于北京、上海、西安等地区研发机构的研发活动。

（四）按照产权关系划分

从产权上来看，外资研发机构的设立采取了多种形式，有的采取独资的方式，有的采取合资合作的方式，采取何种方式一方面受制于东道国的产业政策规定，另一方面也出于跨国公司进入东道国市场的需要。外资研发机构的设立形态也有多种方式，有的是独立法人，有的是依附在跨国公司在当地设立的子公司之内。跨国公司设立的外资研发机构的类型不同，在推动技术创新和能够发挥的作用上有很大的不同。

1. 独资型

跨国公司虽然出于各种目的在海外设立研发机构，但是考虑的最主要因素仍然是对技术与知识产权的控制力。尽管近年来一部分跨国公司在华设立的研发机构与其全球创新体系的结合日益紧密，其研发活动从本地化向全球化发展，甚至成为亚太地区乃至全球研发中心。但是迄今为止，跨国公司在华大多倾向于设立独资型的研发机构。独资型外资研发机构灵活性强、可以有效防止核心技术外溢，同时也便于尽快实现研发成果商业化。数据显示，上海、广东、大连等地区跨国公司在华研发中心 80% 以上采用独资方式①。如朗讯贝尔实验室、摩托罗拉中国研究院、联合利华中国研究院、IBM 中国研究中心等都是独资模式。

2. 合资型

随着我国企业和产业创新能力的提升，加强优势互补成为许多跨国公司设立研发机构的策略，因此，很多在华外资研发机构也积极寻求与我国企业的合作，在享受本地政策扶持的基础上，共同开发更多具有本地需求的产品。例如，早期的通用汽车公司与上汽集团合作，共同投资 5000 万美元（各占 50% 股权），成立泛亚汽车技术研发中心；日本三洋和东芝等企业先后在四川长虹电子集团设立"联合实验室"，共同进行电视方面的相关技术研发。从早期的响应政府政策到后期的主动寻求合作伙伴，合资型研发策略的改变在提升跨国公司市场影响力的同时，也为东道国带来了更多的技术外溢和扩散。

3. 内设型

跨国公司在我国设立的研发机构还有一种重要的类型就是内设型，虽然对外称为研发机构或研发中心，但是，并不是独立的法人主体，主要作为跨国公司在我国子公司的内设机构来运行，这类研发机构主要服务于跨国公司自身的发展需求，就像我国企业内设的研发机构一样。

（五）按照开展研发活动的方式划分

外资研发机构开展多种形式的研发活动，取决于其自身的研发目标、使命以及完成创新任务所需要的资源来源情况。

1. 封闭研发

早期的外资研发机构多以封闭式研发为主。当时跨国公司海外研发投资在一定程度上存在着对投资地不了解、各国市场环境的特殊性、信息不对称等未知因素，因此，部分跨国公司在布局研发战略时会刻意设立具有一定封闭性质的研发机构。这类研发机构主要为母公司提供服务，为分公司的海外生产和经营活动提供技术支持，即使与外界存有一定的联系，也多以应用性研究或咨询性研究为主，并且研发成果都归跨国公司所有，当然研发风险也由跨国公司来承担。但是，随着跨国公司在我国经营活动的不断深入，开展越来越多的合作和开放型研发成为跨国公司充分利用东道国创新资源的需求，建立更符合长期发展利益的合

① 徐艳霞. 跨国公司在华研发活动的特征、效应与对策选择［J］. 经济问题，2013（7）.

作型研发机构正受到越来越多的重视。

2. 合作研发

随着我国科技实力的提升，研发投入不断增加，科技资源不断丰富，逐步形成了成本相对较低、科技人力资源密集的优势。我国还有大量具有较强实力的科研机构、高等学校。跨国公司为了更好地获取竞争优势，占领中国市场，开始越来越注重利用东道国的研发资源进行研发机构的定位和重构。通常，外资研发机构会与当地的高校、科研院所、企业建立密切而多样的合作关系，比如共同建立联合研发实验室、实施联合研发项目、打造研发生态链等措施，这使得外资研发机构与外界的联系更为紧密，可以更充分地利用当地的创新资源，从而使研发活动的开放性更加明显。

3. 委托研发

委托研发不同于上述两种研发方式，委托研发通常是外资研发机构以签订合同的方式将研发任务委托给代理方。在具体的研发过程中，外资研发机构只负责提供经费、设备和所需信息等资源，而受托方则负责具体的项目研究并向委托方提供最终成果。与上述两类研发方式不同，委托式研发的开放度更高，但是研发内容往往不会涉及太过于核心的技术和商业秘密，而多是以应用性研究为主。委托双方会事先在合同中约定成果的归属以及知识产权的处理等。

4. 联合培养

联合培养的研发活动多见于外资研发机构与高校间的合作，其目的在于为跨国公司更好地利用东道国的人才资源提供便利。外资研发机构与高校通过签订联合人才培养协议、建立研发培训中心、设立奖学金等方式对在校学生提供各种专业培训和便利服务，比如通用全球研发中心与同济大学、吉林大学开展的"教育推进伙伴计划"、三星通信研究院的"博士后工作站"、英特尔的"大学科研合作计划"等项目。外资研发机构在华开展的共同培养项目可以不断帮助高校学生快速提高专业技能和科研水平，也为跨国公司在华的研发工作培养了更多的技术支撑力量。

三、我国外资研发机构的发展趋势

近年来，我国外资研发机构的发展已进入相对稳定阶段，外资企业来华设立研发机构数量快速增长，在华外资研发机构包括跨国公司和其他境外投资者在我国依法设立的独资、合资和合作研发机构日益增多，我国吸引外资研发的环境也日益改善。最主要的是，外资研发机构的发展已成为跨国公司全球研发和创新布局的重要一环，从而成为推动我国融入全球创新网络的一个重要通道。

（一）我国吸引外资研发的环境日益改善

近年来，世界研发重心呈现由西方为主向东方转移的态势，跨国公司在全球的研发布局，一方面受到东道国投资环境的影响，另一方面也取决于东道国创新能力和创新水平是否对于跨国公司开展研发投资形成必要的支撑。我国外商投资环境日益改善，外商投资审批时限、申报程序和文件等逐步简化，市场准入不断扩大。虽然历经国际金融危机的影响，我国仍然是吸引外商直接投资金额最大的国家。2006 年我国颁布了《国家中长期科学和技术发展规划纲要（2006～2020年）》（以下简称《规划纲要》）及 2012 年党的十八大宣布实施创新驱动发展战略，我国科技创新投入持续大幅度增加，创新资源和产出快速增长，创新环境明显改善，对外资研发投资的吸引力显著提升。

外资企业普遍反映，我国创新战略的实施，稳定了他们的预期，特别是在前沿技术领域的大规模投资，使外资研发机构感受到了未来创新的前景，我国创新能力的提升，使外资研发机构在我国可能更容易得到各类创新资源的支持，也能从外部的创新环境中汲取营养。这是国际金融危机爆发以后，跨国公司在我国增加研发投资的主要原因。

2008 年国际金融危机以来，随着世界经济增长进入低迷，在我国设立的外资研发机构也进入调整时期，受到多种因素影响，出现了一些外资研发机构撤并和转移等现象，但是总体上，仍然属于外资研发机构的调整，目的是提高全球研发业务的协同和效率。比如 2017 年，多家大型跨国制药企业削减在华研发投入，裁掉技术人员甚至关闭研发中心。但是，各大药企又纷纷与我国本土药物研发企业签订合作协议[①]。通用电气（GE）于 2017 年年中宣布其上海技术中心（CTC）不再承担基础科研工作，基础科研任务转由企业位于美国和印度的研究中心承担。而西门子持续加大对中国区研发的投入，先后在青岛、苏州、无锡、成都等地设立多个创新中心和实验室，并在苏州设立西门子中国研究院苏州分院。从

---

① 梁正、李代天、徐伯宏．外资企业在华研发新趋势［J］．中国经济时报，2019－02－15．

2017 年 9 月起，西门子中国主导西门子全球自主机器人的研发①。外资研发机构的这些调整，是在我国创新驱动发展战略实施下，外商研发投资的环境不断改善所推动的，创新驱动发展战略的实施更加坚定了外资研发机构在我国发展的信心和决心，也使外资研发机构成为我国国家创新体系的重要组成部分。

（二）外资研发机构数量呈现较快增长势头

据商务部统计，外资研发机构 1997 年以前不足 20 家，之后，跨国公司在我国设立研发机构的势头日益迅猛，呈逐年增长趋势。2000 年，在华外资研发机构数量为 120 家。2001 年，随着我国正式加入 WTO，在华外资研发机构的数量增长迎来了新高峰，到 2005 年迅速上升到 750 家左右。到了 2007 年，在华外资研发机构数量已经超过 1000 家，相较于 2000 年增长了 8 倍多。2008 年国际金融危机爆发后，世界经济增长陷入低迷，全球消费需求疲软，我国在保持经济稳定增长的同时，对于外资研发机构的吸引力度也进一步增强。根据商务部外资司的统计，截至 2016 年底，外商投资在华设立研发机构超过 2400 家。②

在华外资研发机构包括跨国公司和其他境外投资者在我国依法设立的独资、合资和合作研发机构，其中，跨国公司是最大的投资主体。特别是金融危机以来，全球 500 强跨国公司继续在华投资新设企业或追加投资，所投资行业遍及汽车及零部件、石化、能源、基础设施、生物、医药、通信、金融、软件服务等。跨国公司在华投资设立的地区总部、研发机构等高端功能性机构继续聚集。

（三）外资在我国开展研发活动日益增多

从发展趋势上看，外资在我国开展研发活动日益增多，科技创新成为外资企业获取竞争优势的重要手段。主要体现在以下几个方面：一是在我国设有研发机构的外资企业越来越多。20 世纪 90 年代以后，随着我国经济对外开放步伐的加快和投资环境的进一步优化，外资企业越来越重视在我国开展研发活动。根据我国的科技统计数据，如表 3 - 1 所示，2017 年，在我国境内建立研发机构的外商投资企业达到 6211 家，约是 2008 年建立研发机构外商投资企业的 2.18 倍，占

---

① 梁正，李代天，徐伯宏. 外资企业在华研发新趋势 [J]. 中国经济时报，2019 - 02 - 15.
② 商务部新闻办公室. 商务部召开例行新闻发布会 [EB/OL]. http：//www. mofcom. gov. cn/article/ae/ah/diaocd/201710/20171002656144. shtml，2018 - 11 - 11.

我国规模以上有研发机构工业企业数的 8.79%。从我国设立研发机构的外资企业数变化趋势可以看出，设立研发机构的外资企业数在 2010 年有所下降，到 2011 年又回升到正常水平，并进入到较快增长阶段。2016 年，设立研发机构的外商投资企业占全部外商投资企业总数的 23.21%，也就是说，约 1/4 的外商投资企业都设立了研发机构。

表 3 - 1 设立研发机构的外资企业数 单位：个

年份	2005	2006	2007	2008	2009	2010	2011	2012	2013	2014	2015	2016	2017
数量	2375	1779	2339	2846	3330	1931	2963	5004	4980	5338	5426	6063	6211

注：不含港澳台商投资企业。

资料来源：中国科技统计年鉴 2018 [M]．北京：中国统计出版社，2018.

2016 年，有 R&D 活动的外商投资企业数达到 7709 家，占外资企业总数的 29.51%。而同期，我国规模以上工业企业有 R&D 活动的企业数占规模以上工业企业总数的 22.95%。2017 年，有 R&D 活动的外商投资企业数比上年增加 257 家，达到 7966 家。[1]

二是外资研发机构研发经费支出快速增加。近年来，跨国公司在我国研发经费支出的总体变化特征是增长速度快、经费总额大、投入强度高。如表 3 - 2 所示，我国规模以上外商投资企业研发经费内部支出整体保持一个较高的水平。其中 2005 年投入 637.12 亿元，受国际金融危机影响，外资企业 2008 年在华研发投入有所下降，但是此后 2009 年就基本恢复到危机前水平，到 2012 年达到 1000 亿元以上，比 2005 年增长了近 1 倍，2014 年达到 1298.48 亿元，到 2017 年达到 1474.90 亿元，均是 2010 年的 2 倍多。如果加上港澳台商工业企业则达到 2589.95 亿元，占全部规模以上工业企业研发经费内部支出的比重为 21.56%[2]。

表 3 - 2 规模以上外商投资工业企业的研发经费内部支出 单位：亿元

年份	2005	2006	2007	2008	2009	2010	2011	2012	2013	2014	2015	2016	2017
金额	637.12	571.9	785.14	105.83	632.26	690.78	936.15	1091.26	1242.89	1298.48	1353.85	1405.73	1474.90

到 2010 年，全球 500 强企业就已经有 470 家在我国设立了研发机构，其中研发经费支出为 1048 亿元，相较于 2000 年增加了 10 倍。[3] 与此同时，外资研发

---

①② 中国科技统计年鉴 2018 [M]．北京：中国统计出版社，2018.
③ 张斌．470 家世界 500 强企业在中国设立研发机构 [EB/OL]．中华品牌管理网，2012 - 11，ht-tp://www.cnbm.net.cn/information/info132734377.html.

机构近年来在华的研发投资强度也在不断提升，以三星电子、通用电气、IBM、微软等一批知名跨国公司为例，其在华研发机构每年的研发经费支出均超过1亿美元。

（四）外资研发机构已成为外资企业全球创新布局重要一环

早期，跨国公司在我国设立的研发机构主要从事技术支撑和面向我国市场的低端产品开发，这是由当时我国产业结构以劳动密集型低端制造业为主所决定的。进入21世纪，我国国际地位进一步提升，国内创新创业环境进一步优化，国际竞争力进一步增强，跨国公司在我国设立的研发机构开始向全球研发中心的角色转换。很多研发中心不仅针对中国和亚太市场开发产品，同时还将研发成果推向全球，成为该公司的全球研发中心。与此同时，在华外资研发机构开始日益重视与中国企业的合作创新。3M公司近年来相继与奇瑞、海尔等一批中国企业建立联合实验室，共同研发适应国际市场需求的产品和服务；通用电气与中国航空工业集团公司合资建立民用航电系统公司，与长海医院合作开发基于内窥镜超声的先进成像算法；康宁与上海硅酸盐研究所成立联合实验室支持未来产品开发。

在华外资研发机构已成为跨国公司研发全球布局的重要一环。跨国公司在华设立研发机构，首先是服从于企业发展的需要，开展研发活动也主要是使企业能够获利，近年来，随着跨国公司产业转移，为了在我国庞大的市场中占有一定竞争优势，（跨国公司）迫切需要加强面向本地市场的研发和技术支持，这是导致外资研发机构在华越来越多的主要原因之一。另外，我国科技人力资源规模在全球居第一位，近10年来，我国科技人力资源增长迅速，从2005年的4252万人增长到2015年的8640万人，通过接受高等教育而具备资格的科技人力资源为8043万人，占科技人力资源总量的93.1%。① 而根据美国《科学与工程指标2018》，2015年美国科学家工程师总量为2320万人。

除此之外，我国工资水平仍然比发达国家低很多，大量高素质低薪劳动力的存在，使外资研发机构能够充分利用我国的人才优势，开展面向全球的研发，客观上跨国公司在我国设立的全球研发中心也日益增多。比如设在北京的微软亚洲研究院就是微软全球研发中心之一。微软亚洲研究院凝聚了微软最精英的团队，

---

① 中国科协创新战略研究院. 中国科学技术与工程指标［M］. 北京：清华大学出版社，2018.

在国内比较容易召集到所需的人才，是微软全球研发的一个重要部门。诺和诺德在北京的研发中心是公司全球三个研发中心之一。思科中国研发中心已经成为除了美国总部之外的海外第二大研发中心，从全球各地招募人才，思科全球申请专利相当比例来自于中国中心。

外资研发投资的行业以技术密集型行业为主，集中于技术、软件、通信及通讯设备、计算机及其他电子设备、化学原料及化学制品、生物技术、生物医药、医药等行业。近年来，外资企业在传统行业和服务业中的研发投资也逐步增多，包括食品、化妆品、家居、金融等，投资行业呈现多样化趋势。另外，外资研发投资在地域分布上也比较集中，与外资投资的总体地域分布相符合，但是近年来，随着外资向中西部地区的转移，研发投资也呈现向中西部地区扩散的趋势。

（五）外资企业在创新活动上仍然具备一定优势

外资研发在经历 21 世纪前 10 年的高速增长之后，逐步进入稳定增长态势。2008 年爆发的国际金融危机成为外资研发在我国开展活动地位的分水岭。2008 年之前，开展研发活动和设立研发机构的外资企业与开展研发活动和设立研发机构的内资企业相比呈现明显的上升态势，说明外资企业在开展研发活动上比内资企业更为活跃，但是 2008 年之后，这一比例开始呈现明显下降趋势。从国家创新体系的构成上看，内资企业相对于外资企业来说科技创新的重要性呈现一定的上升趋势。如图 3 - 2 所示：

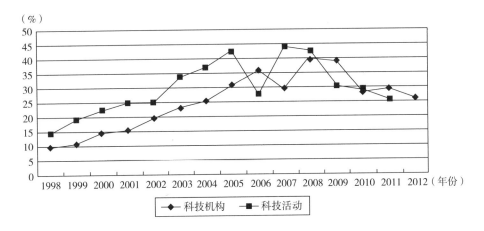

图 3 - 2　设立科技机构的企业数与开展科技活动的企业数外资与内资比例

资料来源：中国科技统计年鉴 2014 ［M］．北京：中国统计出版社，2014.

但是与内资企业相比，外资企业在产品创新上具有一定优势地位。外资企业在我国经济中已占有一定的地位，虽然从新产品总产值和新产品销售收入总量上来看，始终低于内资企业，而且增长率也低于内资企业，但是外资企业结构和质量明显高于内资企业，表现在新产品产值占工业总产值比例上，外资企业始终高于内资企业；在新产品销售收入占主营业务收入的比例上，外资企业也始终高于内资企业，而且从2011年以来，这一比例的差距有扩大趋势。如图3-3和图3-4所示：

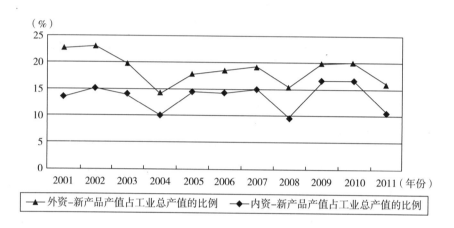

图3-3　外资企业和内资企业新产品产值占工业总产值比例的对比

资料来源：中国科技统计年鉴2014［M］.北京：中国统计出版社，2014.

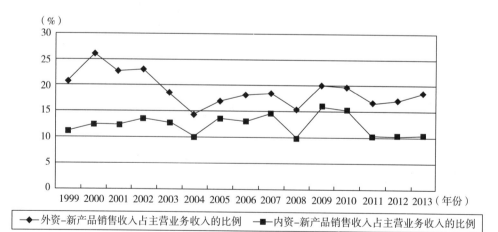

图3-4　外资企业和内资企业新产品销售收入占主营业务销售收入比例的对比

资料来源：中国科技统计年鉴2014［M］.北京：中国统计出版社，2014.

四、外资研发机构在我国发展的前景

外资企业在我国设立研发机构，大致经历了从被动到主动、从边缘到核心的变化过程。在时间脉络上，一是改革开放初期，我国外商直接投资起步时，外资研发机构的设立和发展也是自然起步的，由于跨国公司发展的本身是研发密集型产业，研发与生产本身相互支持，研发也是市场竞争力的重要来源，因此，跨国公司在投资设厂时，会紧跟着布局一些研发机构作为支持，但是由于市场竞争的经济结构比较低级，主要以规模扩张为主，研发机构的技术创新活动也主要以适应性改造、技术支持和服务为主。二是加入 WTO 以后，市场竞争更加激烈，我国经济转型发展以及新兴技术和产业快速发展，使跨国公司面对更激烈的技术竞争，跨国公司把设立外资研发机构作为增强竞争力的有效手段，从而有意识地在全球进行研发布局，在我国设立外资研发机构，更多的是为了增强经济竞争力。

从总体上看，设立外资研发机构以及外资研发机构的发展与作用的发挥，是经济和科技相互作用的结果，是经济转型升级的需要，而且由于全球向创新驱动发展的转型，跨国公司在全球布局研发，是符合全球竞争需要的，也是创新资源和要素流动的结果。

因此，对外资研发机构发展的评价，不能单纯以数量为主，更重要的是看外资研发机构做什么，而外资研发机构做什么是客观发展需要的结果。从 20 世纪90 年代起，在我国设立的外资研发机构更多的是以支持本地化生产和市场开发为主，而且我国政府对外资研发机构的设立和发展也并没有给予特别的重视。而到国际金融危机之后，外资研发机构的发展则是自觉和市场竞争压力所产生的，可以看到，外资研发机构布局更加合理、主动，更多的是从全球创新需要出发来进行布局建设，发挥的作用也日益重要，也推动着我国科技创新更多地融入全球创新网络。

从未来发展的需要来看，随着世界创新驱动发展环境的形成，新一轮科技革命和产业变革加速推进，科技与经济结合更加紧密，创新成为核心竞争力的重要来源，无论是什么性质的企业都面临着同样的创新发展环境，内外资企业面临的形势都是一样的，跨国公司更是如此，不创新、试图靠垄断获取高额利润的时代可能已经过去了。在更加公平竞争、一视同仁的环境中，各类创新主体通过创新竞争获取市场利润，跨国公司作为市场的一部分也发挥应有的作用，外资企业和研发机构作为国家创新体系的一部分都在发挥创新的作用。在未来，内外资的区别将更加微小，过去强调资本的来源，因为行业中很多利润是靠所有制等产生明显的差别，因此，内外资的划分经常产生争论，主要是利益的分配，内资认为外资得到了优先的待遇，外资的垄断拿走了利润；外资认为国内很多政策不能够一视同仁，或者以往外资所享受的超国民待遇失去了，因此造成新的不公平。

随着市场竞争更加激烈，新技术革命的发展，市场环境更加完善，对于国家创新体系来说，内外资差别将越来越不显著，科技创新将成为竞争优势的唯一来源。不搞创新，尤其是不在东道国进行科技创新，外资将没有竞争力。外资研发机构在东道国的发展将更多地作为一个必不可少的组成部分，所从事的科技创新活动也将更紧密地嵌入到所在国的创新活动中去，相互影响、相互作用，汲取营养，相伴而生，共同发展。

第四章　外资研发机构在国家创新体系中的地位和作用

　　外资研发机构是我国国家创新体系的重要组成部分。但是由于传统观念的束缚和影响，在研究各类创新主体发挥的创新作用时，往往把外资研发机构及外资企业作为我国国家创新体系的外部变量和对外开放的对象来看待。事实上，在科技经济日益全球化的今天，外资研发机构与本国的创新主体早已融为一体、密不可分，而且从创新的本身规律来看，加强创新的开放与互动融合，才是创新体系建设的真正含义。为此，必须对外资研发机构在国家创新体系建设中的地位和作用形成较为客观的认识。

　　从总体上看，外资研发机构是我国国家创新体系的内在组成部分，是与其他创新主体具有不同特点的一类创新群体，具有与其他创新主体不同的特点，在创新体系和创新政策的设计中不能将其排除在外，应在作为一般创新主体的基础上，采取有针对性的措施引导其发挥作用。

一、国家创新体系的本质与构成

　　国家创新体系是由一个国家各种创新要素互相联系、互相作用所形成的创新关系。客观上来讲，国家创新体系是对一个国家创新主体及其相互联系状态的客观描述，任何国家只要发生创新活动，都会有创新体系的存在。英国经济学家克里斯托弗·弗里曼（C. Freeman）是国家创新体系概念的创始人之一，其在发表于1987 年的《技术政策与经济绩效：日本的经验（*Technology Policy and Econom-*

ic Performance: *Lessons from Japan*）》中，首次明确使用了"国家创新体系"的概念，并将其定义为"公共部门和私人部门中的机构网络，其活动及相互作用激发、引入、改变和扩散着新技术"。丹麦的经济学家本特—雅克·伦德瓦尔（Bent – Ake Lundvall）主编出版了《国家创新体系：走向创新和交互学习的理论（*National Systems of Innovation*: *Towards a Theory of Innovation and Interactive Learning*)》，指出 NIS 是一个国家内部各种要素及其关系的集合，它们相互作用于新的且有用的知识的生产、扩散和使用中。经济合作与发展组织（OECD）1997 年的《国家创新体系报告》认为，"创新是不同主体和机构间复杂的互相作用的结果。技术变革并不以一个完美的线性方式出现，而是系统内部各要素之间的互相作用和反馈的结果。这一系统的核心是企业，是企业组织生产和创新、获取外部知识的方式。外部知识的主要来源则是别的企业、公共或私有的研究机构、大学和中介组织"。从各方面给出的概念和解释上理解，国家创新体系就是由科研机构、大学、企业、微观创新主体以及政府等组成的网络，它能够更加有效地提升创新能力和创新效率，使科学技术与社会经济融为一体，协调发展。

国家创新体系内在构成要素主要包括研究机构、大学、企业、政府、各类行业、产业集群及中介机构等，也包括各类非机构类创新主体，如民众、民间组织等。各构成要素在一定的市场、法律法规、教育、创新文化等创新环境中，借助于信息、资源、中介服务等支撑性因素相互作用形成创新成果的产生、传播和应用的关系。创新成果的产生、传播和应用，是国家创新体系运行的主要结果，提升创新能力和创新效率是推动国家创新体系形成和改善国家创新体系的直接目标。

国家创新体系能够成为一个相对独立的研究框架，存在以下基本前提：一是存在多个创新主体，也就是创新活动蕴于国家经济活动的各个要素之中。如果开展创新活动的只局限于一两个主体，那么，国家创新体系的概念则受到很大局限。二是体系的边界在于国家范围，国家创新体系所要研究的边界就在于国家所属或国家所能涵盖的范围和层次。国家在政治地理上，广义上是指拥有共同的语言、文化、种族、血统、领土、政府或者历史的社会群体，狭义上是一定范围内的人群所形成的共同体形式。而在社会科学和人文地理范畴，是指被人民、文化、语言、地理区别出来的领土；被政治自治权区别出来的一块领地；一个领地或者邦国的人民；跟特定的人有关联的地区。三是创新主体相互联系、相互作用，形成多条沟通渠道。如果没有创新主体的相互联系、相互作用则不会构成体系，事实上，创新主体之间的联系是深入甚至相互融合的。四是创新体系的功能或效率是可比的，各个创新要素、主体相互联系，在整体功能、效率以及其他作用上形成不同的特征，即在效能上有所差别，由于内在体系构成的差异，导致创新体系的整体功能呈现一定的差异性。

从以上基本构成条件来看，国家创新体系具有以下基本特点:①

第一，国家创新体系具有整体性。国家创新体系是由各个创新要素构成的，在主体上，包括企业、大学、科研院所、中介组织以及诸多创新个体。国家创新体系的整体性是指各个创新要素相互联系、相互作用，构成一个有机联系的整体（见图4-1）。另外，国家创新体系由各个创新主体构成，在相互作用的基础上，形成整体的外部表现，具有明显的功能特征。事实上，国家创新体系只存在于各组成要素的相互联系、相互作用之中，它具有每个要素都不单独具有的性质和功能，各孤立要素性能的总和也不能反映系统的整体性能。国家创新体系是一个能将各种创新要素进行优化组合的整体，对它的建设并不是将各种创新要素进行简单的拼凑和硬性的堆积，关键是要使各种创新要素在网络中优化组合、协调发展。国家创新体系更是系统内所有创新要素作用的集成，对国家创新体系的认识更应整体且全面，不能人为地忽视或割裂其中的某些部分。

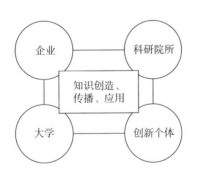

图4-1　国家创新体系的构成

第二，国家创新体系具有结构性。系统中存在诸多创新要素，各个创新要素按照不同的功能和特点进行划分，就构成了系统的内部结构。或者说，结构是对于系统中诸要素相互联系、相互作用的客观描述。按照不同的划分标准，可以把

---

① 刘本盛. 关于国家创新体系几个问题的探讨［J］. 经济纵横，2007（8）：67-69.

国家创新体系用不同的结构来描述。比如，《规划纲要》把国家创新体系按照创新要素在创新体系中的功能、作用和目标划分为五个创新子体系：一是建设以企业为主体、产学研结合的技术创新体系；二是建设科学研究与高等教育有机结合的知识创新体系；三是建设军民结合、寓军于民的国防科技创新体系；四是建设各具特色和优势的区域创新体系；五是建设社会化、网络化的科技中介服务体系。国家创新体系的内部结构也可以按照不同的维度划分。国家创新体系的性质与功能，不仅取决于构成系统的各个要素本身的特点，更取决于要素之间的构成及相互关系。合理的结构能够促进系统功能的优化，产生"1+1>2"的效果。结构不合理，造成系统功能的内耗，则产生"1+1<2"的结果。只有通过结构的合理化才能实现系统功能的最优化。

第三，国家创新体系具有层次性。由于国家的范围本身具有层次性，国家创新体系能够反映系统不同层次之间的关系。系统是由相互作用的要素即子系统所组成，系统和子系统的划分是相对的，国家创新体系也由若干个子系统组成。某系统可以是更大系统的子系统，也可以是更小要素的大系统。比如，从创新体系的范围来看，国家是由各个区域构成的，各个区域由于创新要素构成及相互联系形成区域创新体系，国家创新体系就是由各个区域创新体系构成的，而各个区域创新体系则是由更小的次区域创新体系构成的。

第四，国家创新体系具有开放性。国家创新体系的开放性是指系统与外部环境相互联系、相互作用，进行物质、能量、信息的交换和传递的过程。由于经济科技全球化深入发展，任何国家的创新要素都与外界发生着联系，特别是互联网技术的普及和应用、区域性国际合作的深入，都促使一国边界的创新要素与外部创新要素发生着互动。特别是在当代，创新要素跨越国家边界在全球范围内配置，知识、资本、人才等创新资源在全球加速流动。国际创新要素开放共享，全球网络互联互通。截至2013年，全球移民高达2.32亿人次，其中技术移民占比超过55%。跨国公司掌握全球80%的创新成果，每年研发投入占全球的1/3以上，1/3的研发活动在海外进行。以专利购买和技术许可为主要形式的国际技术贸易平均每5年翻一番，速度远远超过货物贸易和其他服务贸易[1]。在创新要素开放流动的推动下，国家创新体系的开放性日益提高，国家创新体系日益紧密联系，形成跨区域甚至全球的创新体系。系统的开放性又促进系统的结构和功能不

---

① 薄贵利. 强国宏略——国家战略前沿问题研究［M］. 北京：人民出版社，2016.

断发生调整，能否利用系统的开放性，提升国家创新体系的功能也是国家创新体系建设面临的重要问题。

二、外资研发机构在国家创新体系中的地位与作用

显然，外资研发机构是国家创新体系的重要组成部分，是内在要素，而不是外部因素，是创新体系开放的重要通道，也是创新体系内部创新要素与外部环境进行联系的重要通道。详细内容如图 4-2 所示：

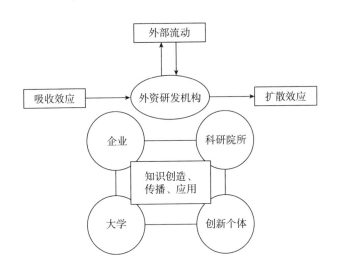

图 4-2　外资研发机构在国家创新体系中的作用

（一）外资研发机构是一个重要的创新主体

从创新体系本身的含义上来看，外资研发机构显然是国家创新体系的一个组成部分。首先，外资研发机构是一个创新主体。开展研发及其应用、提供技术服务是外资研发机构的重要职能，外资研发机构及其他企业、研发机构、大学以及创新个体共同构成创新体系的基本要素。其次，外资研发机构是在国家的边界和范围之内。外资研发机构独立注册，成为国家的居民，与其他创新主体共同存在

并活动于特定的地理范围内，共享同样的文化环境，同样拥有共同的语言、文化、种族、血统、领土、政府或者历史。最后，外资研发机构与外部创新环境和其他创新主体相互联系、相互作用，形成要素流动和沟通渠道。从这些方面来看，外资研发机构都是国家创新体系的一个组成部分，不论主观上是否愿意接受，这都是客观存在的事实，而且随着开放程度的提高，外资研发机构在国家创新体系中的地位和作用也日益提高。

外资研发机构与其他创新主体和创新要素共同构成国家创新体系的整体，也就是说，国家创新体系的整体性，来自于包括外资研发机构这类主体发挥的作用。这个判断也应成为创新体系研究的前提，即无论任何一个国家的创新体系，都不可能把某一类创新主体割裂开来看待，而应从创新要素及主体的普遍联系上来认识。

作为独立而又与外部环境相互作用的创新主体，外资研发机构发挥着独特的作用。首先，外资研发机构是研发机构的一种，在国家创新体系中发挥着研发机构的重要作用。包括：研发机构本身是国家科研体系的一个重要组成部分，从功能上来看，是知识创新的源头，本身知识和智力密集，集中开展有组织的研发和创新活动，与大众创新形成互补；研发机构集聚创新人才，为产业创新提供支撑和动力；研发机构还是科研院所战略布局的重要组成部分。各类研发机构功能各异，国立研发机构主要是面向国家战略需求，发挥科研院所的骨干与引领作用，更注重核心与前瞻性技术研究；而面向产业化的研发机构则以支撑和引领产业创新发展的核心、关键共性技术为主要方向，为产业提升技术服务和支持；企业内的研发机构则以服务企业发展为主要目标，开展面向企业需求的技术研发及其应用服务。不论哪种研发机构，都以开展研发活动和研发服务为主要任务。从这一点上来看，外资研发机构与一般研发机构同为研发机构，在很多方面具有共同的特征，包括：一是主要目的和宗旨相同，以开展研发等技术活动为主要目的；二是开展的活动特点相同，以开展研发为主要活动；三是机构特点相同，研发人员密集，研发投入较高。

其次，外资研发机构又有与其他创新主体不同的特点，因此能够发挥特殊而互补的功能。在我国，外资研发机构是一类具有独特特点的创新主体，最显著的区别在于"外资"的资本属性。外资研发机构在实际运作中，有些是以企业的形式注册成立，有些是独立注册，有些则是包含于企业之中，因此兼备研发机构与企业的特点，或者说是以研发及其应用、服务为主要职能的一类企业或机构。

与内资研发机构相比，外资研发机构的机构性质不同，依附性比较强，最主要的是开展研发活动的自主决策能力较弱，跨国公司设立的外资研发机构，开展的研发活动主要根据集团的需求和指令来进行，是跨国公司整体研发战略布局中的一环。近年来，在我国设立的外资研发机构功能由过去的本地技术支持越来越多地转为开展面向全球的研发，外资研发机构开展的研发活动，已超越本土的界限，更多地利用本土的创新资源，开展面向全球的研发活动，取得的研发成果也用于全球市场，这与内资研发机构存在区别。

在国家创新体系中，外资研发机构与外部创新环境相联系的渠道主要包括：一是人员渠道。当今，东道国创新资源在外资研发机构选址中占有重要地位，人力资源是其中的一种重要创新资源。外资研发机构层次越高，功能越强，对人力资源的要求也越高。外资研发机构在东道国招募本土的研发和技术人员越来越多，很多管理人员也是来自本土，这些人员一方面从国内各种渠道进入外资研发机构，把外部资源带进来；另一方面在外资研发机构中利用外资研发机构的渠道与国外创新资源发生联系，受到影响、得到提升，最后可能再流出外资研发机构。在人员交流方面，外资研发机构发挥了载体的作用。二是合作交流渠道。外资研发机构与国内高校、科研院所等开展广泛的合作交流，在合作中实现知识的交流和创造。三是生产渠道。跨国公司在国内围绕生产需求，与行业内企业形成上下游配套关系，外资研发机构服务于跨国公司，不仅要开展面向跨国公司的产品研发支持，也与企业的上下游配套企业形成联系，如技术标准、生产工艺指导等。比如，日本普利司通几年前在无锡新区设立了除美国、意大利和日本以外的第四家独立研发中心，主要对轮胎原材料进行研发，指导本土供应商提升产品质量，使轮胎业原材料国产率由以前的30%达到70%。很多本土企业在研发中心帮助下，原材料品质大为提升，不仅跻身普利司通供应商行列，而且增强了国际竞争的话语权。[①] 四是创新成果渠道。跨国公司在东道国设立研发机构的主要目标之一是利用东道国的创新资源，通过多种形式利用东道国家的创新成果，比如高校或科研院所的科研成果和科研团队，也收购其他科研成果，另外，外资研发机构也利用国外的创新成果在东道国进行转化。比如，目前很多外资研发机构在我国开展的活动，既包括研发活动，也开展孵化企业、投资等活动，推动我国的很多创新成果转化为企业和产业的发展动力。

---

① 佚名. 开放性利用全球资源加快推进创新国际化［J］. 江苏对外经贸论坛，2011（2）.

（二）外资研发机构是国家创新体系的重要组成部分

国家创新体系按照内部结构可以划分为多个体系，按照创新主体的主要功能定位与相互联系形成的主要功能可以划分为技术创新体系、知识创新体系、国防科技创新体系、区域创新体系和科技中介服务体系等。外资研发机构的功能呈现多样化，既是知识创新体系的一部分，也是技术创新体系的重要组成部分，由于外资研发机构主要在地方设立，又是区域创新体系的组成部分，很多外资研发机构在我国从事的是成果转化孵化等工作，因而还是构成科技中介服务体系的组成部分。

首先，外资研发机构是知识创新的源头，也是科研院所战略布局的重要组成部分。当今，越来越多的外资研发机构开始从事基础研究或应用型基础研究，知识创造日益增多，因而能够成为知识创新的源头。比如跨国公司认识到中国市场的重要性，在多种因素驱动下，开始逐步提升其在华研发机构的功能，并把一些核心技术和基础研究转移到中国来开展，不少跨国公司（如摩托罗拉、微软）在华研发机构已成为其全球研发网络的核心节点和"卓越中心"，从事着世界最前沿的技术开发和最基础的科学研究。而科研院所具有不同的功能，开展研发的机构也不是由一种模式构成的。不同的创新特点、创新活动产生不同的结果。外资研发机构是将科研与经济进行紧密结合的更为直接的载体。而我国的科研院所本身距离市场较远，外资研发机构带来示范效应，促进研发组织的多样化和新型研发机构的发展，改善了科研院所的结构与布局。

其次，外资研发机构是技术创新体系的重要组成部分。外资研发机构主要服务于跨国公司的需要，更直接地服务于企业的市场竞争和产业发展的需求，是企业创新体系中的重要一环。外资研发机构还以产学研合作、构建产业创新联盟等方式，与其他企业、高校、科研院所开展合作，构成技术创新体系，共同推动着产业技术进步。据统计，2012 年，登记注册类型中的大中型外资工业企业在中国境内建立研发机构占我国大中型企业研发机构总数的 22.7%，设立研发机构的外商投资企业数比 2005 年增长一倍多。

（三）外资研发机构在多个层面的创新体系建设中发挥作用

区域创新体系是国家创新体系的基础和分支，是国家创新体系的重要组成部分。区域创新体系是指在一定的地理范围内，经常、密切地与区域企业的创新投入相互作用的创新网络和制度的支撑安排。区域创新体系的构成要素与国家创新体系是一致的,包括:一是主体要素,即创新活动的行为主体,主要为企业、高等院校、科研机构、各类中介组织和地方政府等,其中企业是创新体系的核心。二是功能要素,即行为主体之间的关联与运行机制,包括制度创新、技术创新、管理创新的机制和能力。三是环境要素,即创新环境,包括体制、基础设施、社会文化心理和保障条件等。

对于地方来说,吸引外商直接投资是增加就业、保持经济稳定增长的重要来源,地方对吸引外资研发机构入驻以及发挥外资研发机构的作用十分重视,采取多种措施和手段支持外资研发机构的发展,外资研发机构已经成为区域创新体系的重要组成部分。在华外资研发机构分布在我国 30 个省、市、自治区,江苏、广东、上海、北京、福建、山东、安徽、天津、辽宁、四川、湖北、河南等地都是外资研发机构比较密集的地区。从 1999 年开始,北京市率先出台《北京市鼓励在京设立科研开发机构的暂行规定》,对跨国公司研发机构进行专门的规定。此后,2002 年北京还对该暂行规定进行了全面修改,对研发机构的人才引进、土地使用、知识产权保护以及研究开发等方面给予财政与税收的支持。各地都把发展外资研发机构作为区域技术创新体系建设的重要内容。比如,2013 年《北京市人民政府关于强化企业技术创新主体地位全面提升企业创新能力的意见》(京政发〔2013〕28 号)第九条规定,"鼓励外资企业在京设立研发机构。鼓励跨国公司在京设立研发总部,支持外资研发机构围绕产业技术创新开展研发活动。鼓励外资研发机构与本市企业、高等学校和科研院所以多种方式开展科技项目联合研发和产业化合作。鼓励外资研发机构中具有知识产权的技术和成果在京转化落地"。上海在 2012 年发布的《上海市关于鼓励外商投资设立研究中心的若干意见》(沪商外资〔2012〕490 号)在税收优惠政策、技术转化、外汇管理、通检通关、出入境管理、就业许可、人才引进、知识产权、人才培养、科研项目等方面鼓励外资研发中心设立。江苏省对于引进外资研发机构十分重视,2012 年发布的《关于进一步加强企业研发机构建设的意见》鼓励外资企业积极建设研发机构。从 2004 年开始,江苏省科技厅就把在江苏的外资研发机构作为全省区域创新体系建设的一个重要组成部分,把鼓励和支持外资在江苏设立和发展研发机构作为开放性利用国际科技资源的一项重要工作加以推进,采取省、市合作联动的方式,对满足一定条件的独立或内设外资研发机构给予省级确认。其中,南京、无锡、苏州和常州等市还对确认的外资研发机构给予配套经费支持,五年累计为 144 家省级外资研发机构配套经费达 4000 多万元人民币，极大推动了外资研发机构在当地的发展。①

而实际上，外资研发机构在区域创新体系中的地位日益增强。比如在某些地区，外资研发机构已成为区域创新体系中的主要研发机构，是地区产业创新中的重要力量。在江苏，世界 500 强企业设立的外资研发机构已达到 60 家，还有 64 家外资企业全球或亚太地区研发中心，成为全省高效配置国际创新资源的重要载体。80% 以上的外资研发机构研发活动集中在电子、装备制造、新材料等高科技领域，占研发内容的 82%；近 2/3 的外资研发机构，已经与江苏高校、科研机构、企业开展了合作研究，一半以上的外资研发机构与江苏高校院所、企业保持着长期稳定的合作关系。② 鼓励和推动外资研发机构在江苏的设立和发展，已成为江苏提高利用外资质量和水平，促进产业升级和技术进步的重要手段。江苏众多科技型企业和高校院所借助外资研发机构，或与境外企业和大学合作建立研发机构，借船出海跻身国际创新体系。作为上海产业园区中研发中心最集聚的开发区之一，浦东新区已经集聚了企业级、市级、国家级乃至世界级研发中心共 110 家。在研发产品所依托的专利方面，2013 年金桥园区专利申请量比 2012 年增长 15%。③ 研发中心的持续落户，不仅在企业发展过程中起到关键作用，而且推动了整个产业向高端、高新、高效转化，并形成自主研发的氛围，推动浦东新区开发区实现从"制造"到"智造"的蜕变。④

外资研发机构开展的产学研合作，是完善我国以企业为主体、市场为导向、产学研结合的技术创新体系的重要组成部分。一些进入我国比较早的外资研发机构开展的产学研合作已经都相当成熟。比如 IBM 每年有几十个与我国高校的合作项目，与清华、北大、北交大等专业能力比较强的高校都有合作，与华北电力大学合作的成果在国家智能电网项目中得到很好的应用，同时还转化到了国外智能电网的商业推广领域。英特尔与我国科技部开展了新一代移动技术合作项目（2008～2013 年），双方共同出资，将研究机构放在清华大学，除了出资外，企

①② 佚名. 外资研发机构成为江苏面向开放创新发展重要力量［EB/OL］. 中国政府网. 引自新华日报，2011－02－18，http：//www. gov. cn/gzdt/2011－02/18/content_ 1805575. htm.

③ 佚名. 浦东企业研发中心能级不断提升［EB/OL］. 上海浦东经济共享服务中心（平台），2014－06－10，http：//www. pdi. org. cn/website/shownews. aspx? id = NEWS201406101352182889 7070.

④ 浦东新区研发机构创新步伐提速［EB/OL］. http：//www. pudong. gov. cn/website/html/shpd/investInfo_ TZDT/Info/Detail_ 573235. htm，2014－09－03.

业还派驻全职人员，企业主要考虑将科研成果纳入产品线，而高校在合作中取得了影响力较大的科研成果。这是科技部与跨国企业合作的典范。陶氏化学选择了6所在材料、化学、化工领域排名靠前的高校作为战略性合作高校，2012 年与复旦一起成立了国内第一个陶氏化学研究中心，在全球这样的研发中心不超过 5 家。飞利浦（中国）投资有限公司跟我国的很多高校和科研院所都开展合作，并把自己的研发团队从欧洲转移到了中国，包括厨电部门研发中心，还在我国建立了针对我国国情的产品研发部门，如空气净化器的研发等。

（四）外资研发机构是国家创新体系开放的重要通道

在当今经济科技全球化的条件下，国家创新体系是开放的，任何一国的创新体系都与外部发生着各种各样的联系。外资研发机构的典型特点是形成对外联系的主要通道，作为外资的重要组成部分，与外资紧密相连，成为外商投资的工具和外商投资的重要支撑，跨国研发投资成为利用东道国创新资源的重要途径，成为内外部创新资源、创新成果、知识流动的重要通道，对于促进创新全球化发挥着重要作用。

1. 促进创新要素流动全球化

外资研发中心对推进国家创新体系的开放性具有重要作用，外资研发中心在促进国家创新体系的交流中扮演着双重的重要角色，它们既是外来技术和知识的重要通道，又是国内企业嵌入全球研发和生产网络的重要接口，从而成为各国创新体系联络的重要通道。

跨国公司是研发国际化的重要推动力。随着经济和科技全球化的不断深入发展，跨国公司主导的研发全球化日益呈现新的发展趋势，服务业研发快速增长，研发产业蓬勃发展，研发外包日益成为研发全球化的重要形式，加强与东道国本土机构的合作成为跨国公司海外研发策略的重要取向。外资研发机构是跨国公司海外投资的重要途径，而且是海外投资的高级形式。跨国公司在海外设立研发机构极大地推进了研发国际化，加强了跨国研发合作。研发产业发展已成为推动研发全球化的重要动力之一，研发产业的发展直接催生了大量科技型研发公司的兴起，这类研发公司一般由科学家主导，由国际投资基金公司或私人财团参与投资，以技术研发作为营运重心，并以研发创新与销售知识产权作为主要的经营手段，在世界范围内网罗人才和投资布局，从而促进了研发全球化的进一步发展。

外资研发机构促进人员的任用与交流，母公司的管理，技术人员到东道国所在地进行工作，以及东道国的技术人员和管理人员到母公司进行交流。通过设立外资研发机构，建立人员交流渠道，促进海内外知识交流与人员合作。另外，外资研发活动在本土发生，可以更多地培养和利用本土人才，在一定程度上抑制我国高端人才流向海外，为人才提供了多样化的渠道。外资研发机构的设立和发展，甚至在吸引海外研发人才回流方面也发挥一定的作用。如已有的摩托罗拉、英特尔、惠普、微软、IBM、朗讯、阿尔卡特、通用电气等跨国公司研发机构的高层人员回到本土研发机构的案例。比如，微软研究院的首席主管都是海外华人，这些人在早期出国留学，毕业后留在国外跨国公司工作，微软在中国设立研发机构为人才回流提供了可能。

外资研发机构引起创新要素主要是研发人才和资金的集聚，由于外资研发机构一般比本土研究机构和企业具有更为优厚的生活待遇和更为舒适的工作环境，所以不仅会对本地科技人员产生较大的吸引力，还会对外地和海外科技人员产生很大的吸引力。很多的国外高级人才，借助外资研发机构这个平台来到我国。

外资研发机构还会产生人才外溢效应。近年来，从外资研发机构离开的华人中有95%以上回流到国有企业或大型民企，他们在跨国公司中掌握的经验、技术和领导力为提高我国科技水平做出了贡献。

外资研发机构促进了国际技术交流与合作。通过跨国公司渠道，集团母公司与研发机构之间建立技术交流渠道。一是集团对外资研发机构进行技术方向的导向，指导研发的方向和技术活动，很多外资研发机构成为母公司全球研发布局的重要一环，甚至面向全球开展研发活动，从而使在东道国雇用的科研人员直接为国际需求服务，开展面向国际化的研发活动，这些人不用出国就能够开展面向全球的研发和创新活动，对于提升本土科研人员的研发层次非常有用。二是科技成果流。外资研发机构产生的研发成果，一方面通过技术交易的方式转移到跨国公司母公司，有的转移到其他国家的研发机构或企业，被世界所采用，实现技术成果的跨国界转移；另一方面可能直接服务于本土市场，在跨国公司研发理念指导下形成的产品或服务在本土市场上形成巨大的示范效应，引领着东道国市场的发展方向。外资研发机构还广泛吸收、整合本土的科研和创新成果，使本土科研活动与国际市场更紧密地结合在一起。

2. 促进全球创新生态形成和改善

在开放环境下，国家创新体系之间相互依存、相互影响，全球创新生态系统逐步形成。全球创新生态，是在创新要素的流动和全球化日益加强的条件下形成的，各个国家的创新要素已经跨越了国家的边界。国家创新体系不仅是一个国家内部的，其本身是开放的，存在于全球创新体系的大环境中，国家创新体系的效能取决于在全球创新体系的利用。

研发全球化从根本上重新塑造了各国创新体系的地理格局，在跨国公司研发投资的驱动下，国家创新体系的边界已经超越了民族国家疆界，使各国创新体系之间相互依赖，带动了创新要素的全球开放流动。从宏观层面来讲，跨国公司研发投资促进了创新要素的全球流动，打破了创新资源的国家边界，就像跨国公司推动经济全球化一样，跨国公司的研发投资推动着研发投资国家边界的消失。欧盟对欧洲区域创新系统的研究最为典型。"世界上90%以上的研发都是在 OECD 经济体中进行的，因此对于研发能力的引入国和后来者来说，其对全球性研发能力的开放是至关重要的。"①

波特认为，竞争优势来源于"企业通过自身创新创造比竞争对手更大的价值"。"如何进行创新""创新的范围"都发生了变化。单个独立企业的创新已经不能够赶上外部环境变化的步伐，创新更多是由多个企业在一个创新生态系统中相互合作完成的，创新边界已经超出了企业既有的边界，实际上也超出了国家的边界。创新的挑战已经从企业内部走向外部，从国家内部走向外部，要求企业和国家都要主动进行开放式创新，通过合作伙伴之间的协同与互补实现创新。实际上，海尔、苹果、谷歌这些企业为用户创造的价值，不是仅由这些企业独自完成的，也不是由这些企业在一个国家内完成的，创新型企业的发展，日益跨越国家的边界，利用全球的创新资源，打造形成全球化的创新型企业，推动着全球创新生态的形成，同时从日益发展的全球创新生态系统中汲取营养，获取收益。这些企业通过研发的国际化布局，充分利用每个国家或地区的创新资源，形成综合的国际竞争优势。

外资研发机构一方面是跨国公司研发国际化的结果，跨国公司在海外开展研发活动，促进研发资金的转移，对推动研发重心的转移发挥着重要作用；另一方面也促进着人员、创新要素、创新成果的国际化转移，在国与国之间围绕创新形成分工和合作关系，促进各国创新体系相互依存、相互影响，形成和改善全球创新生态环境。

---

① Hal Hill. 东亚发展过程中的技术与创新 ［A］//Shahid Yusuf 等．全球生产网络与东亚技术变革［M］．北京：中国财政经济出版社，2005：318－354.

从单一国家来看，外资研发机构的设立和发展，表面上为国家内的企业带来了竞争，实际上也带来了新的理念和方法，许多跨国公司已将其远景规划与我国的经济社会发展理念的相融合，不仅有利于我国利用全球资源开展创新，更为本土企业带来新的商业模式、新技术和新示范，能够在短期内显著提升国内企业的发展水平，使国内企业更快地融入全球的竞争和环境中去。

外资研发机构的示范效应有助于提高我国企业和研发机构的创新能力和效率。外资研发机构的迅速增长扩大了我国研发的资金来源，增加了企业研发投资的比重，改善了我国研发的投资结构，引导我国企业和研发机构的研发方向聚焦到具有更大商业价值的研发和创新活动中，并将先进技术和先进的研发管理经验带入到我国，外资研发中心从事研发工作的经营理念、管理原则和执行方式直接对我国企业及科研机构产生示范效应。一方面，大学、研发机构和企业通过与跨国公司研发合作，成为跨国公司研发网络中的元素，进而会促进先进技术国产化，缩短我国与国际先进科技的距离。IBM 在华与 50 多个高校建立了合作关系，合作创立了 19 个联合实验室、25 个 IBM 技术中心、13 个解决方案中心、12 个授权认证中心、3 个软件人才实践基地，[①] 这些项目上的技术发展会通过不同形式扩散到国内企业和研发机构。另一方面，伴随在外资研发机构工作的技术人员和管理人员的流动，相关技术和知识会不断扩散到其他企业及研发机构。

外资研发活动以市场需求为核心，其项目选择的科学性和研发管理的规范性，为本地企业提升研发管理水平、进行面向市场的研发体制改革提供了有益的借鉴，为国内企业、研究机构和高校提供了科研管理和机构管理等方面的经验和示范。

3. 推动标准的国际化，提升产业整体竞争力

我国是发展中国家，在国际产业竞争的标准、规则等方面处于不利地位，要实现跨越式发展，就要突破已有的产业规则限制，争取话语权。我国企业在走向国际市场过程中就面临着标准和知识产权的壁垒。对于我国企业来说，在激烈的国际竞争面前，任何一个产业都不可能是"一家通吃""胜者全得"，在已经形成的国际竞争格局下，只有通过竞争合作，形成利益共同体，才能使我国的创新与世界互通互连。这就意味着，我国在创新活动中不可能完全排斥外资研发，更可行的道路是与外资研发机构形成利益共同体。相比较而言，外资研发机构在国

① 崔新健. 外资研发中心对我国国家创新体系的正效应 [J]. 国际贸易问题, 2008 (1).

际市场上布局多年，创新资源储备雄厚，通过引入外资研发机构，利用国内庞大而多样化的市场开展创新，形成有特色的创新产品和服务，并与外资研发机构一道形成统一的创新产品标准，共同开拓国际市场，是我国推动标准国际化、争取国际市场话语权并最终推动企业国际化、提升产业国际竞争力的重要选择。

比如，我国在通信领域 TD - SCDMA 标准的国际化，就是与外资研发机构协同创新、共同努力的结果。[①] 技术标准对于信息产业的发展起着越来越大的作用，在移动通信领域，标准的竞争已成为企业乃至国家竞争的制高点。我国第一代模拟系统主要采用 TACS 和 AMPS 系统，从 2002 年 6 月起，我国各地的模拟移动通信网就已陆续关闭。我国第二代数字系统首先引进 GSM 系统，1994 年底就开始大规模建网。尽管到 1999 年底，一批民族通信制造企业在 GSM 移动通信设备方面开发出了具有自主知识产权的全套产品，但此时国外的品牌已经几乎全面覆盖了国内的 GSM 网，网络中的空余份额所剩无几。这使得民族品牌产品要进入市场难度非常大，市场份额难以大幅度提高。因此通信业必须先在标准上创新，才能够拥有自主技术，才能在市场上具备竞争力。我国移动通信标准工作起步较晚，第一、第二代通信技术标准我们没有获得话语权，只能被动地采用国外或国际标准。这导致我国企业不能掌握核心技术，即使有能力做产品也很难把技术、产品上的研发能力转变为市场上的竞争力。

我国紧紧抓住第三代通信标准的机会，力图解决我国第三代移动通信产品的国产化问题。1998 年 6 月，电信科学技术研究院（大唐电信集团的前身），代表中国向国际电信联盟提交了具有自主知识产权的移动通信技术标准候选方案——TD - SCDMA。2000 年 5 月，国际电信联盟（ITU）正式接纳 TD - SCDMA 成为国际第三代移动通信技术标准。这是我国信息通信领域第一个成体系的、拥有自主知识产权的国际标准，中国首次在电信标准中有了一席之地。但是我国的 TD 标准进展缓慢。为加快 TD - SCDMA 标准开发、推进 TD - SCDMA 的研发和产业化，建立起推动 TD - SCDMA 发展的有效机制，2002 年 10 月 30 日，大唐电信科技产业集团等 8 家国内知名通信企业自愿发起并成立 TD 产业联盟。联盟以"共同完善和推动 TD 标准"为宗旨，以"提升中国移动通信企业的研发、生产和制造水平"为己任，整合及协调产业资源，促进 TD - SCDMA 产业的快速健康发展，实现 TD - SCDMA 在中国及全球通信市场的规模推广和应用。

---

① 陈宝明、李东红等 . 国家产业技术创新战略联盟经典案例［M］. 北京：人民邮电出版社，2017.

TD‑SCDMA 标准的发展分为两个阶段：一是国内研发和应用阶段。中国移动的加入对于标准的产业化发挥了重要作用。自 2006 年起，TD 产业联盟开始积极推动 TD‑SCDMA 标准的商用化。2006 年 2 月至 11 月，TD 产业联盟组织了"3 + 2"规模试验，2007 年开始在十大城市建设了更大规模 TD‑SCDMA 网络，2008 年开展了面向北京奥运会的 10 个城市规模网络试验。这些工作，增强了国内外对 TD‑SCDMA 标准的信心，有效推动了 TD‑SCDMA 标准与产业的发展。2008 年，在工信部直接推动下，中国移动加入 TD 产业联盟。2009 年 1 月 7 日，工信部向中国移动发放 TD‑SCDMA 牌照，TD‑SCDMA 网络正式商用，TD 标准产业化的大幕拉开。中国移动的加入，拓展了 TD‑SCDMA 的国内市场，形成国内围绕 TD‑SCDMA 应用的产业链条，以及庞大的市场规模优势，吸引外资研发机构加入并接受 TD‑SCDMA 标准。

二是标准国际化阶段。海外制造商和运营商的加入对 TD 标准的国际化发挥了重要作用。TD 联盟发展初期，联盟内商用终端制造商均是中国企业，相比之下，世界上另外两个 3G 标准，WCDMA 和 CDMA2000 拥有众多世界级的商用终端制造商，包括著名的爱立信、诺基亚、NEC、摩托罗拉和朗讯等。2010 年 2 月，TD 联盟增加 7 家企业，其中包括三星和 SK 电讯，是 TD 国际市场开发的重要里程碑。在 TD‑LTE 标准国际化过程中，包括诺基亚西门子通信、SK 电讯等都发挥着重要作用。TD‑LTE 从一开始就是一项国际的技术，具备国际化条件。在这个基础上，以中国移动为代表的运营商和以诺基亚西门子通信为代表的设备商积极配合，共同推动 TD‑LTE 走向全球。诺基亚西门子通信在经历了成功整合后，正引领 LTE 快速向前发展。目前，诺基亚西门子通信在 LTE 方面的商用合同数量达到 9 家，处于世界领先地位。在技术研发方面，诺基亚西门子通信持续加大投入力度，在 TD‑LTE 方面，诺基亚西门子通信 2008 年正式将 TD‑LTE 全球研发中心放到中国杭州，是公司在 TD‑LTE 发展上的重要举措；从 2009 年下半年起，TD‑LTE 杭州研发团队进入成熟期，成为 TD‑LTE 产品领先的基石。目前杭州研发中心已经发展到上千人，成为公司全球三大研发中心之一。在中国设立研发中心能准确把握并快速响应客户需求，保障 TD‑LTE 技术的先进性和实用性。同时，诺基亚西门子通信还充分利用在 FDD‑LTE 方面的优势，将一些先进的理念和技术引入到 TD‑LTE 中。

在 TD‑LTE 的标准化和国际化道路上，诺基亚西门子通信最早在 3GPP 国际标准化组织中积极倡导 TD‑LTE，同时也是对 TD‑LTE 标准和技术规范贡献最多的国际厂商。从 2007 年 11 月的 TDD 帧结构融合，到 2009 年初 R8 正式冻结，以及 2009 年 10 月 TD－LTE 最终接纳为 ITU－RIMT－A 提案，诺基亚西门子通信同业界尤其是中国公司紧密协调，合作共赢。自 2007 年初 3GPP 启动 LTE 研究工作时起，诺基亚西门子通信在中国设立了超过 20 名技术专家组成的标准化团队，直接负责与 LTE 相关的技术研究和 3GPP 标准化工作，积极参与国际会议，积极推动了中国的产业需求在国际标准化工作中的讨论。同时，诺基亚西门子通信与业界各方建立了良好的关系，基本每个月都会邀请运营商以及相关设备商召开交流会，沟通 TD－LTE 相关的标准化工作，以形成合力共同推动 TD－LTE 又好又快发展。

同时，诺基亚西门子通信还与中国移动积极配合，促进 TD－LTE 和 FDD－LTE 的融合发展，使 TD－LTE 真正成为一种世界性的技术。诺基亚西门子通信在巴塞罗那电信展、瑞士 ITU 国际电联展览会以及上海世博会上都为 TD－LTE 设立了专门的展区，积极配合运营商展示 TD－LTE 的魅力。

4. 通过合作推动产业整体技术进步

跨国公司研发机构的发展，促进了生产要素的高效配置，越来越多的高端技术产品直接在我国本土研发设计并实现产业化，使我国企业创新得以建立在一个比较高的层次和更加开放的全球平台上。外资研发机构的 R&D 技术溢出效应随着距离的缩短而增强，在我国科技水平相对落后的情况下，外商到此建立 R&D 机构就相当于为我国建立了一个技术信息窗口，有助于我国企业及时捕捉最新信息、跟踪和监视世界科技发展的最新动向、有效抑制技术溢出效应的距离衰减，从竞争对手的技术溢出效应中受益，最终缩短自身研发过程、节约成本，直接进入技术发展的最新、最高阶段。

为了更好并尽快地融入东道国市场，一些跨国公司纷纷调整海外研发策略，重视并加强了同东道国本土机构的合作。据调查，有 50% 以上的跨国公司与本土大学、研究机构及大型企业开展了各种形式的合作，在提高本地技术水平和推动产业升级方面做出了显著贡献。跨国公司与本地企业的合作中形成了大量的知识产权。以跨国公司在华研发机构为例，跨国公司研发机构与我国高校的合作方式不断创新、合作领域日益拓展、合作动机更加多元，由以往简单的、临时的项目研发、人员往来转向建立长期的、稳定的战略合作与协同创新关系，已成为跨国公司研发机构与国内高校科技合作发展的新趋向。据不完全统计，我国高校与跨国公司研发机构建立的联合研发机构数量已超过 300 家。

5. 提升创新体系的效率和功能

外资研发机构对于提升创新体系的整体功能或效率具有重要意义。国家创新体系的效率和功能取决于创新体系各要素的功能和相互作用，外资研发机构有独特的创新特点和优势，其开放性和与外部创新资源的联系更为紧密，对于弥补创新体系的不足具有重要意义。从这一意义上来说，国家创新体系的效率和功能在很大程度上取决于外资研发机构在国家创新体系整体中发挥的作用。如果一个国家创新体系各创新主体能够与外资研发机构形成更加紧密的联系、形成互相促进的关系，那么，国家创新体系的效率和功能就越强。

跨国公司创新体系一方面具有国际化特征，另一方面又嵌入东道国国家创新体系之中。通过对印度的调查表明，跨国研发中心与东道国国家创新体系中的大学和科研机构建立了紧密的联系，从事研发活动的所有外国分支机构都与母国的研发机构存在联系，其中在"新技术"产业的研发机构中，有81%与母公司在世界范围的研发活动保持着密切的联系。摩托罗拉在中国设立了30多家研发中心，通过这些研发中心，拥有全球研发中心网络的摩托罗拉与包括东道国企业和政府研发机构在内的各类研发机构之间形成互动。随着跨国公司更多研发资源配置到当地经济，东道国创新体系与跨国公司全球研发网络以及相应的世界其他国家的创新体系之间的联系更加密切，在创造更大范围的知识交流渠道以及互相学习，显著地提升着东道国国家创新体系的创新效率。①

在开放条件下，任何国家都将融入全球经济和科技发展之中，外商直接投资仍将是推动经济全球化的重要途径，各国仍将把利用外资作为促进发展的重要政策手段。显然，外资的质量和结构、利用外资的质量和效益，将对国家经济发展的质量和效率产生巨大影响。在科技创新日益成为推动经济增长根本动力的条件下，外商直接投资适应东道国家发展需要，其特点也必然呈现从数量规模扩大向质量效益增强的转变，外资研发机构作为外资中知识含量最高、创新活动力最强、创新成果最丰富的一类研发型组织，将成为改善和提升外资利用质量的重要途径。外资研发机构的设立、发展以及功能的提升，对于提升国家创新体系的整体效率发挥着越来越重要的作用。

6. 促进大众创新创业

适应未来经济社会发展的需要，外资研发机构的功能和组织形式也在发生巨

---

① 崔新健. 外资研发中心对我国国家创新体系的正效应［J］. 国际贸易问题, 2008（1）.

大的变化，很多外资研发机构把研发与创新更加紧密地结合起来，创新的功能日益强化，比如微软研究院在开展面向全球的研发活动之外，还设立了"加速器"；英特尔设立了众创空间加速器；强生在上海设立了集研发和创业投资功能于一身的研发中心。这些外资研发机构具有国际化的视野、先进的创新创业理念和高效的运营模式，对相关行业的创新项目进行孵化投资，在国内影响力逐步增强，直接促进了行业和地区的创新创业，对带动行业创新发展发挥着重要作用。

近年来，英特尔发展进入瓶颈，在代表未来方向的移动芯片领域遭到 ARM 的狙击。根据英特尔财报，2014 年搭载英特尔移动芯片的平板电脑出货量达到 4600 万台，但同期移动业务亏损超过 40 亿美元。① 为扭转局面，英特尔更加看好中国市场，通过设立众创孵化器，深度挖掘中国消费者的需求。为了更快地交付各种类型的智能设备以应对快速变化的消费者需求，英特尔需要与中国广泛的创新力量进行合作，通过设立众创孵化器，英特尔与众多创客紧密接触，采纳客户的意见和建议，为其提供从平台差异化、软件优化、参考设计、配件选型、物料采购、产品测试乃至市场营销推广等全方位的支持，打造围绕自身的创新生态圈。英特尔的众创孵化器模式主要有以下特点：一是实行"三级推进"，提供从创想到创客、从创新到创业的全程输出。第一级是建立"联合众创空间"。2015年，英特尔与政府、大学、科研机构和创客社区合作，在北京、上海、深圳、西安、成都、天津等城市设立 8 家"联合众创空间"，并向外辐射，为更多"众创空间"提供一揽子支持。第二级是整合"创客大爆炸""英特尔@硬享公社（CCE）""英特尔开发人员专区"等已有的平台资源，建立开放的线上创新中心。第三级是提供创投和产业孵化服务，英特尔设立总额为 8000 万元的"英特尔投资中国天使基金"，提供针对性的技术扶持、产业指导、生态链对接、品牌与市场推广等孵化服务。二是线下"联合众创空间"与线上创新中心结合形成互补联动的 O2O 支持体系。这一体系既拓宽了支持规模，又确保支持的力度。英特尔的线下"联合众创空间"主要提供硬件、软件、工具套件、参考设计、培训课程、培养活动、导师计划以及联合举办创客大赛、创新创业峰会、创客马拉松等活动。"创客大爆炸"将提供众创空间参考设计、智能硬件开发套装、软硬件开发工具、培训、在线论坛、活动等开放资源，以及围绕创客项目开展的知

---

① 宿艺. 高额补贴不再，英特尔移动业务如何寻求中国突破？［EB/OL］. C114 通讯网，http：//m. c114. com. cn/w138－891876. html.

识管理、项目管理和展示等支持。作为智能硬件产品创新协作平台"英特尔@硬享公社"（CCE）将为个人创客提供从项目申请到孵化全程的技术服务支持，创客可获得英特尔工程师的快速技术支持、庞大的知识库、在线培训，以及共享英特尔的各种供应链资源，实现从创意到产品的顺利过渡。"英特尔开发人员专区"为软件开发者提供众多程序、开发资源、商业资源和社区互动机会，帮助开发人员提升软件用户体验，并最大限度地提高跨设备、平台和操作系统的开发效率。

可以预计，像英特尔这样的跨国公司在我国设立的孵化器会越来越多，将在推进我国大众创新创业方面发挥越来越重要的作用，主要表现在两个方面：一是对国有和民营背景的孵化器造成冲击，迫使内资孵化器不断提升服务水平。目前，政府举办的孵化器经营管理效率较低，更多地依靠"房东"收取租金；而民营孵化器服务水平有待提高。跨国公司设立众创孵化器打破了原有的格局，使原本被认为属于公益性的孵化器领域增强了竞争性，外资孵化器所提供的专业性、国际化的服务推动国内孵化器主动创新孵化模式和提高孵化能力。二是提升国内孵化器的总体水平。英特尔公司总部位于美国硅谷，那里聚集着 Y Combinator、TechStars、500 Starups 等全球知名的创业孵化器，其在国内设立的众创孵化器也具有硅谷的精神，国内孵化器可以通过各种交流与合作活动，吸收和借鉴国外在孵化器建设方面的成功经验，在此基础上改进自身的经营模式，更好地为"大众创新、万众创业"提供高水平的服务。

三、从整体上把握和发挥外资研发机构的作用

外资研发机构在国家创新体系中发挥着重要、不可替代的作用，但是由于机构本身特点，在机构发挥相关作用的同时，不可避免会对其他主体作用产生潜在的替代或"负面"影响。而且由于外资研发机构的开放特征以及一定程度的"依附性"，使人们对于外资研发机构的认识难以完全客观、公正。对外资研发机构作用的判断往往从"利弊"或者"正负"两个方面去认识，得出的结论往往是"兴利除弊""扬正去负"。但是由于主体本身的性质难以改变，主体所发挥的作用也是不可分割的，利与弊、正与负往往是一个事物的两个方面，相伴而

生，除弊的同时利也被除去，发挥正面效应的同时负面效应也会放大，所以，按照这样的认识去制定政策引导外资研发机构的发展，往往效果不显著。

对外资研发机构的认识，更应在全球创新发展的大背景下，从国家创新驱动发展战略实施的需求出发，在整体上把握和利用外资研发机构的特点、发挥其作用。在政策制定上，应从国家创新体系建设的总体需求出发，充分鼓励和利用外资研发机构创新和发展，通过加强创新主体之间的互动，为创新主体相互作用创造更好的外部环境，使外资研发机构更紧密地融入到国家创新体系中来，更好地发挥外资研发机构对国家创新体系的建设和作用。

在对外资研发机构的研究中，最经常讲的外资研发机构的"弊"或负面效应，主要包括强化技术依赖、人才争夺、外部溢出效应弱以及知识产权封锁等。正如国立科研机构存在很多"弊"或负面效应，比如国立科研机构激励机制不足、成果转化弱、对外部支持不足等，任何一个研发机构都会由于其功能和定位而同时存在很多方面的不足。这些不足与机构本身的性质是伴生的，其不足往往是由于外部环境不足而不能使这些机构充分发挥出有效作用，且不能与其他类型创新主体相互联系、互相配合，从而使创新体系的建设整体效率不高、功能不强。发达国家在外资研发机构发展初期，对外资研发机构的认识也存在很大差异，但是经过一段时期的发展之后，对外资研发机构的认识都趋于鼓励和充分利用，应该说是顺应了创新体系建设的一般需求。

当前，对外资研发机构"不足"的认识，主要包括以下几个方面：

一是强化技术依赖。观点认为跨国公司在华研发活动层次不高，其主要目的是为其在华企业加强技术垄断优势，并借以谋取垄断利润服务，而本土企业在与跨国公司合作过程中，没有把技术转化为自己的技术创新能力，加深了我国相关产业各环节对跨国公司的技术依赖。我们应该认识到，"技术依赖"是无技术与有技术、技术创新能力低与技术创新能力强的两类机构在合作中必然产生的现象，"技术依赖"也是技术创新一方获取创新收益的主要途径，任何一个企业都希望能够加强技术垄断优势，并通过形成"技术依赖"形成分工合作的关系，实现创新的价值。形成技术依赖，更主要的是其他创新主体本身的行为，而不是外资研发机构本身的不足。当然，从国家创新体系建设的本身需求来看，要促进各类创新主体相互交流与促进，而不能鼓励各类创新主体"封锁"和"垄断"，这需要从制定一般规则、形成公平竞争的市场秩序入手，而不能仅约束外资研发机构的行为。

二是人才争夺。一般认为，由于跨国公司在华研发机构待遇高，从而和国内研究机构在人才方面形成竞争，容易把高水平科研人才挖走。许多大学生、研究生，被跨国公司以较低的成本所吸纳。从微观上来看，可能会有很多的"人才"从内资机构流向外资机构，造成一些"损失"，但是事实上，因为人才是流动的，很多的"人才"从内资机构流向另外一些内资机构，同样也会造成"损失"。挖掘人才、使用人才是任何机构创新发展的必由之路。如果人才在内资机构没有创新创造的空间，那么他们同样也不会留在这些机构之中，即便留下来，人不能尽其才，同样也是浪费和损失。更不用说，本土人才流向外资研发机构后得到技能的提升和经验的增长，有些甚至成长为全球性人才。越来越多的人才开始从外资研发机构流出，开展创新创业，对于提升内资机构的研发、创新和管理水平发挥着重要的推动作用，从这一点上来看，"人才"的争夺不仅不是坏事，而且还是好事，更是外资研发机构在国家创新体系建设中发挥作用的重要体现。

三是外部溢出减弱。观点认为跨国公司倾向于建立独资的研发中心，使我国更难通过开放市场获取先进技术。我们应该看到，尽管外资在华企业从事高技术产品的生产和开发不少，但这与内资企业自行掌握这些先进技术完全是两回事。任何一个企业主观上都不愿意发生技术溢出，除非是增强其自身创新能力和竞争力的必要，外资研发机构主要隶属于企业，其本身不会主动外溢技术，也没有外溢技术的职责。但是任何机构本身又与外界发生着联系，客观上存在溢出效应。从这一点上看，外资研发机构本身控制技术、减少外溢的努力是可以理解的。我们也应看到，无论外资研发机构是独资还是合资，都不意味着其溢出的必然减少，比如外资研发机构为了充分利用本土创新资源，积极与外部相关机构开展合作、加强信息和人员交流，为了推广产品和标准，也要与内资企业加强技术联系，实际上是拓展了沟通渠道，增强了外溢效应。

四是通过知识产权保护、技术并购等手段从源头对我国企业的发展空间进行挤压，对本土企业的创新与经营造成不利影响。观点认为外资研发机构通过在我国密集地申请专利，对关键性技术实施严格的专利保护，制约了本土科研机构与企业的创新和竞争力的提升。当前，知识产权战略受到越来越多的重视，跨国公司在知识产权上进行布局，而我国企业由于技术水平的差距以及专利保护意识薄弱、专利运营能力不足，在知识产权上往往受到压制。在未来的市场竞争中，专利运营战略将是主要手段之一，任何企业都应提高专利运营和保护能力，当然知识产权保护滥用行为应该受到管制。在技术水平差距太大的情况下，我国应该采取有效措施，创造公平竞争的市场环境，对落后企业和行业提供适当的保护。还有跨国公司通过技术并购压制本土创新，这些是一段时期的特定行为，比如个别地方在 20 世纪 90 年代末至 21 世纪前十年曾经盲目引进外资，对国有经济进行战略性重组、改制，导致很多国产品牌的丧失、企业创新能力的削弱，只能说非理性的地方政府遇到了理性而有实力的跨国公司，得利的必然是理性的一方。

从总体上看，外资研发机构带来的不利影响，不是外资研发机构本身的不足，而是由于外部环境不完善政策导向不明确以及本土企业创新能力弱造成的。对外资研发机构的特点和作用都要客观认识，不可偏颇。虽然我们可以对外资研发机构的作用归结为"趋利避害"，但是要看到，"害"本身不在于外资研发机构，而在于本土创新能力不强以及创新环境不完善而可能产生的外部影响。对外资研发机构的态度不应是限制，而应该是鼓励的同时，采取措施提升本土研发能力和创新能力。对外资研发机构采取的总原则是公平、公正、开放、非歧视，从改善创新生态入手，增强对外资研发机构的吸引力。从实践上来看，外资研发机构与本土研发机构一样，如果创新环境不好，研发机构都会受到限制，不仅仅是外资研发机构。创新环境只能是更加开放，不可能封闭。我国要在更高的起点上实现自主创新，就必须实行高水平的开放，更多更好地发挥外资研发机构的作用。

对发挥外资研发机构的作用，有以下认识：

一是外资研发机构最大的管理难题是不确定性。外资研发机构同外资企业一样，受到国际经济形势和贸易竞争环境的影响较大，受到母国和东道国政策影响也较大，可能在很短的时间内撤出。外资研发机构与本土企业研发机构一样，是市场作用的结果，只能用政策、环境去引导，而不能直接使用资源配置的手段。在这一点上，应避免用设立科研院所的思路去对待外资研发机构和民营研发机构。

二是在创新资源的利用上，外资研发机构必然存在争夺。比如对人才的争夺，外资研发机构的发展会吸引、利用更多的本土创新人才。但是同样，外资研发机构对创新资源的争夺和使用也是在市场经济的大背景下，符合市场竞争的规则。如果要降低外资研发机构可能带来的未来发展不确定性，最直接的手段是增强本土创新能力，使外资与内资企业形成相互依存的创新关系。

三是外资研发机构是国外先进技术在国内布局的先头兵。外资研发机构能够带来先进的技术，无论其如何保护以及外溢效应如何减弱，外溢总是通过多种途径在发生。但是，创新的主体本来就是在竞争中求发展的关系，重要的是营造良好的创新生态和创新环境，使外资研发机构首先把先进技术带到国内来，然后才是多种途径学习和利用的问题。

第五章　我国促进外资研发机构发展的政策分析

一、我国外资研发机构政策的发展阶段

随着跨国公司在我国设立的研发机构越来越多，我国从中央到地方也相继出台了一系列涉及外资在华研发活动的相关政策。我国利用外资的规模和水平经过了由少到多，由量的扩大到量质并举的过程。根据我国实际吸引外商直接投资的规模、增长速度、外资政策和空间分布等因素，可以将我国推进外资研发机构发展的政策划分为三个阶段：缓慢发展和规范管理阶段（1979～1999年）、快速发展与飞跃阶段（2000～2007年）、稳步提质阶段（2008年至今）。

1. 缓慢发展和规范管理阶段（1979～1999年）

1978年，党的十一届三中全会做出改革开放的决定后，1979年7月，我国颁布了第一个利用外资的法律《中外合资经营企业法》，此后我国相继开放了5个经济特区、14个沿海城市、3个沿海经济开发区和1个台商投资区，建立了许多国家级经济技术开发区和高新技术开发区。政府相继颁布了一系列有关外商投资的政策法规，如1986年的《关于鼓励外商投资的规定》（即"二十二条"）及若干实施办法、《外资企业法》和1988年的《中外合作经营企业法》，1989年的《关于鼓励台湾同胞投资的规定》，1990年的《关于鼓励华侨和香港澳门同胞投资的规定》。1992年邓小平南方谈话和党的十四大召开，确立了我国经济体制改革的目标是建立社会主义市场经济体制，我国吸收外商投资掀起了高潮。为配合

外商投资发展的新形势，国家对外商企业的政策鼓励明显增多。1995 年制定了《外商投资产业指导目录》，将外商投资项目划为鼓励、允许、限制和禁止四大类，加强了吸引外商投资的力度。1997 年《中共中央、国务院关于进一步扩大对外开放，提高利用外资水平的若干意见》，规定了一系列鼓励外商投资企业进行技术开发和创新的措施。

这些政策措施使我国投资环境大为改善，从法律上保障了各种形式的外资企业，促使外商投资在我国呈现逐步增长的局面。地方政府着手改善基础设施、简化外资项目审批手续并陆续出台众多针对外商的优惠政策，改善了外商投资环境和外商投资企业的生产经营条件，加快了吸收外资的步伐。虽然这一阶段引进外资大幅度增长，投资区域和行业有所扩大，但外资研发机构的发展处于初始和缓慢发展阶段，我国也未从国家层面出台针对外资研发机构发展的专门政策。

2. 快速发展与飞跃阶段（2000～2007 年）

2000 年原外经贸部颁布《关于外商投资设立研发机构的通知》规范了外商投资研发机构的形式、经营范围、条件、设立程序。2001 年，我国加入 WTO，对外资企业的开放度进一步提高。党的十六大提出了科学发展观，我国逐步开始重视利用外资质量，并将利用外资与国家的产业政策、区域政策、节能环保、自主创新、国有企业改革等许多方面相结合。

各级政府采取了一系列的措施加快改革开放的步伐，如经济决策权的下放、国有企业的改制等。许多服务业如零售业、批发业、旅游业、银行业和保险业逐步向外资开放。一系列的商业和经济法规先后颁布，众多内地主要城市和沿海沿江城市实现了对外开放。政策的明朗化使这一阶段我国利用 FDI 呈现几何级数增长，分布在所有省区和几乎所有产业。外资净额与出口额和税收净额的比值呈现逐年增长的态势，外资对工业产值贡献比例也呈波动上涨趋势，外资对经济的贡献程度越来越大。我国政府在扩大对外开放的同时加强了宏观经济调控，积极、合理、有效地利用外资，对外资的需求开始从以追求数量为主转向以提高质量为主。外资研发中心发展也迎来了快速发展与飞跃阶段，目前我国外资研发中心70% 以上是 2000 年后设立的。

3. 稳步提质阶段（2008 年至今）

2008 年开始实施以"两税合一"为主要内容的新的《企业所得税法》成为我国创造吸收外资优势的新起点。从被动吸收向有选择、有重点地吸收，外商直接投资项目平均投资规模增大，投资质量进一步提高；高新技术领域投资增长迅速，服务业投资潜力大；独资成为外资进入中国市场的主要方式，外资并购进入高潮；统筹国内发展和对外开放，更多更好地利用外资。我国对待外资的态度已经转向"更重质量"的高级阶段，即鼓励外资重点投向高新技术产业、先进制造业、服务业、农业和环保产业，同时严格限制高污染、高能耗的项目进入。

受世界经济形势影响，自 2012 年以来，全球跨国投资总体上相对低迷，出现了一些新的趋势，发达国家撤资在增加；发展中国家对外投资达到高点，吸引外资的拐点也即将到来。近年来中国利用外资的增速也有所放缓，同时加快了结构优化的步伐。从政策层面看，我国坚持扩大开放、积极吸收外商投资的政策不仅没有改变，党的十八届三中全会关于全面深化改革的决定，更进一步提振了外商投资企业长期投资中国的信心。外资的质量和水平是否提高，利用外资的结构是否优化，以及利用外资对经济、社会总体效益的带动是否有提高，成为更加受到关注的问题。伴随着外资研发机构发展出现的一些新趋势、新动向，政策也向稳步提质方向发展。

二、我国有关外资研发活动的政策

我国有关外资研发机构的法规政策体系大致由如下三类构成：①党和国家提出的重大部署与规划指导方针；②国家各部委颁布的与外商投资以及科技研发有关的政策法规等，包括针对特定产业的政策中涉及外资和科技研发的内容；③各地方鼓励外商投资和科技研发的专门规定，以及涉及研发活动各要素的有关规定或条款。

（一）国家层面外资研发政策

目前，国家层面的政策主要包括三类：一是 2000 年后针对外商投资的综合鼓励政策；二是跨国公司在华研发的鼓励政策；三是人才引进和研发投资环境改善等方面的相关政策（如表 5－1 所示）。

1. 确定外资企业及研发机构的法律地位

1997 年底召开的国务院外资工作会议和《中共中央、国务院关于进一步扩大对外开放，提高利用外资水平的若干意见》对利用外资给予明确肯定，要求继

表 5 - 1　我国国家层面相关外资研发政策

类别		发布单位与时间	政策名称
外商投资综合鼓励政策		中共中央、国务院，1998年4月	《党中央、国务院关于进一步扩大对外开放，提高利用外资水平的若干意见》
		国务院，2002年4月、2006年7月	《指导外商投资方向规定》
		商务部，2004年11月	《关于外商投资举办投资性公司的规定》《补充规定》
		国务院，2010年4月	《国务院关于进一步做好利用外资工作的若干意见》
		国务院，2015年5月	《中国制造2025》
		商务部，2013年3月	《商务部关于2013年全国吸收外商投资指导意见》
		国务院，2014年5月	《关于支持外贸稳定增长的若干意见》
跨国公司在华研发的鼓励政策		原国家科委，1997年9月	《关于设立中外合资研究开发机构、中外合作研究开发机构的暂行办法》（2008年废止）
		原国家外经贸部，2000年4月	《对外贸易经济合作部关于外资投资设立研发中心有关问题的通知》
		海关总署，2011年	《海关总署关于外资研发中心适用科技开发用品进口税收政策有关问题的通知》
		财政部、商务部、海关总署、国家税务总局，2011年10月	《财政部 商务部 海关总署 国家税务总局关于继续执行研发机构采购设备增值税政策的通知》
人才引进与研发投资环境改善	人才引进政策	国家海关总署，2006年12月	《中华人民共和国海关对高层次留学人才回国和海外科技专家来华工作进出境物品管理办法》
		人事部，2007年3月	《关于建立海外高层次留学人才回国工作绿色通道的意见》
	产业政策	国务院，1999年8月	《中共中央、国务院关于加强技术创新、发展高科技、实现产业化的决定》
		财政部、国家税务总局，1999年11月	关于贯彻落实《中共中央、国务院关于加强技术创新、发展高科技、实现产业化的决定》有关税收问题的通知
		国务院，2000年6月	《鼓励软件产业和集成电路产业发展的若干政策》
		财政部、国家税务总局，2002年12月	《关于进一步鼓励软件产业和集成电路产业发展税收政策的通知》
	知识产权保护政策	国务院，2001年6月	《中华人民共和国专利法实施细则》
		国务院，2001年10月	《中华人民共和国商标法》
		国务院，2003年11月	《中华人民共和国知识产权海关保护条例》
		国务院，2006年3月	《保护知识产权行动纲要（2006～2007年）》

类别		发布单位与时间	政策名称
人才引进与研发投资环境改善	其他科技政策	国家发改委、财政部、海关总署、国家税务总局，2005年4月	《国家认定企业技术中心管理办法》
		科技部，2005年12月	《科技部科技计划管理费管理试行办法》
		科技部，2006年1月	《"技术创新引导工程"实施方案》
		科技部，2006年6月	《关于国家科技计划管理改革的若干意见》
		中共中央、国务院，2012年9月	《关于深化科技体制改革加快国家创新体系建设的意见》
		国务院，2013年1月	《关于强化企业技术创新主体地位全面提升企业创新能力的意见》
		国务院，2015年6月	《国务院关于大力推进大众创业万众创新若干政策措施的意见》

资料来源：据国家有关部门发布的政策资料整理。

续"积极、合理、有效"和"更多、更好"地利用外资，并强调"依法设立的外资投资企业作为中国企业的一部分，是混合所有制经济和非公有制经济的形式之一"。《关于外商投资举办投资性公司的规定》第十条规定：投资性公司经商务部批准设立后，可以依其在中国从事经营活动的实际需要，在中国境内设立科研开发中心或部门，从事新产品及高新技术的研究开发，转让其研究开发成果，并提供相应的技术服务。《对外贸易经济合作部关于外商投资设立研发中心有关问题的通知》指出，外商投资研发中心的形式可以是外国投资者（包括外商投资设立的投资性公司）依法设立的中外合资、合作、外资企业，也可以是设在外商投资企业内部的独立部门或分公司；研发中心是从事自然科学及其相关科技领域的研究开发和实验发展（包括为研发活动服务的中间试验）的机构，研发内容可以是基础研究、产品应用研究、高科技研究和社会公益性研究，研发科目不包括《外商投资产业指导目录》禁止类项目，也不得从事非本研发技术成果的其他技术贸易和除中试外的生产活动。研发中心可以转让自己的研发成果，可以以委托或联合开发的形式与国内科研院所开展合作研发。

2. 鼓励跨国公司及境外组织来华设立研发服务机构

1999年，中央政府有关部门联合制定了《关于当前进一步鼓励外商投资的意见》，其中规定了一系列鼓励外商投资企业进行技术开发和创新的措施。2000年，原外经贸部出台《〈关于外商投资举办投资性公司的暂行规定〉的补充规定》，鼓励外商投资性公司在华设立研发机构。《国务院关于进一步做好利用外资工作的若干意见》提出优化利用外资结构、引导外资向中西部地区转移和增加投资、促进利用外资方式多样化、深化外商投资管理体制改革、营造良好的投资环境五个方面的重大问题和与之配套的20条具体措施。其中第六条鼓励跨国公司在华设立地区总部、研发中心、采购中心、财务管理中心、结算中心以及成本和利润核算中心等功能性机构。《对外贸易经济合作部关于外商投资设立研发中心有关问题的通知》提出国家鼓励外商在华投资设立研发中心，对外商投资设立研发中心合同、章程审批的有关问题进行了通知。《商务部关于2013年全国吸收外商投资指导意见》（商资发〔2013〕82号）提出鼓励外资参与我国创新驱动发展战略，实现引资、引技、引智有机结合。全面、客观地总结评价在对外开放条件下利用外资促进创新的经验，充分宣传利用国家鼓励科技创新有关政策，支持外商投资企业增强创新能力；结合国家创新驱动战略，完善外商投资研发中心发展政策和高新技术企业认定工作，促进外商投资企业引进先进技术和高端人才；鼓励外资投向科技中介、创新孵化器、生产力中心等公共科技服务平台建设。

3. 对外资研发机构给予的优惠政策

2000年，原外经贸部颁布《关于外商投资设立研发机构的通知》，规范了外商投资研发机构的形式、经营范围、条件、设立程序，并列出了跨国公司研发机构适用的优惠政策。2000年，海关总署与原外经贸部等部门下发了《关于进一步鼓励外商投资有关进口税收政策的通知》，国务院颁布了《鼓励软件产业和集成电路产业发展的若干政策》。2001年原外经贸部制定了《关于扩大外商投资企业进出口经营权有关问题的通知》，分别对外商投资研发机构给予不同的优惠。2002年经国务院批准三部委修订的《外商投资产业指导目录》明确将外商投资研发机构列为鼓励类项目，享受优惠待遇。

国家出台的专门针对外资研发机构的政策主要以税收优惠为主，主要有以下几个方面：①投资总额内进口自用设备及其配套技术、配件、备件，除《外商投资项目不予免税的进口商品目录》所列商品外，且限于不构成生产规模的实验室或中试范围的，免征关税和进口环节税。②外资研发机构利用自有资金进行技术改造进口的自用科研设备及按照合同随设备进口的技术及配件、备件，除《国内投资项目不予免税的进口商品目录》所列商品外，均免征关税和进口环节增值税。外资研发机构进口的自用科研设备不应构成生产规模。③外资研发机构按合同规定向境外支付的软件费，按《财政部、国家税务总局关于贯彻落实〈中共中央国务院关于加强技术创新，发展高科技，实现产业化的决定〉有关税收问题的通知》的有关规定免征关税和进口环节增值税。④获准入境并在华居留一年以上的外国公民、华侨和港澳台同胞等外资研发机构常驻人员，在签证有效期内初次来华携带进境自用的家用摄像机、照相机、便捷式收录机、便捷式激光唱机、便捷式计算机，经海关审核，在每个品种一台的数量限制内，予以免征进口税；其携运的图书资料、科研仪器、工具、样品、试剂等科研物品，除国家规定不予免税的商品外，在自用合理数量范围内，免征进口税。⑤自行研发技术的转让收入免征营业税。⑥外资研发机构各项研究开发费用年实际增长幅度在10%（含10%）以上的，可按照《国家税务总局关于外商投资企业技术开发费抵扣应纳税所得额有关问题的通知》的有关规定，再按实际发生额的50%抵扣应纳税所得额。对独立法人的外资研发机构，其发生的研发费用可在税前按实际列支。⑦《财政部 商务部 海关总署 国家税务总局关于继续执行研发机构采购设备增值税政策的通知》（财税〔2011〕88号）规定自2011年1月1日至2015年12月31日，对内资研发机构和外资研发中心采购国产设备全额退还增值税，对外资研发中心进口科技用品免征进口关税和进口环节增值税、消费税。此外，允许跨国公司投资研发机构为进行其研发产品的市场测试，进口并销售少量其母公司的高新技术产品。

4. 与内资企业享受同样的研发及高新技术企业优惠政策

为各类企业创造公平的税收环境，新《企业所得税法》自2008年开始施行，《外商投资企业和外国企业所得税法》和《企业所得税暂行条例》同时废止。新税法将内外资企业所得税率统一为25%，对于享受优惠税率的外资企业来说，税负略有增加①，但在国际上仍属于适中偏低水平。② 外资企业不能凭借其在税前扣除方面的特别待遇而处于优势竞争地位，必须凭借企业自身经营与内资企业展开竞争。但统一后的税前扣除政策在一定程度上也扩大了外资企业的费用

---

① 两税合并之前，由于外资企业享有各种形式的地方所得税的减免和税收优惠政策，其实际的税收负担率大约为14.98%。

② 任立英. 浅谈新《企业所得税法》的实施对内、外资企业的影响［J］. 会计之友，2008（19）.

扣除范围，如原可抵扣其实际发生额50%的企业研发费用，现提高至按其实际发生额的150%进行抵扣。有利于外资企业对高新技术的研究和开发，提高外资企业的科技竞争力，促进其参与全球市场竞争。符合《高新技术企业认定管理办法》认定为高新技术企业的外资企业享受税收减免等国家、省、市有关优惠政策。

5. 鼓励外资企业与国内科研机构和企业开展多种方式的联合创新创业活动

《商务部关于2013年全国吸收外商投资指导意见》（商资发〔2013〕82号）支持外商投资企业与国内科研机构和企业联合开展技术研发和产业化推广，申请国家科技开发项目、创新能力建设项目等。《关于深化科技体制改革加快国家创新体系建设的意见》（中发〔2012〕6号）指出要积极开展全方位、多层次、高水平的科技国际合作，加强内地与港澳台地区的科技交流合作，加大引进国际科技资源的力度，加大国家科技计划开放合作力度，支持国际学术机构、跨国公司等来华设立研发机构，搭建国内外大学、科研机构联合研究平台，吸引全球优秀科技人才来华创新创业。《关于强化企业技术创新主体地位全面提升企业创新能力的意见》（国办发〔2013〕8号）鼓励企业通过人才引进、技术引进、合作研发、委托研发、建立联合研发中心、参股并购、专利交叉许可等方式开展国际创新合作，加强国际科技创新信息收集分析，为企业开展国际科技合作提供服务，鼓励跨国公司依法在我国设立研发机构，与我国企业、科研院所和高等学校开展合作研发，共建研发平台，联合培养人才。《国务院关于大力推进大众创业万众创新若干政策措施的意见》提出按照内外资一致的管理原则，完善外资创业投资机构管理制度，简化管理流程，鼓励外资开展创业投资业务；放宽对外资创业投资基金投资限制，鼓励中外合资创业投资机构发展；引导和鼓励创业投资机构加大对境外高端研发项目的投资，积极分享境外高端技术成果。

（二）地方鼓励外资研发的政策

在华外资研发机构主要集中在北京、上海、广东、江苏、天津等地，这些地区在国家层面相关政策的基础上，结合各地的具体情况，又相继出台了一系列的政策规定（见表5-2）。

表 5 - 2　我国主要地区外资研发政策及其主要内容

省/市	政策名称	涉及的主要内容
北京	《关于鼓励跨国公司在京设立地区总部的若干规定》（1999）	优先办理、用地优惠、人才出入境等
	《外资研发中心优惠政策》（2000）	关税、营业税及所得税、形式及经营范围、设立条件、程序
	《关于进一步促进高新技术产业发展的若干规定》（2001）	经费资助、税收优惠、报酬激励、奖励制度
	《北京市鼓励在京设立科技研究开发机构的规定》（2002）	设立条件、科技经费扶持、税收优惠、人才引进政策、奖励制度
	《关于深化科技体制改革加快首都创新体系建设的意见》（2012）	鼓励设立外资研发中心
	《关于强化企业技术创新主体地位全面提升企业创新能力的意见》（2013）	产学研合作、成果转化、落实税收优惠政策
	《北京市技术创新行动计划（2014～2017年）》（2014）	建设国际技术转移中心，促进国际技术转移
	《北京市鼓励企业设立科技研究开发机构实施办法》（2014）	落实国家对外资研发中心的优惠政策
上海	《上海市关于鼓励外资投资设立研究开发机构的若干意见》（2003）	设立条件、进口关税、所得税和营业税、土地成本、外汇管理、通检通关、出入境签证、人才引进、知识产权保护、政府支持和引导
	《设立外资投资研发机构程序》（2003）	组织形式、设立条件、经营范围
	《上海市鼓励跨国公司设立地区总部的规定》（2011）	奖励、人才引进、提供通关便利
	《关于〈鼓励跨国公司设立地区总部的规定〉的实施意见》（2012）	——
	《上海市关于鼓励外商投资设立研究中心的若干意见》（2012）	税收优惠政策、技术转化、外汇管理、通检通关、出入境管理、就业许可、人才引进、知识产权、人才培养、科研项目
	《关于鼓励跨国公司设立地区总部规定实施意见的补充规定》（2014）	出入境、外籍人员就业许可、国内优秀人才引进方面的鼓励政策
天津	《天津经济技术开发区促进高新技术产业发展的规定》（2006）	认定标准、专项资金资助、税收优惠、土地优惠政策、研发费用政策、资金扶持额度
	《天津经济技术开发区跨国公司研发机构（研发中心）认定及资助程序》	财政资助

续表

省/市	政策名称	涉及的主要内容
江苏	《关于鼓励国（境）外组织和个人在我省设立研发机构的若干意见（试行）》（2003）	税收优惠
	《关于鼓励和促进科技创新创业若干政策的通知》（2006）	税收优惠、人才引进
	《江苏省人民政府办公厅关于进一步加强企业研发机构建设的意见》（2012）	鼓励外资企业积极建设研发机构、吸引跨国公司研发总部或区域性研发中心落户、产学研合作
	《鼓励在宁设立科技研发机构若干政策意见实施细则》（2003）	财政补助、税收优惠、人才引进、项目申请、奖励制度
	《关于鼓励和吸引国（境）内外研发机构的意见》（2003）	认定标准、资金资助与匹配、国家和地方税收优惠
	《苏州高新区关于鼓励设立研发机构的实施细则》（2005）	税收优惠、土地优惠、专利资金扶持、项目资金配套
浙江	《关于大力推进高新技术产业化的决定》（1999）	人才引进、税收优惠
	《关于促进我省民营科技研究开发机构发展的若干意见》（2002）	认定标准、地方项目申请、专利申请费补助、税收优惠、人才引进
	《浙江省高新技术企业研究开发中心管理办法（试行）》（2004）	认定标准、申报程序、运行管理
	《浙江省人民政府关于进一步做好利用外资工作的若干意见》（2010）	鼓励设立、加强中外企业研发合作
	《浙江省人民政府关于鼓励民营企业与外资嫁接提升的意见》（2012）	合作建立研发中心、奖励
福建	《关于促进外商投资进一步发展的若干规定》（2000）	税收优惠
	《福建省鼓励外商投资设立研发机构的若干规定》（2009）	设立资格、申请程序、管理办法
山东	《山东省外商投资研发机构采购设备免、退税资格税收优惠审核实施细则》（2011）	税收优惠
	《青岛市外商投资研发机构扶持办法》（2011）	税收优惠、土地优惠

资料来源：据各地公布的有关政策资料整理。

地方外资研发政策主要包括以下内容：税收优惠（包括在进口研发设备和引进技术减免税、转让技术免征营业税、所得税加计抵扣等方面给予外资研发机构优惠）、人才引进、知识产权保护、财政资助、外汇管理、土地政策、奖励制度、通检通关、融资服务、行政管理收费减免。总体而言，我国各地方政府针对外资研发的政策存在以下四个共同点：①在政策内容上以吸引为主；②在政策导向上以积极鼓励和大力引进为主；③在政策目标上以引进外资研发机构和利用外资研发资源为主；④在手段和方式上，在2007年之前以税收优惠为主，之后以综合环境塑造和鼓励、奖励措施为主。但具体而言，各地的政策在人才吸引、知识产权保护、参与地方科技计划等方面略有不同。

1. 海外人才引进相关政策

人才引进方面的优惠政策是我国各地外资研发政策的主要内容之一。这一方面的政策灵活程度较大，不同地区的做法各有不同，差异性和多样性非常明显。例如，北京政府规定，研发机构的外籍人员在京工作半年以上申请取得《外国专家证》，研发机构的外国专家携运进境的图书资料、科研仪器、工具、样品、试剂等教学、科研物品免征关税，外籍专家可参加本市"劳动模范""先进工作者""有突出贡献的科学技术、管理专家"和专门为外国专家设立的"长城友谊奖"等荣誉称号的评选。上海则为海内外研发人员提供出入境便利，外资研发机构需要多次临时入境的外籍人员，可以申请办理不少于3年多次入境有效、每次停留不超过1年的访问签证；对在本市长期居留的外资研发机构外籍人员，可以申请办理不少于3年有效的外国人居留证以及相同期限的多次返回工作签证；引进外人才其配偶及未成年子女可以随调和随迁。广东的做法则更为人性化，例如，为留学回国的研发人员提供生活待遇和创业待遇优惠，留学回国人员的配偶及未成年子女、父母可按蓝印户口规定申请入户广州，免缴城市基础设施增容费，获得适当的安家补助费，解决子女的入学等问题，为留学回国创业人员提供创业基金等各项资金扶助。

2. 研发资金资助政策

对研发机构给予经费支持是国外许多国家和地区竞相采用的一种吸引海外研发机构的重要手段。在目前仍然以税收优惠为主导的外资研发政策框架下，通过研发资金资助吸引外资研发机构的做法并没有得到我国各地政府的重视，只有极少数地方出台类似政策。如上海出台实施的"攀登计划"为外资研发机构和外资企业申请科研项目提出资金资助。北京市规定，研发机构研究开发拥有发明、实用新型专利的共性技术、安全技术项目，经市科委核实，可给予一定科技经费支持；研发机构的实验室、试验基地为本市孵化器在孵企业提供服务的，可向市科委申请经费支持。苏州在《关于鼓励和吸引国（境）内外研发机构的意见》规定，对新建的研发机构，根据投资数额，给予 30 万~100 万元的资金资助；对经国家、省认定为国家级、省级企业技术中心、工程技术研究中心等的研发机构，以上级资助额的 30%~50% 匹配资助。天津对外资研发机构的资金支持力度相当大，"泰达科技发展金"对属于开发区重点鼓励产业的国家级研究开发机构给予 500 万元的资助；对省（市）级研究开发机构给予 300 万元的资助；对独立核算的外资研发机构，从认定年度起五年内，对其所缴纳的增值税、营业税和企业所得税开发区留成部分，"泰达科技发展金"给予 100% 的财政扶持，之后五年给予 50% 的财政扶持。

3. 加强知识产权保护与管理

为加强知识产权保护，各地政府都已相继出台许多相应法规，严厉打击盗版行为及商标侵权行为，以提高知识产权的服务水平。如《上海市专利保护条例》对专利纠纷的行政处理和调解及有关专利违法行为的查处等方面都做了明确的规定。一些地方政府还采取措施，对外资研发机构的专利申请提供资金支持，尤其鼓励研发机构在本地完成发明创新以及在中国本土申请专利。例如，《北京市鼓励在京设立科技研究开发机构的规定》明确鼓励外资研发机构在京申请国内外专利，市知识产权局可给予一定的专利申请费和专利维持费补贴。研发机构在本市辖区内完成的发明、发现和其他科技成果，可参加市科委组织的"北京市科学技术奖励"的评奖。《上海市关于鼓励外资投资设立研究开发机构的若干意见》规定，外资研发机构在中国申请专利可享受本市有关资助政策，对知识产权工作中有突出贡献的外资研发机构及个人，由政府予以嘉奖。南京市政府出台的《鼓励在宁设立科技研究开发机构若干政策意见实施细则》中提出，鼓励研发机构在宁申请国内外专利，研发机构在本市辖区内完成的重大发明专利可视同鉴定，可参加"南京市科技进步奖"的评奖。《天津经济技术开发区促进高新技术产业发展的规定》提出，凡在开发区实现产业化的专利，对专利所有者资助 50% 的专利申请费、维持费和年费。专利权转让方或实施许可方从技术性收入中提取的奖励，经认定后，"泰达科技发展金"对其所缴纳的个人所得税开发区留成部分给予 100% 的财政扶持。浙江省科学技术厅《关于促进我省民营科技研究开发机构发展的若干意见》中指出，鼓励外资研发机构申请国内外专利，科技主管部门或专利主管部门予以一定的专利申请费补助。

4. 允许和鼓励参与地方科技计划

是否允许外资研发机构参与本地科技计划特别是重大科研计划，是衡量该地对外资研发开放程度的重要标志之一。从当前来看，我国部分地方政府已明确提出允许并鼓励外资参与省、市级科研项目（见表5-3）。

表5-3 各地对外资参与本地科技计划态度的比较

地区		对外资参与地方科技计划态度	具体做法
北京		允许	外资研发机构可通过竞标承担市政府投资的重大科技计划项目，也可承接社会组织及个人委托的科技开发项目
上海		鼓励	各级政府有关主管部门定期向外资研发机构发布本市重大科研项目信息，鼓励外资研发机构参与市政府重大科研和工程项目。外资研发机构可通过竞标、投标方式承接各级政府的科研项目，以及社会组织、企业及个人委托的科技项目
江苏省	全省范围	鼓励	鼓励外资研发机构与本省现有科研机构、高等院校和企业开展多种形式的合作研发活动，联合创建实验室、工程技术研究中心和科技开发基地，联合申请省各类科技发展计划项目。省外资研发机构与省内单位联合创办的各类研发机构，也可独立申请省各类科技发展计划项目
	南京	鼓励＋扶持	鼓励研发机构与南京地区现有的科研机构、高等院校、企业等单位进行多种形式的合作研发活动，联合组建工程技术研究中心，联合承担国家、省、市各类科技发展计划项目，也可独立申请各类科技发展计划项目。市科技局优先立项，并给予科技经费的支持
	苏州	鼓励＋扶持	鼓励研发机构与高等院校、企业开展多种形式的合作研发活动，投标、竞标国家资助的高新技术研究、重大科技攻关等项目，联合申报各级各类科技发展计划项目。苏州市在项目申报、经费支持、投资担保、科技中介服务、知识产权保护等方面给予指导和扶持
浙江		允许	可以申报国际科技合作交流项目，参加政府组织的国际科技合作交流活动，并与其他主体享受同等待遇

资料来源：据各地公布的有关政策资料整理。

在沿海八个省市中，北京、浙江明确提出允许外资参与本地各级科技计划，例如，北京规定外资研发机构可承担市政府投资的重大科技计划项目。上海、江苏也积极鼓励外资研发机构承担本地各类科技计划，如上海有关政策规定各级政府有关主管部门定期向外资研发机构发布本市重大科研项目信息，鼓励外资研发机构参与市政府重大科研和工程项目。江苏省的南京和苏州市政府则积极鼓励并大力扶持外资研发机构申报国家及省市各类科技计划，且给予经费和政策支持。如南京市政府规定外资研发机构可联合或单独申请各类科技项目，高科技局予以优先立项，并给予经费支持；苏州市则对外资研发机构在项目申报、经费、投资担保、科技中介服务、知识产权保护等方面给予指导和扶持。

三、国际政策比较与存在的问题

（一）国际政策比较

1. 多数国家对外资研发活动都持开放态度，我国对外资研发的开放程度有进一步提升的空间

近年来，我国一直在积极倡导和鼓励跨国公司来华设立研发机构，虽然我国对外资研发活动同样保持开放和积极吸引的态度，但比较世界各国外资研发政策可知，无论是相对发达国家，还是相对于其他主要发展中国家，我国开放的力度都有待提高。世界上许多国家，如英国、德国等发达国家，印度、新加坡等发展中国家，都将吸引外资研发机构、利用外资研发资源作为一项国家战略，并出台了一系列专门计划和措施，鼓励跨国公司到当地开展研发创新活动。我国虽然已明确指出鼓励跨国公司来华设立研发机构，但外资在中国开展研发活动依然面临许多阻碍，许多产业领域依然是外资研发投资的禁区。另一些国家，如印度，除国防等涉及国家安全的领域外，其他领域基本都对外资研发开放。由此可见，我国对外资研发机构的开放程度还有更大的上升空间，在国际研发创新资源的竞争中尚有更多亟待释放的潜力，吸引外资研发机构的数量必定能再攀新高。

2. 国外专门针对外资研发的优惠政策较少，而税收优惠则是我国吸引外资研发机构的主要手段

我国一直以来把"税收优惠"作为吸引外资的最主要手段，在出台的各种有关外资研发的政策中，必然涉及税收优惠方面的措施。中国国家层面政策就包

括了专门的外资研发税收优惠措施，各级地方政府为争夺外资研发资源，也纷纷出台了地方税收优惠政策。另外，中国各地的国家级、省级、市级高科技园区、开发区、出口加工区以及保税区等也竞相采取税收补贴、税收抵扣、进出口退税等灵活程度较大的税收优惠办法，吸引跨国公司研发机构入驻。同发达国家相比，我国税收政策的针对性和目的性都很强。我国的税收政策重在优惠，而发达国家的税收政策侧重于激励。国内税收优惠政策的首要目的是尽可能以优惠的待遇吸引到更多的外资研发机构，而国外的税收激励政策则主要是为了通过多元化的税收激励手段实现政府的政策意图，加强对外资研发机构的管理和引导。在内容上，发达国家主要运用所得税实施税收优惠，但我国几乎所有的税种都实施税收优惠。在优惠方式上，发达国家对外资研发税收激励政策的一个趋势是越来越多地采用税收抵免、准备金、加速折旧等间接优惠方式。我国虽然也采用了再投资退税、优惠税率、延期缴税、加速折旧、税收抵免、亏损结转、免税期等多样化的直接和间接优惠方式，但采用较多的仍然是免税、减税等直接优惠方式。

3. 优化研发环境是国外吸引外资研发的重要举措，我国外资研发环境的改善依然任重道远

近年来，我国也十分重视创建良好的研发环境，不仅注重优化基础设施等硬件方面的建设，也非常重视提供相关技术服务等软件方面的建设。在我国相关政策或指导性意见中，涉及很多类似的相关方面，例如，提供技术服务与相关咨询服务、构建产业基地与服务平台、公共设施优先保证、价格和收费政策待遇、科技园区的基础设施建设等。但相比其他国家，我国的研发创新环境还有很大差距。例如，与韩国相比，我国忽略了外国研发人员生活环境的改善，缺乏对园区内外国研发人员的生活与娱乐配套设施的建设。韩国政府制定了《改善外国人生活环境的5年计划（2004～2008）》，改善外国人的教育、医疗、居住和文化等环境。新加坡各个园区建设了包括文化设施、展览中心和娱乐设施在内的基础设施，从而为园区内国内与国外企业之间的非正式交流提供了场所，促进了企业人员之间的信息交流。此外，与发达国家相比，我国的知识产权制度并不完善，执行力度不大。尽管在我国现行的针对外资研发机构的政策与措施中，涉及很多关于知识产权保护方面的内容，但大多数内容还是侧重于指导性意见，仍需要进一步改进。事实上，虽然目前在华设立的外资研发机构已近千家，但真正从事核心技术和基础研发的并不多。

4. 加强科技计划对外开放是国际趋势，我国国家科技计划对外开放的广度和深度有待进一步拓展

随着全球经济一体化和研发全球化的深入发展，国家科技计划对外开放已成为一种必然趋势。世界许多国家，其中包括绝大多数发达国家和部分发展中国家都已经对外资研发机构开放本国的科技计划。在美国、英国和德国等国家，外资参与本土科研项目的现象非常普遍。一些发展中国家如哈萨克斯坦，允许外国政府、机构、个人不受限制地投标参与本国的科技计划，给予他们国民待遇，相当于完全对外开放。墨西哥、泰国、韩国等发展中国家的开放程度也比较高。近年来，越来越多的跨国公司在华研发机构对参与我国国家科技计划的愿望极为强烈，对科技计划的参与甚至比对一些优惠政策更为关注。我国虽然已经明确允许外资研发机构或外资企业参与国家科技计划，但是由于各方面因素影响，在实施上开放力度仍然不够，外资研发机构参与程度不高。从广度来看，我国对外开放的国家科技计划种类非常少。可以说，进一步对外开放我国的国家科技计划已势在必行。对外开放我国国家科技计划，也是利用全球科技资源的途径之一，我国需要研究发展的重大课题可以吸收世界上先进成果，弥补国内在某些技术领域的不足，促进本国科技发展。同时根据对等原则，我国科学家也将有更多的机会参与其他国家的科研项目，这对提高我国的科技水平会大有裨益。

（二）存在问题

从政策的角度来看，我国促进外资研发机构发展的政策还存在一些不完善的地方，主要表现在以下几个方面：

一是针对跨国公司在华开展研发活动的宏观政策指导缺失。根据前文的归纳可以看出（见表5-1），虽然自改革开放以来，我国对鼓励外商投资出台了一系列政策，但与跨国公司在华开展研发活动的蓬勃发展现状相比，在国家层面最直接相关的政策只有原对外贸易经济合作部在2000年颁布的《关于外资投资设立研发中心有关问题的通知》。该政策已不适应形势的需求，国家在宏观政策层面对跨国公司在华开展研发活动、设立研发中心进行规划和引导的必要性越来越凸显。2008年以后随着新《企业所得税法》的实施，以往单纯的凭借税收优惠政策吸引外资的阶段基本结束，现阶段迫切需要通过有效的战略方针、政策、体制改革创造公平竞争的市场环境使外资与国内发展协调起来，不断增强外资对我国技术进步和产业升级的推动作用，提高内外资企业的产业关联度，充分挖掘可持

续发展潜力。

二是科技政策与经济政策在支持外资研发机构发展上缺少协同和支持不足。外资研发中心的发展需要商务部、科技部、海关税务等多部门的统筹协调和政策协同，目前关于外资研发中心发展的相关配套政策呈现一定程度的碎片化，尤其是科技政策与经济政策在支持外资研发机构发展方面协同不够。外资研发中心发展涉及外资管理、科技、人才、税收、海关、统计等诸多活动，目前在促进外资研发机构知识外溢、与国内其他创新主体有效互动，以及研发投资环境改善等方面缺少系统的政策设计，导致出现某些方面的政策缺失、支持不足。在国家层面对外资研发机构的人员入境、居留、土地使用、知识产权保护、信息统计等方面的政策则涉及不多。

三是国家和地方在支持外资研发方面存在不平衡和不协调。一些地方政府根据中央和各部委对外商投资研发中心的鼓励政策制定了更详细的规定，在帮助外商解决在华研发活动遇到机构报批、科研用地、中方人才招聘户口限制、研发人员出入境手续等困难方面起到了一定的作用。但这样的地方性政策仅在一些经济发达省份和地区实施。今后，不论是地理范围还是政策覆盖范围都应该更广泛一些，以吸引更多的跨国公司向中国内陆地区转移研发。一些地方为推动外资研发机构发展在人才引进及管理、知识产权保护、财政资助、外汇、土地及奖励政策等多方面进行了有益的探索，需要及时总结归纳，或者上升为国家层面的政策措施。

四、促进外资研发机构发展的政策导向

党的十九大报告指出，实行高水平的贸易和投资自由化便利化政策，全面实行准入前国民待遇加负面清单管理制度，大幅度放宽市场准入，扩大服务业对外开放，保护外商投资合法权益。凡是在我国境内注册的企业，都要一视同仁、平等对待。根据联合国贸发会议的调查，在跨国公司评选出的 2012 年到 2014 年最受欢迎的投资东道国的排名之中，中国仍然名列第一，这表明跨国公司对中国的发展仍然充满信心。国际咨询机构科尔尼公司发布的 2013 年度外商直接投资信心指数报告认为，中国人口众多，居民收入持续增长，城镇化进程加速，中国市场仍具很强的吸引力。波士顿集团（BCG）2015 年公布的调查结果显示，83%的跨国企业表示中国是其重要市场，尽管中国经济增长有所放缓，但仍将是跨国企业看中的最重要的新兴市场。随着我国"十二五"期间继续拓展对外开放的深度和广度，继续改善投资环境，我国吸收外资仍将保持健康发展的良好态势。

（一）我国外资政策的总体方向

1. 实行更加积极主动的开放战略和更加宽松的外商投资政策

在全球经济形势复杂多变的背景下，我国国内经济持续稳定发展面临着一些压力和挑战，包括外需不足、劳动力等生产要素价格攀升等，对我国投资环境会产生一些负面影响。由于我国国内市场潜力巨大，产业配套完善，人力资源素质不断提升，综合经营成本仍然相对比较低，因此，尽管面临着劳动力成本上升、土地环境资源约束趋紧等新形势，我国在吸引外资方面仍具有长期性和综合性的优势。因此，下一阶段，我国将按照现行的更加积极主动的开放战略，坚定不移扩大利用外资的指导思想，进一步改善投资环境，进一步提高利用外资的综合优势和总体效益。

我国外资政策变革的结果将是外资企业从事合法经营会遇到越来越少的管制。典型的例证是 2013 年成立的上海自贸区，在位于上海的不到 29 平方公里的试验区内，将要进行涉及投资、贸易、金融、行政法制四个重点领域的改革，试点成功后会向全国推广。从建设上海自贸区推进改革的目标中可以看出，我国外资政策的取向，在严格执行《刑法》《反垄断法》和《国家安全法》等法律的同时，正朝着轻审批、严监管的方向转变。

2019 年 3 月 15 日，党的十三届全国人大二次会议表决通过了《中华人民共和国外商投资法》，这部法律将从 2020 年 1 月 1 日起施行。这也意味着，外商投资法正式取代了实施多年的"外资三法"——中外合资经营企业法、外资企业法和中外合作经营企业法，成为新时代我国利用外资的基础性法律。《中华人民共和国外商投资法》包括总则、投资促进、投资保护、投资管理、法律责任和附则，共 42 条，是我国外商投资管理体制的根本性变革。法律明确"国家对外商投资实行准入前国民待遇加负面清单管理制度"；明确外商投资企业依法平等适用国家支持企业发展的各项政策；国家建立健全外商投资服务体系；国家保障外商投资企业依法平等参与标准制定工作、通过公平竞争参与政府采购等。我国外商投资环境进一步向法治化、公平化、透明化发展，外资研发机构发展的环境进一步改善。

2. 以提质增效和结构优化为导向更加全面统筹利用外资

吸收外资促进现代服务业发展、优化外资区域布局、创新利用外资方式都成为利用外资的重点工作。追求外资质量及外资结构的优化、实现利用外资与中国经济转型发展的和谐统一，将是未来我国吸收外商投资的基本出发点及指导原则。改善中西部地区的投资环境，有效实现产业转移，也将成为我国利用外资由数量扩张型向质量效益型转变的关键。引导外资加速向中西部地区梯度转移，同时鼓励外商投资高新技术、节能环保产业和高端制造环节，已经成为我国利用外资政策落地的重要步骤。

3. 推动跨国公司在华研发成为提升国内产业结构和技术水平的重要途径

我国吸引外资将更多地从"量"的增长转向"质"的提升与优化。今后，高附加值、高技术含量的外国投资以及高端制造业和服务业吸引的外资比重将进一步上升。利用外资的重点将转移到引进先进技术、管理经验和高素质人才上来，要切实把利用外资同提升国内产业结构、技术水平结合起来。

2007年后，服务业已经成为我国利用外资增长最快的领域。为了提高核心竞争力，越来越多的跨国公司将研究开发、咨询分析等服务业务外包。在今后相当长的时期，服务业对外开放和承接全球服务外包将成为我国利用外资的重要领域。鼓励和推动跨国公司在华研发是中国加速发展现代服务业，提升产业结构的重要突破口，也是我国全面提升在全球产业链、价值链和创新链中的地位的战略选择，进一步增强国际竞争力的关键。

4. 人才引进和知识产权保护政策成为外资研发机构关注的重点内容

高端人才一直是跨国公司及其研发机构重视的资源。我国对于高素质人才引进及培养方面的政策，外资研发机构是比较欢迎的。跨国公司出于维护自己技术垄断优势的考虑，在设立外资研发机构时所考虑的一个重要因素就是东道国的知识产权保护状态。跨国公司对中国的投资能否采用更多的先进技术，在很大程度上取决于知识产权的保护。因此，知识产权保护制度的完善对吸引外资研发机构非常重要。

5. 相对于政策的优惠内容，政策的资源保障、政策的兑现能力、政策公开性与一贯性等是外资研发机构注重的方面

我国不少地区为吸引更多外资研发机构争相出台优惠政策，而这些政策的兑现度是影响外资研发机构区位选择的重要因素。很多跨国公司并不注重政策的优

惠程度，相反更注重政策的兑现能力和政策的一贯性，尤其对于一些从事基础研究的外资研发机构来说更是至关重要。因为它们的投资额相对较大，持续时间更长。

（二）促进外资研发机构发展的政策导向

充分突出创新驱动发展这一主题和加快经济发展方式转型、经济结构调整这一主线，贯彻落实以科技创新为核心的全面创新和充分发挥市场机制的作用，推动利用外资从注重规模速度向注重质量效益转变，实行更加积极主动互利共赢的开放战略，提高外商投资企业的创新积极性，进一步拓展外资研发活动的广度和深度，充分吸引跨国公司来华从事研发活动，并且加强外资研发活动与我国本土企业和各类组织的联系，激发各类创新主体的创新意识和行为，在更大范围、更广领域和更高层次上积极参与国际经济科技合作与竞争，推动我国创新型国家建设。

在政策导向上，一是由"鼓励+吸引"的特惠性政策向"激励、引导+规制"的普惠性政策方向发展，根据产业性质和发展阶段采取不同政策措施。二是提升外商投资水平和规模上一个新台阶，通过各类科技创新活动使外资在推动我国产业升级、结构优化、区域协调发展等方面发挥更加积极的作用。三是引导外商投资产业结构优化和升级，鼓励外商投资企业提升创新研发人力资源的质量，鼓励和规范外商在我国开展风险创业投资，鼓励外商投资企业与本地企业、科研机构、高等院校在科研和技术开发方面开展合作，积极推进重大高技术领域的中外合资合作，吸引全球优秀科技人才来华创新创业。四是引导多种形式的内外资技术合作与联合创新，更加积极有效地利用外资和实现利用外资方式的多样化，搭建国内外大学、科研机构联合研究平台，加大国家科技计划开放合作力度，将外资研发机构的创新活动有条件地纳入国家自主创新体系。

另外，还要鼓励和吸引外商投资企业，特别是大型跨国公司，把更高技术水平、更高附加值含量的研发创新、服务外包基地、培训基地等活动转移到我国；鼓励外商投资企业对已引进的技术和工艺进行再创新；鼓励外商投资企业采取多种方式参与我国科技创新的重点项目，逐步推行激励政策与外资研发中心的业绩要求挂钩，引导外商研发投资的行业、区位、水平等决策。

第六章 我国外资研发机构创新发展中存在的问题

外资研发机构在我国快速增长，但是在发展中还面临着很多问题，一方面是外资研发机构创新发展本身存在的问题，包括人员结构问题等；另一方面是外部对外资研发机构发展的支持不足问题，还有就是发挥外资研发机构作用中存在的问题，比如由于认识方面的局限以及相关政策引导不足而产生的问题。

一、对外资研发机构作用的认识有待加强

外资研发机构是国家创新体系的重要组成部分，但是在实践中，由于各种各样的原因，在对外资研发机构作用的认识上还存在很多偏差。

（一）对研发国际化的发展趋势认识不足

研发国际化是新一轮科技革命和产业变革的重要发展趋势。进入 21 世纪以来，创新要素全球流动加速，知识、资本、人才等创新资源在全球加速流动，科技人才和创新成果在全球配置。跨国公司掌握全球 80% 的创新成果，每年研发投入占全球的 1/3 以上，1/3 的研发活动在海外进行。以专利购买和技术许可为主要形式的国际技术贸易平均每 5 年翻一番，速度远远超过货物贸易和其他服务贸易。[①] 国际创新要素开放共享，全球网络互联互通，应对全球共同挑战的跨国

---

① 薄贵利 . 强国宏略——国家战略前沿问题研究 [M] . 北京：人民出版社，2016.

合作研发成为重要趋势。全球创新要素跨区域、跨国界流动，知识、人才、成果以及科研基础设施等在创新生态较好的区域快速整合集聚，迅速转化为新产品、形成新产业。对于我国来说，研发国际化，不仅表现为外商直接投资中研发投资逐步增加，也意味着我国对外直接投资中研发投资需要逐步增加。吸引和利用全球创新资源，将成为对外开放合作的新常态。但是由于对研发国际化，特别是全球创新网络日益融合的发展态势不够了解，导致我国在对外资研发机构的认识上，还是把外资研发机构作为一种外部的创新资源来看待，甚至更多地以竞争、消纳的观点来看待，不利于真正地建立相互融合的创新体系。

（二）对外资研发中心的作用和功能认识存在偏差

对外资研发机构的理解和认识还基于传统的外商投资理论认为，外资研发机构基本上是附属于跨国公司或母国集团的机构，没有独立的行为能力。事实上，外资研发中心虽然是附属机构，但是要认识到其拥有的智力资产并不比其他机构弱，同时，在其组织行为之外，机构必然与外部发生着各种联系，利用这些机构的智力资产发生所谓的"外溢"完全是有可能的。应把外资研发中心作为独立的行为主体看待，即拥有独立的研发资产、设备、人员，集中了行业内较为优秀的人才，拥有信息优势，在事实上多数也是独立注册等，如果认为这些外资研发机构对外部溢出效应不够，只能说明外部与其合作和交流不够。应多创造机会，给外资研发机构的人员、研发资产以及专业多表现与交流的机会。

（三）在国家创新体系建设中忽视外资研发机构的作用

当前对外资研发机构还有一种认识，是把外资研发机构作为一种与国内研发机构不同的另类主体，在国家创新体系建设中，首先把外资研发机构排斥到国家创新体系的建设之外，研究如何把外资研发机构融入到创新体系之中。事实上，在经济全球化、科技全球化直到研发全球化的今天，以外资研发机构形式存在的国际研发投资，也是各个国家创新体系的一个重要组成部分，开放合作成为大势所趋，成为常态，也必然要接受外资在国内流入流出，并在国内保持相当一部分的事实。

就像外商直接投资成为各国资本的一个重要组成部分一样，外商直接投资与国内资本融合发展，面临的政策和环境都逐步趋同，外资研发机构也应与国内的其他类研发机构一样，面临着趋同的政策和环境。在制定促进研发机构发展的政策中，应根据各类研发机构的不同特点和需求制定，而不是针对主体的性质来制定政策。

正是由于存在以上认识，在研究外资研发机构作用的时候，经常从两个方面，即正面影响和负面影响来研究外资研发机构的两面性，这种传统的研究方法，事实上是把外资研发机构与内资研发机构对立起来看待，其基本认识仍然是基于外资与内资的不协调。比如在人才使用上，一方面认为外资研发机构集聚和培养了人才，另一方面又认为外资研发机构对国内机构形成了人才的争夺。这样的认识貌似全面，实则似是而非，应该是对外资研发机构认识的出发点存在着偏差，如果把外资研发机构作为与其他内资机构一样的市场竞争和创新主体来看待，则不会出现对内资机构形成人才争夺这样的看法。因为任何机构只要使用人才，就是对其他机构的人才争夺。政府一方面希望外资研发机构把技术、人才、管理、经验带到国内来，另一方面又心存担心，这样就会影响有利的政策出台。

二、外资研发机构本身面临着创新和发展不足的问题

根据对 4000 余家设有研发机构的外资企业调查，总体上外资研发机构对地方科技工作的参与度不高，潜能还没有充分释放，有很大的提升发展空间。

（一）面临人才瓶颈制约

一是高级人才和应用型人才较为缺乏。我国人才总量规模大，但是质量欠缺。多数外资研发机构反映，我国存在研发人才资源欠缺的问题。在被调查的外资企业中，拥有学士学位以上的人员占人员总数的 22.15%，其中博士学位只占人员总数的 0.64%，拥有硕士学位的占人员总数的 4.43%。从研发机构本身的定位和职能来看，员工素质还不够高，人员结构不尽合理，还未充分体现出研发机构智力和知识密集型的特点。根据调查，外资研发机构普遍反映符合要求的人力资源严重缺乏，高级研发人员不足，高水平的设计人员比较缺乏；另外，人才储备不足，人才梯队建设难，既懂市场又懂技术的复合型项目管理人员缺乏。

二是人才招聘难、人员流动性大已经成为制约外资研发机构发展的重要问题。跨国公司到我国设立外资研发机构的一个重要原因是我国劳动力成本相对较

低、劳动力素质较高，特别是我国教育学科比较齐全，具有大规模、多学科劳动力的优势。但是近年来，跨国公司普遍反映，我国劳动力人员成本上升过快，员工生活成本提高，间接造成用工成本的上涨，研发人员的成本过高。我国人才结构不适应外资研发机构需要，很难招聘到合格技术研发人员，人员培训需要较长时间，妨碍了研究计划的顺利进行。另外，科技人才外流严重，员工的流失率较高。有些地区优秀人力资源短缺问题比较突出，科技创新资源较为贫乏，制约了外资研发机构的发展，比如广东、江苏等地，虽然外资研发机构比较集中，传统的制造业优势也比较突出，但是科技创新的基础仍然比较薄弱，不利于外资研发机构的进一步发展。

（二）研发投资在全球的重要性较低，资金来源单一化

一是跨国公司在我国研发投资在其全球研发总投资中的地位仍然不高。我国虽然已成为外资研发投资比较密集的区域，但是从总体上看，跨国公司集团在华研发经费占集团研发经费总额的比重仍然不高。根据调查结果，2011～2013年，跨国公司集团在华研发经费占集团研发经费总额的比重虽然持续上升，但是所占总研发经费比重的绝对值都不高，2011年比重的均值约为3.17%，2012年为3.33%，2013年为3.89%。而且从分布上来看，95.23%的外资研发机构该比重均不到5%。

二是外资研发机构研发资金的筹措渠道单一，获得政府资助难度较大，难以申请到国家和地方的科研项目资金。外资研发机构普遍反映很少能得到政府研发资金支持，认为科技项目申报的条件及要求不明确，比较含糊，范围不够广。在国家科技项目申报过程中就会存在劣势。有些项目或奖项，不允许外资研发机构进行申报。有一些外资研发机构反映，在目前的国家研发体系中，国有研究所、企事业单位为项目主体单位，国家重点研发计划、科技重大专项等科技项目资助中，事实上存在着对外资的不公平待遇，外资研发机构在国家研发体系中只处于配角地位。一些科技项目的申报忽视了部分纯研发型企业在研发初期很难创造营业收入的现状，导致企业在项目申报后并不能获得立项认可，从而无法真正享受国家相关科技政策的支持。研发机构轻资产重人力成本，但是在政府资助项目的申请中对固定资产的要求比较高，导致即使研发的项目符合产业政策，项目的技术含量很高，但在申报时也会处于劣势。申报科技项目材料烦琐，通过率不高。另外，从科研资助经费申请，到申请的审批，直至最终资金落实到位，企业收到

资助款的流程时间比较长。国家科研项目在财务制度上不支持人员费用，与实际的科研情况不符合，导致项目执行上存在种种不便，使外资研发中心这种独立核算的研发机构在项目执行上面临现实挑战。还有的外资研发机构反映，我国对研发活动界定不清晰，费用归集存在错漏等问题。

（三）研发功能有待进一步提升

外资研发机构在我国开展的创新活动还有待进一步加强。据2015年6月中国欧盟商会发布的《2015年商业信心调查》报告，虽然创新已成为推动未来中国经济发展的核心因素之一，但在华欧洲企业的创新表现并不出色，仍有2/3拥有研发活动的企业并未在中国建立研发中心，而已经设立研发中心的企业则倾向于研发产品本地化。[1]

外资研发机构最早进入我国的主要目的是为开拓市场提供技术支持和服务，随着竞争的加剧、对华研发投资的增加，在华外资研发机构承担着越来越多的全球研发中心的职能。但是，根据调查的结果，当前外资研发机构在我国以应用研究以及技术支持和服务等为主，基础研究等仍然相对较少。从总体上来看，68.34%的机构开展的是应用研究，30.42%的机构开展技术支持与服务，27.94%的机构开展适应性开发，只有不到1/4的机构开展基础研究，相对仍然较少。很多研发中心设立，不只具有"研发"的功能，更想利用我国市场空间的优势，开展风险投资、创业孵化等外延式技术获取活动，比如强生公司近期在上海设立的亚洲唯一的全球研发中心，虽然名为研发中心，但是开展的主要活动实质是风险投资和创业孵化。据调查，在我国的外资研发机构涉及企业的核心技术和创新产品的还比较少，更多是作为人力输出和服务提供机构存在。目前设立的研发机构以非独立法人的公司内部研发为主，从研发内容和功能上以实验开发为主，主要从事生产辅助开发和提供技术支持，改造和提升先进的技术，以及进行面向当地市场的产品应用开发，研发成果80%以上为外观设计和实用新型专利。

（四）创新成果产出有待进一步加强

根据调查结果，外资研发机构申请专利呈现不均衡状态，绝大部分机构发

---

① 易娟，张涵．中国欧盟商会：在华欧企创新表现并不出色［EB/OL］．搜狐网，http：//roll.sohu.com/20150611/n414817129.shtml.

明专利申请量在 10 项以内，只有少数的机构发明专利申请量在 10 项以上，多数机构没有申请；PCT 专利也在 10 项以内。外资研发机构技术性收入总额快速增长，但是技术性收入占年总收入的比重偏低，2013 年仅为 16.47%。绝大多数外资研发机构技术性收入占年总收入的比重不到千分之一。外资研发机构新产品、新工艺销售收入占主营业务收入的比重逐年上升，但是呈现高度分散化趋势。

三、外资研发机构对外部的创新影响渠道有待加强

（一）研发机构内设化倾向影响对外合作

外资研发机构设立以企业内设研发机构为主，作为独立法人机构运行的仍然较少，而且"独资化"倾向明显，一定程度上限制了外资研发机构作为独立主体作用的发挥。一般来说，企业内设研发机构的主要服务对象是企业，其开展的创新活动也基本是内敛的，与外部环境的联系较弱，这是造成外资研发机构对外部创新活动影响较小的客观原因。而独立注册的法人实体，一般来说具有独立的行为能力，也能够独立地与外部环境进行互动，具有独立的决策权力，因此更容易发挥对外部创新的影响。根据调查，目前，作为企业内设机构运行的外资研发机构占 81.26%，大多还是侧重为总部创新战略和市场开拓服务，业务活动相对封闭。此外，由于设立独立研发机构将影响到认定高新技术企业，相当部分外企也不愿意将其研发部门独立。而投资额越大的外资研发机构越倾向于采用独立法人机构的形式。

（二）分布不均衡影响对区域发展带动作用

外资研发机构在我国地域分布极不均衡，受到环境影响较大，主要集中在江苏、广东、上海、北京、福建及山东等地，而中西部地区外资研发机构数量较少。与外商投资企业相比，2013 年底，我国外商投资企业主要集中在广东、上海、江苏、浙江、北京、山东等地，前六家共占 67.09%。从外资研发机构与外商投资企业分布的结构，可以看出我国不同地区在外资发展方向上的差

异，一些地区外商投资企业较多，但是外资研发机构较少，比如浙江，还有一些地区，如江苏、福建，外资企业相对较少，而外资研发机构相对较多，说明在发展上这些地区转型较早。与外商直接投资的数量和金额相比，外资研发机构的分布更加集中，说明外资研发机构对地区发展的带动作用存在较大差异，尤其是外资研发机构在中西部的分布更少，对于我国创新资源的分布均衡来说是不利的。

外资研发机构的行业分布也极不均衡，主要分布在制造业和信息传输、计算机服务和软件业，而我国外商直接投资企业数量主要集中在批发和零售业、制造业、租赁和商务服务业等。外资研发机构的行为类似企业研发机构，但是外资研发机构的设立更有选择性和目的性，更加服务于对外开放的需要，外资研发机构的设立和运行与外商投资的需要也更加紧密地联系在一起。

（三）人才国际化水平仍然较低

通过外资研发机构的设立引进外籍高端人才，对于我国加强利用国外创新资源、提升创新能力具有重要意义。但是从外资研发机构人员来源结构来看，外资研发机构人才资源国际化水平仍然偏低，外资研发机构中外籍人员比重较低，在被调查外资企业中，外籍人员仅占员工总数的0.76%，多数机构以雇用中国籍员工为主，约83%的外资研发机构中外籍人员占员工总数比重不到10%。据调查，江苏省外资研发机构研发人员主体为中方人员，外籍研发人员仅占7%。在调研中发现，与较早进入我国的外资研发机构相比，近期设立的外资研发机构中外籍人员比重较低，甚至很多在中西部地区设立的外资研发机构，从设立到运行，都是由中国籍员工在操作。比如IBM在武汉设立的研发中心，是由IBM在北京的研发中心派人去武汉筹备设立，员工也基本上是从当地直接聘用。在近期设立的外资研发机构中，真正受过良好国际化教育，通晓国际研发管理经验的人才不多，也缺少吸引跨国公司高端人才回流的有效机制。虽然这可以说明外资研发机构的本土化程度有了显著提高，但也会由于外籍人员数量较少，客观上不利于外部资源的引入和利用。外资研发机构与本土研发机构趋同的态势明显。

（四）与外部的创新合作需要加强

一是外资研发机构研发经费的来源和支出都以内部为主，与外部合作或者交流还很少。据调查，随着外资研发机构投资额的扩大，外资研发机构更加重视研发内部支出，而对外部研发合作的需求有所下降，甚至活动越来越少。从客观上来说，外资研发机构外部研发合作减少，不利于研发资源的溢出和发挥外部效应。从研发经费来源看，外资研发机构的经费来源主要是自有资金，约80%的外资研发机构自有资金占研发经费总来源的95%以上，相当一部分机构研发经费主要来源于所属跨国公司集团内部，研发经费很少来源于中国政府和跨国公司集团以外的企业或机构委托，说明外资研发机构很少承担我国政府科研项目，也较少承担其他企业或机构的科研委托项目，与外部合作较少。

二是外资研发机构的研发项目以服务内部需求为主，来源于外部委托或者通过产学研合作方式开展得较少。外资研发机构的 R&D 项目数量年均增长6%左右，主要来自于自行研发和所属跨国公司集团委托。所属跨国公司以外单位委托的项目和政府委托项目都较少。外资研发机构主要以本地化开发为主，较少涉及关键核心技术研究，对本地的研发分包和合作较少，对大陆研发人员的培养也不够关注。

三是外资研发机构的技术交流以内部为主，对外部的交流所占比重很少。在技术交易中，外资研发机构作为卖出方，对所属跨国公司集团以外单位的技术交易卖出额不及对所属跨国公司集团卖出额的1/20。作为买入方，对所属跨国公司集团以外单位的技术交易额约为对所属跨国公司集团买入额的1/4。而实际上，跨国公司技术转移也以内部转移为主，知识产权对外转移比较少。而从技术流动方向来看，外资研发机构主要作为对所属跨国公司集团的技术输出方，很难系统性地接受跨国公司集团的技术转移。另外，外资研发机构虽然在引进国外技术、设备方面具备有利条件，但是约90%的外资研发机构在引进国外技术、设备上都没有花费支出。外资研发机构的创新成果也主要是服务于跨国公司集团本身，并直接服务于跨国公司集团在华企业，为集团在华企业提供技术服务和技术支持。

四是本土对于外资研发机构的技术研发支持不够。包括基础工艺水平较低，研发相关资料搜集困难，本地技术积累薄弱，从国外技术引进困难等，与高校等难以进行研发的深度合作。

四、外资研发机构的创新环境不够完善

　　根据中国美国商会联合贝恩公司针对其会员企业开展的一项调查形成的《2015 年度商务环境调查报告》，[①] 成本增加、监管环境限制和经济放缓是美资企业在我国投资难度加大的主要原因，大部分美资企业在我国的利润率已经降至全球市场平均水平甚至更低，近半数受访者表示他们认为外资企业在我国受欢迎程度与上年相比下降，而且比例较上年上升。感觉最不受欢迎的是资源、工业企业和研发密集型企业，这两个行业内的大部分（53%）受访者表示与以前相比受欢迎程度下降。研发密集型行业和资源及工业企业认为，专门针对外资企业的执法活动以及政府资金仅向本国公司开放对他们的影响更大。中国美国商会的调查一定程度上反映了外资企业对投资环境的看法，但是从研发投资来看，外资企业感受到的受欢迎程度较低与我国对跨国公司研发投资和外资研发机构的鼓励及欢迎形成反差。根据中国欧盟商会发布的《2015 年商业信心调查》报告，[②] 当前网络不稳定、网速慢、互联网接入限制等问题对在华欧企的研发能力造成负面影响。说明在一定程度上，我国对外资研发机构的鼓励和支持还没有通过环境的改善来达到向外资企业传输的效果，也说明我国引进外资的结构调整效果还有待进一步显现。

（一）知识产权保护有待加强

　　知识产权保护是促进国际投资的重要法律制度。国际生产折衷理论认为，跨国公司的对外直接投资必须具备三个有利条件：一是拥有专利、专有技术、商标、管理与组织技能、营销技能等知识资产（无形资产）的所有权优势；二是选择的东道国在资源禀赋、市场规模、基础设施、经济制度和政府政策等方面具有的区位优势；三是通过对外直接投资活动实现跨国公司资源配置和知识资产转

---

　　① 贝恩咨询．中美商会 & 贝恩：2018 中国商务环境调查报告［EB/OL］．2018 - 02，http：//www. 199it. com/archives/685268. html.

　　② 中国欧盟商会．2015 年中欧商业信心调查报告［EB/OL］．2015 - 06 - 15，http：//www. 199it. com/archives/356079. html.

让的内部化优势。东道国加强知识产权保护，也就强化了东道国的区位优势和所有权优势，从而促进跨国公司开展国际直接投资活动。而知识产权保护较弱就会增加跨国公司技术被当地竞争者模仿和无偿取得的可能，降低了投资者的技术垄断优势和在东道国的垄断利润，从而会降低东道国对外国投资者的吸引力。可以说，知识产权保护是跨国公司研发投资关注的问题之一。近年来，我国知识产权保护制度建设取得积极成效，完善了知识产权保护法律，在知识产权保护方面采取积极措施，不断加大对侵犯知识产权违法犯罪行为的打击力度，使跨国公司打消了顾虑，不但加大了投资力度，而且还积极把研发中心转移到我国。但是从总体上来看，我国的知识产权保护还存在一些问题，尤其是知识产权保护难、执行难成为主要障碍。

一是国内的知识产权保护制度仍不完善。知识产权保护是外资研发机构共同关注的问题。外资研发机构反映，从大环境来看，国内关于知识产权保护的法制体系还不够完善，制定的知识产权政策仍然不够清晰、具体、明朗，研发出的专利成果较难得到很好的保护，这给专利权人滥用权利（拒绝许可、漫天要价等）、制造假冒伪劣产品，打开了方便之门。假冒伪劣产品的干扰使企业生存环境恶化，知识产权保护不到位，使企业不敢搞创新，难以走上产业高端。比如，我国通信器材的生产、应用与先进国家相比差距仍然很大，生产企业都挤在低端市场模仿竞争，企业不愿下大力气进入附加值高、技术难度大的通信器材领域。有的外资研发机构反映，国家知识产权局对有关专利实质性审查不严格，导致对专利保护不力。对于个人在知识产权中的权利也不明确，地方标准不太一致。

现行知识产权保护制度不完善，还表现在不能根据产业发展的需求及时提供有效的保护制度上。比如在生物制药领域，创新药的研发意味着巨额而且高风险的前期投资，而且大规模投入要维持很多年，有效的知识产权保护机制可确保创新型企业的投入获得相应回报，但是对于生物药分子专利的保护范围是否需要拓展、生物药的数据保护期与化学药以及国际标准不一致等问题还需进一步明确。

二是对合资企业研发机构研发成果的知识产权界定和保护缺乏指引。合资企业在技术创新、技术改进等方面受到技术提供方很大的制约，不利于合资企业自身研发能力的培养，也不利于合资企业争取技术创新成果的归属，这些都在很大程度上影响了跨国公司与我国企业和科研机构开展合作研发。另外，合资双方在知识产权管理上存在偏差。比如，对于日资企业设立外资研发机构获取的科研成果，外方一般认为日本总社会自动拥有相关知识产权，而我国国内部门则认为总社获取相关知识产权需得到国内研发机构的授权，导致双方在管理上存在差异。

三是国内知识产权维权难度大，对专利侵权打击力度需要加强。部分企业在应对知识产权审查时表现很正规，在开展生产经营上又是另一套做法，严重干扰市场竞争秩序。国内对于知识产权转让的税收相对比较高，导致一些外资研发机构或企业倾向于将产生的知识产权挂靠在对知识产权转让费免税的国家里设立的法人（比如美国）。

（二）创新产品进入市场面临障碍

跨国公司对外直接投资的主要目的之一是延伸竞争优势，使创新产品或服务在更大的范围内取得收益或回报，而研发投资则是跨国公司在对外投资战略中的重要组成部分。推动跨国公司创新产品的市场化推广和应用，是外资研发中心设立的主要职能和目标之一。但是，与内资企业一样，外资研发机构的创新产品进入市场面临着准入的限制。跨国公司在产品创新上具有优势，更希望以较低的成本通过创新产品的市场推广应用，在东道国取得利益。与东道国相比，跨国公司本身具有创新方面的先发优势，东道国往往不希望被跨国公司当成倾销产品的市场，而更希望通过创新产品的应用带动就业、提升本土竞争力并使国民享受福利。根据东道国市场的特殊性对跨国公司创新产品进入市场的节奏进行控制是必要的，但是应尽量明确引进跨国公司创新产品的目的，从增进国民福利的总体目标出发，设置必要的条件，达到带动东道国就业、提升创新能力的目标。

据调查，一些外资研发机构认为，目前自费药品的高成本迫使许多患者对创新型生物药"望而却步"，而我国缺乏针对创新型生物药的支持政策，比如创新型药物很难进入医保目录，医保目录更新比较缓慢，不能进行动态调整，创新药价格昂贵又难以报销，使患者很难受益于创新型生物药。在核电装备行业，核电变压器、特高压交直流变压器等的招标限制还较多，外资、合资企业参与较少。企业新产品推广面临障碍较多，创新产品难以打破传统的市场坚冰，推广工作艰难。

国内在药物审批过程中，对创新药物的国外临床试验结果不认同，与国际标准不对接，导致国外药物在我国上市仍需经过一系列临床等重复过程，延缓了药品上市的过程，导致创新型生物药在我国上市大幅滞后。

生产批件需要与生产能力挂钩，从客观上要求研发机构投资建厂才能保证自已完成科技成果的转化和产业化，否则就需出卖科技成果，不利于研发机构的资源优化配置或不足以保障研发机构应有的收益，从而削弱了研发机构的发展和创新能力。

（三）技术标准环境不完善

外资研发机构普遍反映，由于技术标准等不完善，制约了外资研发机构发展。比如，我国现阶段还缺乏干细胞制剂质量控制和临床前研究的相关技术指南，难以正确引导和规范干细胞制剂的相关研发工作。家电产品认证管理规定很严苛，已获认证的产品使用的零部件发生变动，即使选择的供应商具有认证资质，也需要申请变更备案等，认证收费也偏高，给企业增加了很大的负担。我国数字电视地面传输标准的强制执行日期一再拖延，导致我国数字电视市场增长缓慢且总量限制，对围绕数字电视的芯片业务产生一定影响。由于材料标准体系有待进一步完善，国家标准平台有待建立，汽车用环保材料的推广存在一定的困难。随着合成化学的飞速发展，目前有许多新型的污染物会对水体环境产生较大的影响（如毒性、抑制性等），但是目前的排放标准仍是针对一些被公认的有毒物质进行排放浓度的限值，因此，需要对一些新型的有毒污染物进行研究，并设定相应的排放指标。涂料行业大部分产品标准缺失，进入门槛低，存在同质化竞争严重等问题。

（四）行业竞争环境有待规范

一是巨大的市场容量和较低的准入门槛，导致各路资金盲目投资，催生低端产品产能过剩。在一些行业，运营商在采购招标中的采购政策一定程度上重价格、轻技术质量，以及产业链上游企业对于产业链的市场垄断和技术封闭意识较为突出，一方面导致价廉质差的设备在集采招标中中标，影响网络建设质量；另一方面，由于上游核心设备厂商不愿意开放基站通信协议，影响运营商在网络建设时采取产品捆绑策略进行采购。

二是对淘汰落后传统产业的政策不明确甚至执行不力，对传统产业转型升级支持不足。包括对传统建材行业的落后产能淘汰力度不够，环境污染治理任务仍然比较艰巨，影响了外资研发机构在我国创新发展的积极性。我国的排放法规监管和执行力度仍有待加强，市场比较利益难以扭转，导致传统行业低质、高耗的厂商和产品不能及时退出，对于传统产业的转型升级缺乏有效的支持。补贴项目主要集中于国家推广的新能源等新兴产业，而对于传统工业的创新项目政策扶持较少，对于类似电子元器件、钟表制造、焊接行业、纺机等传统制造业的创新还缺乏有力的政策支持。

三是我国产业政策对新兴和节能等产业的支持力度有待进一步加强，对于新型节能减排环境保护项目缺乏明确的支持。在生物质发电方面，国家在农民秸秆焚烧方面的管理仍有待加强，制止焚烧难以全面杜绝焚烧现象，农民收集秸秆的积极性不高。电动摩托车的市场法规不够明确，造成业界开发方向混乱。国家政策对于相关行业仿真的特殊性重视不够。钢渣综合利用的产品推向市场，需要国家政府支持。政策上对新能源汽车相关行业有补贴，但是对汽油机汽车省油降耗改善缺少相关的补贴。我国废旧沥青混合料再生利用技术与装备及运用和国际领先水平还有一定差距，需要得到政策支持。

四是我国鼓励创新产品消费的政策还有待加强，一些地方保护主义仍然严重，重复建设、散乱局面未得到根本改变，在创新产品应用方面，比如新能源汽车的基础设施不完善。

另外，受人民币升值等因素影响，人力和物力成本增加，以及新兴国家劳动人力服务的提升，国内企业快速发展，都使外资研发机构面临被边缘化的困境。

五、外资研发机构支撑国家和行业发展作用有待加强

（一）外资研发机构参与国家科技计划存在不足

吸引外资研发机构参与本国国家科技计划是充分利用外部创新资源的重要渠道，世界各国都采取措施实施科技计划的对外开放。比如美国除涉及军事和敏感技术的计划外，其科技计划大部分对外开放，可以开展国际合作，邀请外国专家到其实验室工作。欧盟先后制定了多项跨国的高薪技术研究与发展计划，这些计划的实施以欧洲国家为主，但也通过采取招标或签订双边协议的方式向其他国家开放。

我国科技计划也实行对外开放的政策。在申请资格上，2011年后外资机构原则上都能够申请和承担我国科技计划，只要课题承担单位是在中国大陆境内注

册的具有较强科研能力和条件且运行管理规范的、具有独立法人资格的企业、科研院所和高等院校等。我国科技计划对外开放的条件与其他国家相比并不苛刻。但是从实际承担情况来看，外资研发机构能够承担国家科技计划的还比较少，只有少部分外资研发机构参与了国家科技计划的项目研究。

在调研中，一些外资研发机构反映，他们参加国家科技项目的意愿十分强烈。比如，一些外资公司的研发中心是完全设在中国本土的研发中心，研发的成果也在中国申请专利，回报中国的市场，因此研发中心希望在参与科技项目、享受研发优惠政策上能够享受与本土企业同样的政策，从而更好地说服总部加大对中国市场的投入、引入先进技术、服务中国市场以及培育优秀的中国研发人员。但是，一些外资研发机构反映，我国科技计划项目多针对国有院校和企业，跨国公司申报渠道不够畅通。从整体上看，如果把外资研发机构中的优秀人才排除在国家科技计划项目之外，那么对整体的科技发展是不利的。无论从哪个角度来说，国家科技计划都是充分利用国际创新资源的重要手段，更何况外资研发机构已在我国登记注册为独立的法人实体，具备申请和承担国家科技计划的资格。

国家科技计划在实施过程中，更应该考虑如何充分发挥外资研发机构的优势和作用，在推动产业重大技术创新、强化基础研究方面取得更大的进展。据调查，有一些外资研发机构通过单独申请或合作申请承担了地方的科技计划项目，但是在国家科技计划项目的承担上还没有取得突破。有的外资研发机构在欧洲参与了很多国家级科研项目，在我国虽然积极申请，但是难以申请成功。原因在于虽然从政策上来说外资企业可以参加国家的重大科技项目，但是在操作过程中，一些申报流程上的技术问题使跨国公司申请不便利。

外资研发机构参与国家科技计划较少，原因是多方面的，从我国科技计划本身的管理上来看，存在着一些问题，表现在：一是公开招标项目的发布渠道少，而且申请准备时间很短，客观上不利于外资研发机构申请承担项目，这与国外从指南公布到最后立项审批持续时间较长形成了对比。二是科技计划立项内容设定不尽合理，有些科研课题往往既规定了目标，又规定了应采取的研发路径和技术手段，指定性强，排斥了其他研发力量参与和其他创新手段的可能性。三是一些相关机构开放心态还不够，这也是影响外资研发机构承担国家科技计划项目的重要原因。显然，那些具有较强研发实力的外资研发机构可以在美国、欧洲申请承担到很多科研项目，但是却很少能够承担我国科技计划项目，甚至根本就没有承担，造成这个结果的原因是值得我们思考的。

除了我国科技计划管理自身存在的问题外，外资研发机构也存在与我国科技计划需求不匹配的客观原因，表现在：一是外资研发机构功能、层次与国家科技计划实施的需求相比还存在着一定的差距。国家科技计划不是普惠性的财政补贴，而是有着特定功能、为实现科技发展前沿特定目标而设立的专项资金，对计划的承担者有着较高的要求，而从总体上看，我国的外资研发机构还主要集中在应用开发与技术支持阶段，能够开展高水平基础研究和前沿技术开发的还比较少，客观上外资研发机构在承担国家科技计划项目上存在能力不对接的问题。二是外资研发机构的科研队伍还有待加强。科技计划经过整合后，以科研人员单打独斗承担和完成项目的科技计划日益减少，越来越强调科研团队的实力及组织配合，强调法人责任，外资研发机构人才队伍和科研人员结构普遍还偏向于低端技术支持和服务层次，国际甚至国内的学科或学术带头人都较少，更缺乏能够协调实施的研发团队。三是外资研发机构的管理机制与国家科技计划的要求存在差距。承担国家科技计划，意味着要遵守国家科技计划的一系列管理办法，包括及时报送有关报告、相关信息向社会公开、接受监督等，特别是按照《科学技术进步法》和《促进科技成果转化法》，财政资金资助形成的科技成果要始终接受监管，国家享有强制实施的权力，境外转让要经过审批，承担单位要承担成果转化的义务。而外资研发机构的管理机制主要还是面向跨国公司的需求，特别是在知识产权的占有和使用上受到母公司较强的制约，外资研发机构承担国家科技计划所要履行的一系列义务，还要通过管理机制的调整才能达到要求。四是从机构发展目标和功能定位上来看，外资研发机构主要服务对象还是跨国公司，主观上愿意为促进社会公益技术和产业整体技术进步而做出贡献的外资研发机构还相对较少，这是由其性质决定的。

对于外资研发机构参与国家科技计划的问题应从供给和需求两端来看。从科技计划的供给方面来看，既要调整一些不利于外资研发机构申请和承担国家科技计划的做法，尽可能在规则明确的条件下实现公平、公开，使外资研发机构有更多的机会和可能参与到国家科技计划的实施中来；也要在实际操作中更多有选择地利用外资研发机构的研究和技术优势，通过竞争择优实施，使国家科技计划的实施达到最优的效果。从科技计划的需求方面来看，外资研发机构本身既要看到承担国家科技计划可能对单位科技创新带来的研发资金的支持、人才培养以及研发"声誉"提升等好处，也要客观认识承担国家科技计划所需要承担的义务，很多情况下需要配套资金的支持，还根据国家科技计划财政资金的性质接受社会的监督。如果供需双方能够在享有一致信息的基础上进行判断，那么是否承担国家科技计划以及承担什么样的国家科技计划，双方就更容易达成一致。

（二）外资研发机构在开展行业创新活动上处于不利地位

从调查结果来看，外资研发机构对参与本土创新活动较为积极，约40%的被调查外资企业都参加了行业协会或联盟，或者参加行业的各种活动。但是，仍有很多外资研发机构反映，他们在参与行业创新活动上处于不利地位。比如，在参与标准的制定上，跨国公司通常掌握行业前沿技术，其标准应该更具世界先进性，但是在制定相关标准方面跨国公司并不具备优势。我国为推动产业重大技术创新，通过组建产业技术创新战略联盟的方式来促进产学研合作、提升产业创新能力，但是在产业技术创新战略联盟组建中对外资开放度仍有待提升，有的外资研发机构认为被排斥在联盟之外。

另外，由于缺乏有效的机制和政策来推动跨国企业与国内有实力的科研机构互相了解并形成合作机会，使得跨国公司外资研发机构与国内机构的合作更多地采取自发组织形式，在规模和数量上有待提高。外资研发机构还反映在行业决策中参与度不足，比如在机动车行业领域，外资企业在行业协会制定新规定时，只有建议权，缺乏表决权。

（三）相关产业配套和行业交流较少

我国已经有大量的外资研发机构，在分布的地域和行业上都较为集中。虽然这些外资研发机构在地理位置上与相关产业集群比较临近，但是企业之间沟通渠道较少，尤其是产业发展的配套设施不足，各企业独立开展研发创新活动，难以实现区位的聚集与整合。外资研发机构在同行业之间缺少技术交流渠道，很少参加行业或政府组织的技术交流活动和产学研合作活动，对相关行业技术发展信息了解渠道有限，一些好的技术也难以迅速实现推广和应用。另外，还有一些城市社会配套不足，社会研发环境不够理想。

六、促进外资研发机构发展的政策体系不完善

（一）针对跨国公司在华开展研发活动的宏观政策指导缺乏

我国缺乏针对外资研发机构的宏观政策。特别是近年来，国际政治经济环境发生了较大变化，多数国家加强对外资研发机构的引进和利用，使外资研发机构逐步成为国家创新体系的重要组成部分，并出台了一系列的政策措施提高对外资研发机构的吸引力。特别是金融危机以来，多数国家采取了有针对性的措施来吸引外资研发机构、加快外资结构调整。与国外相比，我国虽然在引进外资上力度不减，但是在针对引进外资研发机构上还缺乏有针对性的措施和手段。地方虽然在引进外资研发机构上进行了很多探索，但是在国家层面上对引进和发挥外资研发机构的地位和作用还存在不足。

我国在 2000 年颁布的《关于外资投资设立研发中心有关问题的通知》，至今已近 15 年，国际与国内发展形势和需求发生了较大的变化。2008 年以后，随着新《企业所得税法》的实施，以往单纯的凭借税收优惠政策吸引外资的阶段基本结束，迫切需要通过有效的战略方针、政策、体制改革创造公平竞争的市场环境，使外资与国内发展协调起来，不断增强外资对我国技术进步和产业升级的推动作用，提高内外资企业的产业关联度，充分挖掘可持续发展潜力。这些都迫切需要从宏观上对外资设立研发机构进行规划和引导。

从整体上来看，我国对外资研发机构重设立、轻服务，各地方采取多种措施积极引入外资研发机构，但是通常忽视根据外资研发机构的需求提供后续必要服务。从国家层面来看，我国对外资研发机构的创新、发展的后续追踪较少，对发展情况缺乏总体评估。

（二）科技政策与经济政策支持不够且缺乏协同

外资研发中心发展涉及外资管理、科技、人才、税收、海关、统计等诸多活动，需要商务、科技、海关、税务等相关部门加强统筹协调和政策协同。目前，关于外资研发机构发展的相关配套政策呈现一定程度的碎片化，尤其是科技政策

与经济政策在支持外资研发机构发展方面力度不足、协同不够。相关支持政策措施分散、不够系统，类似或重复性支撑措施较多。而在企业研发机构的管理上存在多头管理态势，相关科技、经济等方面的政策没有较好衔接，政策的连贯性不强。

目前，我国在促进外资研发机构知识外溢、与国内其他创新主体有效互动以及研发投资环境改善等方面缺少系统的政策设计，导致出现某些方面的政策缺失、支持不足。从国家层面对外资研发机构人员的入境、居留、土地使用、知识产权保护、信息统计等方面的政策则涉及不多。很多外资研发机构反映，相关部门的政策存在差异，比如研发优惠政策的认定评判标准不统一，影响了税务优惠政策的享受。

国际科技合作的项目管理体制不够完善。对外科技合作往往被视为一般性的科技外事工作，尚未纳入整个科技、经济、社会发展战略规划体系，组织管理缺乏高层协调和统一规划与指导。科技外事管理部门的工作范围主要限于科技活动领域的对外合作交流，而针对科技与经济相结合领域的对外合作与交流的管理则较为薄弱。引进国外智力与境外培训、引进技术和技术出口等多项工作分散在不同管理部门。尽管有些工作规定了跨部门间的协作管理，但各自为政现象严重，各系统、各部门之间缺乏有效的协作与配合。

（三）各地方在支持外资研发方面存在不平衡

从支持外资研发的政策来看，地方政策较多，而国家层面的政策较少，尤其是缺乏国家层面对外资研发机构行之有效的鼓励政策。一些地方政府为推动外资研发机构发展，在人才引进及管理、知识产权保护、财政资助、外汇、土地及奖励政策等多方面进行了有益的探索，一些地方政府在帮助外商解决在华研发活动遇到机构报批、科研用地、中方人才招聘户口限制、研发人员出入境手续等困难方面起到了积极的作用，但这样的地方性政策主要集中在一些经济发达的地区，经济欠发展地区还缺少类似的政策，也缺乏吸引外资研发机构的土壤和环境，造成外资研发机构在经济发达的地区更加集聚，优势更加明显，而难以在支持欠发达地区的转型升级中发挥作用。无论从外资研发机构的地理范围还是政策覆盖范围上都应该更广泛一些，在国家层面应该有适当的调整和平衡政策，以吸引更多的跨国公司向我国内陆地区转移研发。

从国家层面来说，应制定更加积极的政策，为地方吸引外资研发机构开辟更广阔的空间。另外，对地方吸引和服务外资研发机构的做法，也需要及时总结归纳，或者上升为国家层面的政策措施。

七、对外资研发机构发展的政策激励不够

为激励创新，我国制定了一系列优惠政策，包括高新技术企业税收优惠、研发费用加计扣除政策等普惠性政策，但是外资研发机构在调整适应方面还存在不足，对创新优惠政策还未充分利用。

（一）对外资研发机构人才发展支持不足

我国各方面政策对外资研发机构人才的发展支持存在不足。

一是外资研发机构存在人员流动和聘用方面的政策障碍。外资研发机构在聘用人员、国际人员流动等方面存在一些不便之处。根据《外国人入境出境管理条例》有关规定，持学习类居留证件的外国人需要在校外勤工助学或者实习的，应当经所在学校同意后，向公安机关出入境管理机构申请居留证件加注勤工助学或者实习地点、期限等信息。持学习类居留证件的外国人所持居留证件未加注前款规定信息的，不得在校外勤工助学或者实习。相关外资研发机构反映，我国一些地区限制外资研发机构雇用外国实习生的做法，不利于这些外资研发机构作为全球研发中心作用的发挥，给他们的工作带来了不便。

二是出入境管理上存在不便之处。随着在我国设立的外资研发机构辐射范围从我国大陆辐射到亚太甚至全球，研发人员跨境流动需求增大。相关外资研发机构反映，他们的人员跨境流动需求较大，既有几周的临时性工作，也有几年的长期项目，但是由于就业证、签证等时效性问题，有时外籍人员甚至需要出境更新签证，手续颇为烦琐。

三是高龄、资深外籍专家办理来华就业许可证不够便利。国外一些超过60岁的外籍专家是很多外资研发机构重点引进的对象，由于我国《外国人在中国就业管理规定》对就业许可证发放年龄进行的限制，虽然他们研发水平高、经验丰富，但是不能办理来华就业许可证，无法来华工作。

四是广大外资企业面临着外籍人士子女入学以及"海归人才"落户等问题，

户籍政策、档案转移、社保转移等政策的限制在一定程度上影响了研发人员的引进。外资研发机构来自国外的专业研发人员无法参与到"五险一金"，在我国工作多年以后仍然无法获得相关福利。

五是对外资研发机构高技术人才的奖励政策越来越少，不利于人才的引进。比如北京市于 2001 年专门制定了《北京市软件企业高级人才专项奖励管理暂行办法》，用于帮助北京的软件企业吸引高级管理和技术人员，规定对符合条件的高级管理人员和高级技术人员进行专项奖励，用于高级管理人员和技术人员在本市第一次购买商品房、购买汽车和以现金出资在本市投资兴办高新技术企业，或给本企业增加资本金的投入。专项奖励标准最高为高级管理人员和技术人员本人上年已缴纳个人工薪收入所得税的 80%，但是类似的政策近年来已经停止执行。一些外资研发机构反映这些政策停止后，并没有类似的政策能够对外资研发机构引进高级人才进行支持。

六是科技人才的评价与认定不足。我国对外资企业的人才培训及资格认定不足，尤其是科技人才，因外资企业缺乏与国内政策对接的人事机构，虽然科技人才技术能力较强，但无法通过企业认定高级工程师等资格，对人才的培养不利。

此外，国内大气环境等方面存在的问题，使得外资研发机构在留住外籍员工和吸引高端人才方面遇到一些阻碍。

（二）对高新技术企业认定税收优惠政策利用不足

我国高新技术企业认定政策实施以来，在改善创新环境、激励企业创新方面发挥了重要作用，已成为我国一项重要的创新激励制度。截至 2017 年底，全国高新技术企业达到 13.0632 万家，营业总收入达到 3183.74 亿元。[①] 高新技术企业成为加快产业结构调整、促进经济提质增效的骨干力量。

从数量增长情况来看，2009~2012 年，外资高新技术企业的数量呈现逐年上升态势，但是相比内资企业，外资高新技术企业在全国高新技术企业中的数量比重却是逐年下降。从 2009 年的 17.64% 下降到 2012 年的 15.68%。从企业数量的增速上看，虽然数量逐年增长，但增长率由 2009 年的 76.58%，下降到 2012 年的 10.82%。而从内部结构来看，港澳台商外资高新技术企业在全部外资高新

---

① 科技部火炬中心.2017 年全国高新技术企业主要经济指标［EB/OL］.2017，http：//www.ctp.gov.cn/kjfw/tjsj/201810/e0758762d37442299dd3abab5ba17589.shtml.

技术企业中所占的比例由 2009 年的 38.54% 提升到 2012 年的 57%，而外商投资高新技术企业在全部外资高新技术企业中所占的比例逐年下降，由 2009 年的 61.46% 下降到 2012 年的 43%。从增速上看，外商投资高新技术企业 2009 ~ 2012 年的增速分别为 18.86%、15.01% 和 – 18.77%。

高新技术企业认定税收是一项普遍适用的政策，是在 2008 年内外资统一企业所得税率后，是我国目前行业性税收优惠政策中涉及面最广、受惠企业数量最大的优惠政策。其主要目的是激励企业加大研发投入、促进创新，只要符合条件的企业，包括外资研发机构在内，都可以申请认定为高新技术企业，并享受相应的税收优惠。在实践中我们也看到，相当数量的外资企业由于被认定为高新技术企业而享受到了税收优惠。

但是，从总体上看，外商投资企业在全国高新技术企业认定中的比重呈现下降趋势。也有相当数量的外资研发机构反映，由于外资研发机构的特殊性，使它们难以达到高新技术企业认定的条件。主要原因包括：一是知识产权不在我国国内。大型外资公司的知识产权大部分都不在我国境内申报，权利人多为国外控股公司或者个人，外资研发机构的知识产权一般由母国公司所掌握，知识产权由总部统一管理，这样就造成了中国境内外资公司没有知识产权，它们难以达到高新技术企业认定需要拥有自主知识产权的条件。二是研发活动在我国境内完成得较少。一些外资研发机构的研发活动主要在国外完成，它们在境内主要从事面向市场的技术改造和服务工作，我国境内的外资企业通过对外支付研发费用的方式获取境外的研发成果，从而造成这些外资公司研发费用不符合我国高新技术企业认定管理办法规定的 60% 的研发费用要在中国发生，从而不具备申请高新技术企业的资格。三是人员比例不符合规定要求。许多生产性大型外资公司由于技术工人数量较多，使得大专及以上学历员工和研发人员比例不符合要求，达不到我国高新技术企业认定所要求的大专以上学历的员工需要占企业总人数的 30% 以上，其中研发人员需要占总人数的 10% 以上的条件。四是研发费用的标准设置僵化。有的外资研发机构反映，仅以研发费用占销售额的比例为判定标准存在不合理之处，而决定销售额的因素比较复杂，并随市场波动，而研发费用往往是根据研发活动的需要而不是以销售情况为导向而发生的。这样的评价标准存在一定的不合理性。比如，有的外资研发机构每年研发投入也较大，但是由于公司销售收入更大，很难达到要求的研发投入/销售收入比例，因此，应区分不同的产业和企业规模执行相应的政策。对于资本和劳动密集型企业来说，销售收入中很大一部分是原材料和人力成本，企业利润率低但是研发投入相对于利润来说数额庞大，研发投入对于促进技术创新和产品更新换代是非常必要的，但是不能被认定为高新技术企业，无法享受相关的税收优惠。这反映出当前的高新技术企业认定政策对于促进传统产业转型升级支持不够。

从高新技术企业认定政策的出发点来看，其本身是符合外资研发机构特点的。2016 年修订的高新技术企业认定管理办法，进一步放宽了认定条件，对于外资研发机构来说应该更为有利。比如取消具有大专以上学历科技人员占企业当年职工总数 30% 以上的要求，改为从事研发和相关技术创新活动的科技人员占比不低于 10%，使外资研发机构更容易达到相关的要求；将小企业的研发费比例要求由 6% 降至 5%，也在一定程度上能够满足外资研发机构的条件。而且放宽了获取知识产权的时间条件，更加有利于引导企业行为。

从以上分析可见，高新技术企业认定对于外资研发机构最主要的条件是对自主知识产权的限制。很多外资研发机构虽然从事的也是高价值的研发活动，从人员、投入等方面都能够满足高新技术企业认定的条件，但是由于知识产权管理的问题而缺乏与核心业务相关的知识产权，使他们难以达到高新技术企业认定所需要的拥有自主知识产权的条件。

（三）对研发费用加计扣除政策利用不足

研发费用加计扣除是我国一项普惠性政策，是指按照《企业所得税法》规定，企业的研究开发费用除了当期的费用可以据实扣除之外，还可以加计扣除 50%，即按照 150% 的比例实行扣除。我国研发费用加计扣除政策与世界其他国家相比较比例已经较高，在过去几年对企业的研发活动起到了很大的推动作用。根据 2017 年全国科技经费投入统计公报①，2017 年，我国研究与试验发展（R&D）经费投入强度为 2.13%，比上年提高 0.02 个百分点。研发费用加计扣除政策的实施，对促进企业创新发挥了重要作用，内外资企业只要满足相关条件，都能够享受这一优惠政策。

从政策实际执行效果来看，也有大量外资企业享受到了加计扣除的税收优惠政策。以镇江为例，据不完全统计，该项政策实行三年多以来，镇江市区外资企

---

① 国家统计局，科学技术，财政部. 2017 年全国科技经费投入统计公报［EB/OL］. 2018 - 10，http：//www. stats. gov. cn/tjsj/zxfb/201810/t20181009_ 1626716. html.

业实际享受研发费用加计扣除优惠的企业有 46 户，其研发费用税前加计扣除金额达 10282.97 万元，占其全部应纳税所得额 395584.75 万元的 2.6%。2010～2012 年，东莞市在国税部门享受研发费加计扣除的纳税人户数分别为 42 户、51 户、95 户，享受加计扣除金额分别为 1.29 亿元、2.61 亿元、5.15 亿元，呈现逐年上升态势。其中内、外资企业基本平分秋色，内资企业略占优势。

但是，外资企业也由于种种原因，难以享受到研发费用加计扣除政策。有一些企业，尤其是外资企业和有些特殊生产工艺的企业，其研发项目在企业内部是高度商业机密，其研发成功与否关系到企业未来的发展。一旦其申报加计扣除，势必会向税务机关、科技部门公开相关资料，有可能造成技术外泄，其造成的损失可能远远大于加计扣除带来的收益，这部分企业有可能选择放弃研发费加计扣除政策的适用。同时，实施加计扣除税收优惠政策必然会导致当地政府即期税收的减少，部分企业受地方政府干预，被迫降低申报加计扣除优惠的意愿。此外，由于外资研发机构主要从事技术开发和服务活动，很少开展产品销售等经营活动，因此也无法享受加计扣除的税收优惠政策。有些外资研发机构反映，当前加计扣除范围仍较小。研发费用的归集也存在一定的不合理之处，按照研发费用归集的要求，对于研发过程中实际发生的部分费用，如差旅、招待等，不允许 50% 加计扣除。原则上，这些费用也是因为研发而实际发生的。另外，由于企业与成果转化和产业化相关的成本较高，希望试产成本能够算作研发费用。外资研发机构反映的问题本身也是很多企业反映的问题，本身是加计扣除政策需要不断调整、完善的方面。

2015 年，针对政策实施过程中出现的一些问题，我国对研发费用加计扣除政策进行了调整，进一步放宽享受税收优惠政策的研发活动范围，除了规定那些不宜计入的研发活动之外，其他的都可以作为加计扣除的研发活动纳入优惠范围里，扩大了享受加计扣除税收优惠政策的费用范围。在原来允许扣除费用的范围基础上，又将外聘人员劳务费、试制产品检验费、专家咨询费、高新科技研发保险费以及与研发直接相关的差旅费、会议费等，也纳入了研发费用加计扣除的范围。简化了对研发费用的归集和核算管理，明确企业符合条件的研发费用可以追溯享受政策，同时减少了审核程序。可以说，加计扣除政策的调整，使企业更容易、更方便地得到税收优惠，操作更加简便明了，便于外资研发机构享受相应的优惠政策。

（四）对产学研结合的优惠政策激励不足

促进产学研合作是发挥外资研发机构外溢效应的重要途径。产学研合作是企业、高校和院所共同的需求。目前单纯依靠公司自身实力很难维持高水准的研发机构运转，而且企业研发人才毕竟是稀缺的，在现阶段很难进行纯粹学术的研究，但是许多方面的技术需求又都要求有研发人员专心进行研究，才能支持研发机构向更高层次发展，所以开展高校、科研院所与企业的合作是满足企业技术需求的重要渠道。但是，我国目前针对鼓励外资研发机构开展与高校、科研院所合作政策还比较少，激励明显不足，外资研发机构同国内的高校、研究机构联系渠道仍然较少，联合研发和资源共享的渠道与机制有待进一步完善。

还有的外资研发机构反映，在与国内高校中的实验室进行合作时，校方和学院层层收取远远超过国外同类大学的管理费，实验室实际可支配科研经费很少，从而导致合同经费甚至超过国外同类项目合作金额，造成跨国公司国外总部形成和我国高校合作性价比不高的认识，不利于产学研合作。

（五）对外资研发机构的激励支持政策有待加强

一是对外资研发机构的总体支持政策有限。很多外资研发机构认为，当前政策越来越多地向国内企业倾斜，港澳台资企业和欧美企业一样，支持较少。对外资研发机构设立以及运行的税收优惠减免政策有待加强，期望能够给外资企业更多的政策优惠，比如企业税收、侵权保护、技术转移、资金支持等。通过政府出台相关政策，在各领域内设立一些特定中外合作项目，鼓励外资企业能够参与。在对新技术产业化应用推广过程中，也建议外资研发机构能得到税务、银行、海关等政策支持。

二是在进出口政策方面应进一步加大支持力度。我国对研发机构进口设备支持力度不够，对研发机构自购高精度的设备或仪器的补贴优惠力度不够，造成研发机构或企业资金压力很大，汇率损失没有补救补贴，进口耗材的减免税较难。我国的技术进出口虽然实行分类管理，但《中国禁止出口限制出口技术目录》中的技术名称和控制要点还需要更详细具体，以便于操作；另外目录应及时更新，去掉不再属于禁止和限制的技术类别。外商独资研发中心被获准进口设备减免关税的资格，在货物入关时享有免税政策，但免税流程却仍旧是先缴纳相关税金，然后经检验才能再实行申报退税。这样的流程大大增加了入关的时间成本，也不利于提升资金使用效率，因此免税流程有待进一步简化。

三是外资研发机构在国内还面临融资难、融资成本高的问题。外资研发机构本身就是高风险的投资，前期资金投入巨大，对于研发机构的融资和贷款方面缺乏相应金融配套政策。由于研发投入大，缺乏不动产，很难贷到款。

八、促进外资研发机构创新和发展的服务与管理存在不足

（一）对外资研发机构的服务有待进一步加强

一是进出口服务有待加强。部分外资研发机构认为，关键设备进口时间过长，研发机构进口国外设备所需的证明文件较多，报关程序复杂多变，手续烦琐，影响研发的时效性，无法适用"研发中心"运作。

二是研发样品出入境的流程有待进一步简化。科研器材/实验样机的进出口手续烦琐，速度慢。例如，在科研中用到处方药和管制药物，审批手续烦琐或无相应审批流程可用。开发样品车辆（基本上不能作为可销售整车产品在市场上销售）进、出口管理手续繁杂、海关监管流程要求（车辆在国内存在的时间周期最长不得超过6个月，需要出关再进关）使得这些机构难以直接承接国外客户委托进行的整车开发工作。针对研发中心的非贸易项下的进出口规定应进一步完善，完善试验用车登记规定的统一性以及明确性等。临床样本是体外诊断试剂研发和质控工作的必需条件，但目前受国家政策对样本买卖的禁止，获得有用样本的难度非常大。另外，分析样品的寄送不能进行，相关企业不能进行跨国样品分析的接单。

三是我国对于外资研发机构的信息服务滞后。外资研发机构得到关于鼓励发展技术外包服务和技术创新的优惠性政策与资金资助的信息少，渠道有限，得到消息的时间有时会相对滞后，研发投资信息咨询不到位。促进各种科技信息交流和成果转化的技术公共服务平台比较少，区域内高校科技人才信息库等不完备，人才和科研设备资源共享不够。

四是我国的技术创新服务平台，包括检验检测以及技术服务等，对于外资企业以及港澳台资企业开放不够，使它们难以利用当地的公共技术服务，对公共研发平台（包括科研院所）的资源共享还存在很大困难。另外，整机及零部件试验检测体系还比较薄弱。

（二）对外资研发机构开展活动缺乏有效管理

一是我国对外资研发机构活动的监管还存在不足，缺乏有效监管程序和制度设计，缺乏有效的执行力。首先，对信息和情报的保密程度不够。一些跨国公司通过在我国设立的研发机构开展公益性的科研活动，并通常利用这样的机会收集相关数据与信息，比如人口健康和病理数据等，但是我国目前对相关数据和信息的监管存在不足。其次，一些外资研发机构通过设立合作基金与国内科研机构及高等学校开展研究合作，由于其中的知识产权管理以及技术秘密管理不够，使合作方往往能够用较少的合作经费利用我国长期积累的科研资源、数据库等，甚至通过人员合作取得长期以来通过财政经费支持取得的科技成果，造成科技资源的流失。

二是我国国家或地方对于设立外资研发中心提出的门槛过高。外资研发机构不容易满足各项指标要求，我国对企业内设研发机构支持力度较小，尤其是很多政策对企业内的研发机构要求是独立法人，这对一般企业尤其是大型企业来说很难实现。

三是我国行业管理缺乏协调和规范，政策审批程序较复杂，同时起点太高，申报成本高。研发过程中各种税费较多，标准变化频繁、负担重。行业技术发展缺少规划、引导，行业技术资源稀释，国家节能减排急需的新产品得不到及时的开发，行业组织因职能不到位和被政府相关部门边缘化而无法履行行业管理协调的职能。

四是对科研成果的管理过于重视专利，忽略了其他非专利技术及技术诀窍的评价。科技评价体系和项目过于注重形式，但国外企业与国内企业的管理方式和组织架构不尽相同，使得一些考核项目在我国可行，而实际上外资企业却很少设置。

第七章　促进外资研发机构
创新发展的有关建议

外资研发机构已成为我国国家创新体系的重要组成部分，也成为国际外商直接投资的主要渠道之一。吸引外资研发机构进入并积极发挥外资研发机构的作用，是我国实现利用外资从"量"的提高到"质"的提升、提高利用外资综合效益的重要方向。目前，世界各国围绕着吸引外资研发机构进入展开了激烈的竞争。我国应顺应国际经济、科技发展环境的变化，进一步改善创新和政策环境，提升对外资研发机构的吸引力，并引导外资研发机构更好地发挥作用。多数研发机构希望能够享受国民待遇即可，也有很多研发机构希望能够得到科研资金以及人才引进方面的支持，希望能够打造公平竞争的市场环境。

一、明确功能定位，把外资研发机构作为
打造全球创新中心地位的重要载体

形势发展要求我国打造全球创新中心甚至研发中心地位。当今，全球创新格局新版图加速形成。美国长期保持全面领先地位，德国、日本、英国等在高科技领域形成突出优势，以色列、韩国等表现出较强的创新活力，以中国为代表的新兴国家创新能力快速提升，重点领域加速赶超，全球创新格局深度调整。世界创新格局加速从"单极"向"多极"转移。2001～2011 年，美国占全球研发投入总量的比例由 37% 降至 30%，欧盟从 26% 降至 22%，而东亚、东南亚和南亚经

济体的比例从 25% 升至 34%。① 亚洲的专利申请量和商标申请量占全球的比重分别从 45.1% 和 25.7% 上升到 47% 和 37.2%。② 新兴经济体加速向产业价值链中高端攀升，推动国际产业分工深度调整。过去 20 年，中国高新技术产品出口额占世界的比例从 6% 提升到 37%，成为全球最大的高新技术产品出口国。③

我国已成为世界第二大经济体，要实现"两个一百年"奋斗目标和中华民族复兴的伟大梦想，迫切要求在科技创新方面实现由科技大国向科技强国的迈进，也迫切要求我国实现由世界制造工厂向全球创新中心的转变。综合来看，全球科技创新中心是世界新知识、新技术和新产品的创新源地和产生中心之一，是全球创新要素的集聚地和全球创新网络的枢纽性节点，对全球创新活动和产业发展具有强大的影响力和辐射力。从主体看，全球创新中心的转移往往是伴随着经济、科技实力的转移进行的。从空间演替看，随着科技全球化的深入发展和国际政治经济格局的变动重组，全球科技创新中心正呈现由西向东的发展趋势，在亚太特别是东亚地区，正加速形成全球影响力，加快向科技创新中心演进。

高端创新要素的系统性东移正成为全球创新格局演变的重要趋势。进入 21 世纪以来，新一轮科技革命和产业变革孕育兴起，世界政治经济格局正在急剧调整和变化。亚洲在全球生产网络中的枢纽地位已经确立并将继续巩固，在世界经济空间体系中正从边缘向核心区域过渡。随着中国、印度等金砖国家的快速发展，全球高端生产要素和创新要素正加速向亚太板块转移。

任何科技创新中心的兴起都是时间和空间因素交互作用的结果。从空间演替规律看，人类历史上共发生了五次创新资源跨国大转移，每次转移都会在新的区位造就新的科技创新中心，并引起国际政治格局中的大国消长和霸权更迭。例如，从 18 世纪晚期开始，法国迅猛吸收英国先进科技成果，极大推动了自身重工业发展，使其崛起为"日不落帝国"之后的第二个全球性帝国。19 世纪中后期，德国通过学习英法的生产技术和基础科学，创办专科学院和大学，开创教

① 柯正言. 努力建设世界科技强国［N/OL］. 人民日报，2015 – 10 – 28，http：//opinion. peo-ple. com. cn/n/2015/1028/c1003 – 27748983. html.

② 薄贵利. 强国宏略——国家战略前沿问题研究［M］. 北京：人民出版社，2016.

③ 佚名. 中国高科技产品出口额占全球市场 37%［EB/OL］. 中国新闻网，2014 – 04，http：//www. chinanews. com/cj/2014/04 – 04/6030842. shtml.

学、科研相统一的高教体系，直接促成了以电气化为特征的第二次技术革命，并逐步取代法国成为全球科技创新中心。20世纪以来，美国积极应用移民政策吸引大量的科技人才贡献本国科技、经济发展，促使了以原子能、计算机、空间技术、微电子技术为代表的第三次技术革命，从而成为新的全球科技创新中心并一直引领世界科技进步。

跨国公司研发机构的全球布局，已成为推动全球创新中心形成的重要力量。当前，中国、印度、韩国等已成为跨国公司全球研发布局的重要热点地区。不少跨国公司在华研发机构已成为其全球研发网络的核心节点和"卓越中心"，从事着当今世界最前沿的技术开发和最基础的科学研究。比如，世界著名医药公司诺华制药在上海张江的研发中心，是与其美国、欧洲研发中心形成均势的全球研发的第三极；通用电气中国技术中心是其在全球的三大研发中心之一，目前每年的研发支出中有20%左右用于从事产品制造技术、电子光学系统技术、医学成像和新材料等技术的基础研究。[1] 高端要素的系统性东移为亚太孕育全球科技创新中心提供了机遇。在全球高级要素呈现系统性东移的趋势下，亚洲必将诞生一批世界级的科技创新中心，从而重构世界政治、经济和科技版图。

从本质特征来看，全球创新中心是全球创新资源集聚的地区，跨国公司研发投资既是全球创新资源的载体，也推动着全球创新资源的集聚。我国应以打造全球创新中心为目标，适应全球创新中心形成和发展的规律，把跨国研发投资集聚和发挥资源导向作用作为出发点，把引进和发展外资研发机构作为重要载体，加快我国的全球创新中心地位的建设。基于这样的考虑，外资研发机构就不仅是我国要利用的一种创新资源，更重要的是我国建设全球创新中心所不可缺少的一种重要力量。加强外资研发机构所代表的全球创新资源向我国的集聚，通过外商直接投资和对外直接投资形成国内外创新资源的交融与互动，是构建我国未来全球创新中心的关键。

在国家创新体系建设过程中，应该加强促进外资研发机构创新发展的统筹谋划，把外资研发机构作为国家创新体系建设和全方位开放战略的重要组成部分，在全面深化改革的大局中谋划外资研发机构的创新发展。对于外资研发机构在国

---

① 杜德斌．"大洗牌"前夜：第5次创新资源跨国大转移看亚洲［EB/OL］．网易财金频道，http：//money．163．com/14/1014/09/A8GNBSO500253B0H．html#from＝relevant#xwwzy_35_bottomnewskwd．

家创新体系中地位的认识，不能只看其资本属性，更主要的要从产品或技术的先进性、知识产权归属、目标市场以及研发人员等方面来看其所能够发挥的作用，切实地鼓励那些对于国家创新体系建设有意义的外资研发机构。加强外资研发机构的调查研究，充分了解外资研发机构的发展现状和政策需求。要在系统梳理现有支持外资研发机构的政策措施的基础上，及时研究出台《促进外资研发机构融入国家创新体系的指导意见》，进一步明确外资研发机构在国家创新体系中的定位、作用和支持措施，大力促进内外资研发机构的互动融合发展。

二、以研发投资带动外商直接投资深植我国，提高利用外资综合效益

我国是世界制造业大国，承接世界产业转移是我国成为世界制造大国的重要原因。外商直接投资在世界产业转移中发挥了重要作用。改革开放以来，我国吸引的外商直接投资快速增加。联合国贸易和发展会议公布的《全球投资趋势报告》数据显示，2014 年，我国成为全球外国投资的第一大目的地国，吸引外商直接投资达到 1280 亿美元，也是中国自 2003 年以来首次超越美国跃居世界第一。美国仅为 860 亿美元，下跌近 2/3，排名第三。我国虽然吸引外商直接投资居于较高水平，但是由于成本提高等因素影响，传统的制造业加工竞争优势在下降，世界产业转移呈现进一步向欠发达国家转移的迹象。越南、印度尼西亚等承接产业转移的竞争力进一步提升。而且金融危机之后，发达国家进入再工业化进程，未来十年可能是发达国家再工业化、试图再塑制造业制高点的十年。时任美国总统奥巴马在国情咨文中强调，为了让美国经济"基业长青"，美国必须重振制造业，并表示将调整税收政策，鼓励企业家把制造业工作岗位重新带回美国。外商直接投资是推动产业转移的重要力量，尽管可以认为发达国家制造业的回流对我国制造业发展并不会产生根本性的影响，但是，制造业的转移对我国长远发展会产生重要的影响。比如，目前一些中国制造业企业开始将研发和部分制造岗位转向美国，如万向集团和华为，希望用这种方式加快高端制造业的升级。而另一些企业通过将低端加工环节转移到成本更低的越南等地，对我国制造业大国地位都将产生深刻的影响。

在利用外商投资的同时，如何使外商投资及相关的产业在国内"根植"，成为我国保持未来长远发展竞争优势的关键。从外资在东道国的"黏性"来看，金融资本低于实业资本，而实业资本低于研发投资。金融资本的典型特征就是高度流动性，根据世界经济和金融形势的快速流动，或者说高度流动性本身就是金融资本在国际流动的前提，如果不保证流动性，金融资本不可能投资进入我国；而实业资本本身是绿地投资，虽然在国内建厂投资，表面上有实物资产留在东道国，但是在当今知识经济的价值衡量体系中，实际上实物资产的价值很低，而且多数跨国公司在东道国采取租赁而不是置业的方式开展活动，一些国家的外资企业在撤资时甚至采取什么都不要"一夜消失"的办法，可见，所谓的实物资产对于跨国公司来说意义并不大。而在当今全球化的时代，智力资产是第一资源，外资只有形成对东道国创新资源的深深依赖，才会实现真正的"根植"。美国和欧洲的交流从历史上来看就是很融合的，各国的跨国公司到美国开展创新活动，正是由于美国具有全球领先的创新优势，各国的跨国公司虽然有东道国的属性，但是一些创新活动离开了美国，就会失去竞争的优势，这就是美国创新资源和创新生态所形成的独特优势。如果没有创新的核心吸引力，不论是哪种形式的外资，都只能是"过客"。因此，吸引跨国公司研发投资、促进外资研发机构创新发展，是经济科技全球化条件下能够使外商投资在国内生根发芽的根本途径。

当前，我国在引进跨国公司研发投资上具有相对优势。我国拥有雄厚的制造业基础，较为完整的工业体系，科技人力资源居全球第一，拥有完整的学科优势，基础研究实力强。更重要的是，我国拥有广阔的国内市场，而且正处于开拓之中，国内市场消费需求的释放是我国未来经济增长的最大动力，为创新产品应用提供了广阔的空间。一方面是广阔的市场，另一方面是我国正在掀起的创新创业热潮，为外资研发机构汲取创新营养、实现创新发展提供了良好的机遇。近年来，跨国公司在我国设立的外资研发中心越来越多，这些研发中心甚至成为全球的研发创新中心，为全球创新服务，而跨国公司在我国设立研发中心，显然是经过综合比对亚太国家，包括日本、韩国、新加坡等进行选择的结果。我国应充分认识到当前面临的研发国际化发展趋势以及我国所具有的优势和机遇，采取积极的吸引外资研发机构的政策和措施，创造良好的创新生态环境，通过外资研发机构的发展，使外商投资真正地在我国落地生根。

跨国公司在国外设立外资研发机构，不仅是其自身发展的需要，更受到东道国创新资源和环境的影响，因此，东道国创新战略对于跨国公司的研发投资决策发挥着重要的作用。在调研中，外资研发机构一致反映，东道国对于科技创新的态度和战略直接影响着跨国公司设立外资研发机构的决心。我国正是有了《国家中长期科技发展规划纲要（2006～2020 年)》，提出了建设创新型国家的战略目标，同时对激励创新采取了一系列的配套政策和措施，以及党的十八大提出了实施创新驱动发展战略的重大决策，这些战略目标的提出，使外资研发机构坚定了在我国投资发展的决心，正是由于我国依靠科技创新实现转型发展的预期，使跨国公司看到了我国具有较大的科技创新空间，会形成较好的科技资源、创新成果以及创新环境改善的预期，对创新资源会产生集聚效应，从而使跨国公司能够更多地汲取创新的营养，才会有更大的动力在我国投资研发。

从以上认识来看，我国对外资研发机构的态度不能仅限于发挥其有利影响，而限制其不利影响，而应更多地把外资研发机构看作是我国利用国际创新资源、打造全球创新中心以及推动我国转型发展的一个重要的途径。在总体上，采取"鼓励设立、规范管理、强化合作、促进溢出"的思路推动外资研发机构发挥国家创新体系建设中的重要作用。

三、以完善市场运行机制为重点，改善外资研发机构运行环境

从客观上来说，外资研发机构是国家创新体系的重要组成部分，无论是否认同，外资研发机构在我国开展的研发投资，都会通过人员交流、创新合作、创新成果等与国家创新体系的其他部分相互联系、相互作用，从而形成创新整体。只不过从操作层面上，是否能够认识到这一客观形势，而采取内外资相区别或统一的政策。当前，应以深化改革为契机，进一步营造公平竞争的市场环境。

（一）放宽行业市场准入，营造公平竞争的市场环境

从世界各国发展趋势来看，进一步放宽市场准入，为外资研发机构进入和发展开拓空间，是吸引和利用外资的重要途径。当前，我国一些行业的垄断性较强，在限制了外资进入的同时，也限制了民营资本的进入，在很多领域存在着市场准入的限制。另外一些行业进入门槛过低，缺乏必要的技术标准等限制，同质

化竞争严重。为此，应进一步加快推进垄断性行业改革，放开自然垄断行业竞争性业务，建立鼓励创新的统一透明、有序规范的市场环境。切实加强反垄断执法，及时发现和制止垄断协议和滥用市场支配地位等垄断行为，有效防止不利于竞争的市场垄断行为，为中小企业创新发展拓宽空间。打破地方保护，清理和废除妨碍全国统一市场的规定和做法，纠正地方政府不当补贴或利用行政权力限制、排除竞争的行为，探索实施公平竞争审查制度。

改革产业准入制度，制定和实施产业准入负面清单，对未纳入负面清单管理的行业、领域、业务等，各类市场主体皆可依法平等进入。提高产业进入技术标准，限制高能耗、高污染企业，发展市场体系，为技术创新创造良好的市场环境。

（二）为创新产品进入市场创造条件

完善我国创新产品进入市场的准入制度，为外资研发机构以及各类创新主体的创新产品进入市场创造条件。应改进新技术、新产品、新商业模式的准入管理，破除限制新技术、新产品、新商业模式发展的不合理准入障碍。对药品、医疗器械等创新产品建立便捷高效的监管模式，深化审评审批制度改革，多种渠道增加审评资源，优化流程，缩短周期，支持委托生产等新的组织模式发展。对新能源汽车、风电、光伏等实行有针对性的准入政策。改进互联网、金融、环保、医疗卫生、文化、教育等领域的监管，支持和鼓励新业态、新商业模式发展。

（三）强化知识产权保护

知识产权保护体系是否完善是跨国公司选择离岸研发目的地时考虑的重要因素之一。发展中国家普遍存在知识产权保护体系弱的问题，只有少数在这方面有所改善的发展中国家才是跨国公司海外研发投资选择的重点区域。强化知识产权保护，一是应进一步完善知识产权保护相关法律，完善配套政策体系和市场环境，加强知识产权的创造、保护和运用，把知识产权管理落实到技术、经济、贸易管理等各有关部门的工作中。二是要培养全民知识产权意识，提高个人和企业知识产权保护意识，引导企业提高运用、管理和保护知识产权的能力，建立专业人员可以自由发挥所长的激励机制。三是加强打击剽窃知识产权的企业及个人力度，加强保护知识产权的执法力度，对仿冒、山寨公司商标及产品的行为进行严格打击与管理，加强取缔侵犯知识产权的司法及行政体制建设，推进知识产权民事、刑事、行政案件的"三审合一",积极发挥知识产权法院的作用,探索跨地区知识产权案件异地审理机制,打破对侵权行为的地方保护。健全知识产权维权援助体系,将侵权行为信息纳入社会信用记录。四是在强化知识产权保护制度的同时,可针对创新主体的特殊需求,建立知识产权特别审理、维护、执行机制,并加大对外资研发机构提供知识产权信息、知识产权救济等服务力度,提高我国知识产权保护制度的透明度。五是在加强知识产权保护的同时,充分借鉴国际经验,制定防止跨国公司滥用知识产权制约国内创新的规范政策,增强我国企业主动参与知识产权规则制定的能力。

(四)改善投资环境,为跨国公司提供良好的软硬件环境

在基础设施方面,电信等通信设施的改善对于跨国公司离岸从事研发非常重要。除了要给予外国企业在华研发活动所需的各种原材料、仪器和设备等进出口税收优惠,还应在研发设施的提供、研发资金的筹措和研发项目的开展等方面给予优惠条件,在科研硬件措施上提供保障,在科研设备、仪器、实验室、科研信息平台等方面保证研发机构创新能够顺利进行。此外,应创造良好的制造基地氛围,形成集聚效应。

在软环境方面,要提高服务效能,把提升软环境作为着力点,强化科技服务。进一步避免和改变我国产业发展中存在的重复建设、散乱局面。完善新能源汽车等基础设施,为创新产品应用创造良好环境。完善配套设施,支持外资研发机构组织开展围绕产业创新的对接活动,建立产业链中上下游研发平台、产业化平台并促进各研发机构之间的交流,完善为外资研发机构技术合作和成果转化服务的工作平台。

四、强化政策支持,引导外资研发机构
提升创新能力和水平

鼓励和引导外商特别是大型跨国公司在我国开展更高技术水平、更高附加值含量的加工制造和研发。将吸引外商研发投资的政策重点由以往的注重数量引进向注重质量提升转变。鼓励和引导外资研发机构在巩固其当前研发业务的基础

上，积极从事更高水平的研发活动，从目前以针对中国市场的适应性、专门性研发活动为主，变为更多地从事供母公司在全球市场应用的创新性、前瞻性研发活动。根据外资研发机构特点和创新发展需求，制定有针对性的政策，从财政补贴、税收优惠、奖励、金融支持、进出口和产业政策等方面，引导外资研发机构提升功能，促进外资研发机构引进先进技术和成果转化。

（一）加强对外资研发机构开展研发活动的支持

根据外资研发机构创新发展的需求，设计精细化的财政资助计划，借鉴日本、新加坡、韩国经验，设立专项资金，对外资研发机构进行资助。重点包括以下几个方面：

一是对跨国公司在华设立高附加值、具有较高创新潜力的外资研发中心进行初始投资的支持。符合条件的跨国公司都可以进行申请，资助的费用包括调查设计费、设施费用、设备费用、设施租赁费用等，对于在西部地区设立的外资研发机构可适当提高补助标准。

二是开展就业资助。只要有创造长期、全职的就业机会就可享受到该资助，具体资助数额取决于项目位置、投资额、业务与雇员技术水准等，水准越高资助也越高。通常资助额按就业人数确定平均标准。

三是新技术培训资助。鼓励新技术、新产品、新工艺流程的应用及开发和新服务方面的人力资源培训，在华注册的企业参与新兴技术、技能研发培训、起步培训时，均可申请该计划的资助，包括受训员及培训员的工资、生活费津贴、机票、课程费用等。

四是创新发展资助。面向在华注册的外资研发机构，以资助形式承担所批准和各项目中一定比例的开销，包括人工、设备材料、专业服务、技术转让、版税等费用，主要是协助、推动从事制造业和服务业的企业在我国进行研发活动。

（二）加强普惠性政策支持，引导外资研发机构增强创新能力

以加强科技政策与经济政策结合为重点，引导外资研发机构更多地开展创新活动和提升创新水平。应进一步明确我国科技政策的目标，按照公平、普惠的原则，引导各类创新主体不断提高创新能力和水平。针对外资研发机构及外资企业提出的相关税收优惠政策问题，应加强宣传和解释工作，加强与国际惯例和规则的对接，明确要求，使之成为吸引外资企业提升创新能力的真正推动力，引导外

资研发机构更多地开展研发活动和知识产权活动。

加大对研发投入的支持力度，适当扩大研发费用允许抵扣的支出范围，比如研发人员的社保及福利费、研发使用的房屋折旧、研发材料的进项税等与研发直接相关的支出，可考虑纳入到研发费用中一并抵扣。另外，应统一研发费用核算标准，特别是研发费用加计扣除中的研发费用核算标准应与高新技术企业认定的研发费用标准一致，减少企业在申报加计扣除时的工作量，同时也可节省重新出具加计专项审计报告的费用。

进一步简化研发费用加计扣除、高新技术企业认定等手续和程序，降低企业享受相关优惠政策的门槛。

对于外资研发机构由于缺乏销售收入而难以享受到加计扣除的所得税优惠政策问题，应进一步明确科研院所或研发服务业的优惠政策支持，使之通过机构性质认定能够享受到其他的创新优惠政策。

（三）提升外资研发机构创新能力

结合技术创新工程等的实施，加大对创新型企业的引导力度，鼓励企业走创新发展道路。一方面，加大对中小企业创新支持力度；另一方面，借鉴新加坡"先锋企业"经验，对外资研发机构按照一定条件进行认定，对于我国产业发展急需、具有较高创新能力的外资研发机构从事科技创新的先进科研项目，则可享受一定的优惠支持。通过认定，扶持贡献大、市场竞争力强、技术力量突出的企业，起到标杆和示范作用，在管理上可引入标杆企业升降级制度，不追求每年入选标杆企业数量。

设立标杆企业的条件之一是外资研发机构应为独立注册企业。外资研发机构如果能够作为独立的法人机构运行，与外部的创新合作和联系就会自然紧密起来。我国应进一步强化对作为独立运营机构的外资研发机构的支持，引导跨国公司更多地设立具有独立法人地位的研发机构，比如对研发机构的普遍支持和政策引导等，使跨国公司认识到设立独立的研发机构并真正地开展研发创新活动对跨国公司是有利的。

对外资研发机构建立面向行业服务的技术服务平台，应视同内资企业或其他科研院所建立的技术服务平台，进行同等支持。鼓励外资研发机构或联合研发机构参与国家工程（技术）研究中心、国家工程实验室、国家重点实验室资质认定，鼓励在华跨国公司及其研发中心设立博士后科研工作站。

（四）加大对外资研发机构的奖励

与补贴、认定等支持手段不同，奖励是对外资研发机构开展研发创新活动、发挥正外部效应的一种认可和引导，能够直接体现出国家对于外资研发机构应发挥作用的期望和意图。支持民间组织设奖，对外资研发机构重大研发成果和创新成效、重大科技成果在国内的转化实施、先进技术引进到国内使用以及解决我国产业发展瓶颈制等重大技术创新活动，给予奖励以及资金扶持。还可对取得的重要发明专利给予一定的奖励，提高研发机构的创新热情。加大奖励和表彰的宣传力度，引导外资研发机构树立正面的形象。

政府应发挥战略导向、综合协调作用。还应运用政府采购等手段，鼓励外资研发机构提供面向行业的服务。鼓励和吸引跨国公司来华设立生产制造基地、配套基地、服务外包基地、培训基地，发挥技术溢出效应，促进我国企业创新能力的提升。

（五）加强对引进先进技术和成果转化的支持

外资研发机构具有对接先进技术和开放的先天优势，同时也是国内创新资源与国外进行沟通的重要桥梁。通过外资研发机构加强对国外先进技术的引进、应用与扩散，是我国融入国际创新体系的重要纽带。应采取措施支持外资企业引进国际先进技术并在我国推广应用，比如对于研发设备及相关材料在购入渠道上给予优惠，对进口先进技术装备实行免税待遇，对外资研发机构在新能源、绿色能源等先进新兴环保产业领域的技术引进给予专项资金的支持和鼓励，特别是对一些能够直接应用于国内、显著改善我国环保及污染治理水平的技术进行支持。加大对实用新型技术的扶持力度。

完善和落实促进科技成果转化应用的政策措施，实施技术转让所得税优惠政策，用好国家科技成果转化引导基金，加大对外资研发机构新技术、新工艺、新产品应用推广的支持力度，对外资研发机构创新成果在本土转化进行成果转化政策方面的支持，对于高端技术转移和先进技术的应用与推广等采取资金奖励或补助的方式给予支持。对研发外包服务提供更多的技术和资金支持，支持外包服务技术转化为本地科技成果。

进一步完善技术市场，促进外资研发机构技术转移和转化。技术交易是成果转化的一种重要方式，鼓励外资研发机构具有自主知识产权的技术和成果进入技术交易平台等技术市场，通过技术市场取得和转让外部技术成果。

（六）综合采取各类税收优惠措施

2008 年以来，我国实行统一的税率制度。随着经济科技全球化的深入发展，外资研发机构由于主要是研发投资而成为一类比较独特的外商投资形式，对于利用外部创新资源、提升东道国创新能力具有重要意义。从这个意义上来讲，根据外资研发的特点，采取税收优惠措施，吸引外资研发机构进入我国并开展创新活动是十分必要的。世界多数国家为吸引外资研发机构，都充分利用税收优惠措施。

在我国设立的外资研发机构普遍反映应给予一定的税收优惠来促进外资研发机构的发展。可以在完善和推广普惠性税收优惠政策，包括加计扣除政策、高新技术企业认定政策等之外，考虑采取以下税收优惠支持：

一是技术转让减免企业所得税优惠政策。应进一步扩大技术转让的范围，把技术许可、作价入股以及技术秘密转让等纳入技术转让的优惠范围，特别是鼓励外资研发机构将来自国外先进技术在国内的转让。协助企业用好用活企业技术创新政策，简化申报程序。

二是加强对外资研发机构人员个人所得税的减免。对外资研发机构的高级研发人员、设计人员、培训人员可以采用消费扣税的方式来进行个人所得税减免，支持更多的外国专家来我国工作。

三是鼓励进口先进技术与设备的优惠政策。继续执行对外资研发机构科研所需进口设备的免税待遇，对外资研发机构进口研发设备和试剂等可以按比例减征或免征关税，对不在当前目录但确实符合条件的新型设备尽快批准免税申请，鼓励外商投资项目更多地采购国内先进设备和技术，为国内成套装备、先进适用技术创造更好的市场环境。

四是对经认定的外资研发机构科技开发用品免征进口关税和进口增值税、消费税。

五是扩大技术先进企业认定，对外资研发机构开展的创新活动给予支持，被认定为技术先进企业或先锋企业的，给予税收优惠。

六是对于外资研发机构的教育税附加实行优惠政策。

（七）实施金融扶持政策

外资研发机构以知识技术密集型为主要特征，固定资产投入少，在取得金融支持方面处于不利地位，融资难成为外资研发机构在我国开展研发创新活动的重要障碍。世界主要国家为了促进外资研发机构发展，采取措施对外资研发机构的融资给予专门的支持。我国应对实物资产较少的外资研发机构出台金融扶持方面的政策，包括加大科技金融对外资研发机构的支持力度，加大对企业技术创新的信贷支持，加大对科技成果转化应用的支持力度，允许外资研发机构以自有技术进行技术入股甚至知识产权抵押贷款，对农业、环保领域外资研发机构给予政策性融资便利。另外，进一步开放资本市场，鼓励外资研发机构利用我国的创业板、新三板上市融资。国家政策性银行加大对重点骨干制造企业的优惠政策，给予中长期低息美元贷款、外储专项资金贷款，对于建造国内重大海工项目享受出口船舶在进出口银行的优惠利率政策。

（八）完善产业政策

一是明确淘汰落后传统产业的政策并加大执行力度，支持传统产业转型升级。加大对于新型节能减排环境保护项目的支持力度，加强对排放法规的监管力度，对电子元器件、钟表制造、焊接行业、纺机等传统制造业的创新提供有效的政策支持。

二是完善产业链，以创新链带动产业链建设。特别是在一些产业基础比较薄弱的地区，在引进外资研发机构的同时，应注重引进相关材料和技术开发企业，形成产业链衔接配套，鼓励跨国公司来华设立生产制造、配套、服务和培训基地，带动产业整体技术进步。制定鼓励外商投资企业联合国内企业进行研发合作的配套政策，更好地发挥外商投资企业的技术溢出效应。

三是制定促进高技术产业发展的政策。对软件等高技术企业提供优惠促进政策。对于环保产业升级相关产品的开发、应用、出口给予奖励。引导和支持企业新产品开发、试制及产业化工作，鼓励支持优先使用国内领先水平的环境监测仪器、设备或系统。

五、激励外资研发机构培养和使用高端人才

外资研发机构的创新发展，本身需要集聚国内外高端创新人才，而外资研发

机构对于促进人员的培养、交流发挥着重要作用，促进人才流动是外资研发机构发挥在全球创新体系中促进资源和要素交流作用的重要途径，外资研发机构可以成为高层次创新人才与国内对接的重要平台和桥梁。当前，我国在对国内外高层次人才使用上存在很多不足，对国际人才的使用由于涉及人才的国籍、子女安排以及用人单位体制机制僵化等问题，而在实施上面临很多的障碍。应从外资研发机构本身的发展需求出发，积极支持外资研发机构培养和使用国际高端人才，为人才流动扫除障碍。

（一）支持使用国际创新人才

外资研发机构是充分利用海外高端人才的重要渠道，从外资研发机构早期发展来看，使用了一批外籍高端人才，在促进国际创新资源交流上发挥了重要作用。但是近年来，随着外资研发机构设立越来越多，外籍高端人才在外资研发机构人员中所占比重越来越低，这虽然有利于发挥本土研发人才的集聚以及多学科、低成本优势，但是从促进创新资源要素流动、发挥外资研发机构资源开放通道作用的角度来说仍然是不利的。

我国应结合统筹使用国内外高端人才的整体部署，进一步完善激励政策，把外资研发机构打造为使用国际化人才尤其是海外高端人才的重要平台，激励外资研发机构使用集团所属或外部的高层次创新人才到我国工作。对于企业使用国内外高端人才，可根据数量及质量，给予一定的补贴，包括房租补贴；加大对引进高端创新人才使用的个人所得税优惠力度，促进高端科技人才向企业集聚流动。把在外资研发机构工作的外籍高端人才纳入到创新人才计划的支持中来。为了提升高技能外国专家的便利度，考虑实施高技能外国专家的移民制度，为高技能外国专家提供优先的移民待遇。

（二）积极促进使用本土化人才

为发挥外资研发机构在人才培养和示范方面的重要作用，在促进外资研发机构引进海外高端人才的同时，应积极促进人才的本土化，形成合理的人才来源结构。把外资研发机构纳入到我国的人才培养和评价体系中来，对外资研发机构技术人员的职称评定给予支持，方便其技术人员在国内的流动。对优秀团队及个人在省级、国家级层面上进行表彰和奖励。对外资研发机构中达到一定标准和条件的技术研发人员进行适当的补贴，加强研发人员户籍、养老医疗保险等方面政策的衔接，激发这些高技能人才的创新活力，稳定人才队伍。

对外资研发机构享受相关优惠政策支持，如扩建用地，应以其研发活动、研发人员和技术水平作为主要评价标准，而不能简单用缴纳的税收来评判。

（三）鼓励培养高端人才

鼓励外商投资企业提升创新研发人力资源的质量，采取补贴等措施鼓励外资研发机构开展人力资源培训。在用人方面，还应进一步细化政策。考虑到 2014 年在华外国留学生数量超过 30 万人，在京外国留学生数量超过 4 万人，着眼于广泛集聚使用全球优秀人才，建议允许和鼓励持学习类居留证件的外国人在外资研发机构实习和创业，但应加强备案和监管。

借鉴新加坡经验，实施"海外培训计划"，即要求凡资本在千万元以上或雇员在 50 人以上的外资企业，招聘新职员，必须派到投资者或技术先进的外国企业进行实习、培训，其差旅费和生活补助由东道国政府提供。将外语培训包含在服务外包培训补贴范围之内。

支持外资研发机构建立博士后工作站等人才平台，吸引国内外更多优秀人才回归国内。对外资研发机构技术和管理人员参加国际培养给予适当的补贴。

国内的大专院校主动开展更有针对性的课程设计，提高毕业生的素质，特别是借鉴德国教育理念，加强高校和外企合作，大学期间，让学生学习和实习相结合，给予更多的实习机会，培养多层次科技人才，加强素质教育建设。

（四）为人才流动创造良好环境

在人员出入境、工作许可、家属入学就医等方面提供便利，妥善解决外资研发机构引进人才的户籍问题，对外资研发高级技术人员在买房、落户等政策上给予更多支持。在签证上应对外资研发机构中工作的外籍人员给予更多的方便，包括延长一次签注有效期、简化签证手续等，缩短外资公司审批所需时间，并缩短针对外籍员工的在留资格审查期。为留学人才签证以及创业办公生活场所等提供便利。

六、鼓励外资研发机构参与国家科技计划

国家科技计划是政府出资、为解决国民经济和社会发展的重大科技需求而设立的科技专项资金。我国国家科技计划经过多年发展，形成了从基础前沿研究到应用研究再到成果转化、产业化开发的全链条科技计划布局，从功能上既有以研发为主要目标的科技计划，也有以提升创新能力和条件保障为主要目标的科技计划。特别是 2014 年底，我国对国家科技计划体系进行了大幅度调整，将原有的各类科技计划整合为五大类科技计划，包括国家科技重大专项、国家自然科学基金、国家重点研发计划、技术创新引导专项（基金）、人才与基地专项。

各类科技计划目标不同，但是在承担科技计划的主体及条件选择上，对本土创新主体一视同仁，既包括内资企业，也包括外资企业，既包括国家设立的科研机构，也包括外资研发机构，无论其机构性质是内资还是外资，只要符合承担国家科技计划的基本职能和能力条件，能够完成科技计划目标，都有资格申请和承担国家科技计划项目。

国家科技计划具有支撑和引领国家科技发展的功能，也具有集聚各类创新资源，包括外资研发机构融入国家创新体系中的功能。应尽可能破除外资研发机构承担国家科技计划的障碍，推动更多有研发能力、有利于实现科技计划目标的外资研发机构参与到国家科技计划的实施中来。

一是加强宣传和推介，把国家科技计划当作政府产品向广大的外资研发机构和外资企业进行宣传，主要包括国家科技计划的定位、功能、总体需求与年度需求，以及承担国家科技计划所需要的条件、所要承担的义务和职责，相当的法律法规等，吸引有条件的外资研发机构申请和承担国家科技计划，特别是在对外资研发机构研发和管理情况基本了解的基础上，有针对性地对一些外资研发机构进行推介，保证国家科技计划目标的实现。

二是对外资研发机构开展研发的情况、研发队伍实力、取得的成果等进行动态把握，了解外资研发机构开展创新活动的能力和情况。随着科技计划管理的改革与完善，申请国家科技计划的项目承担单位将逐步建立备案和报告制度，外资研发机构也应通过统一的信息平台向政府报告相关信息。

三是鼓励符合条件的外资研发机构单独或与本地企业、研究机构合作申请国家科技计划项目。在国家科技计划管理办法制定中，应充分考虑到各类创新主体，包括外资研发机构的特点，避免不公平的做法。对外资研发机构或外资企业从事行业前沿、尖端技术以及基础性研发项目，可以给予立项支持，或以后补助的方式纳入到国家科技计划的体系中来。

四是鼓励符合条件的外资研发机构申请相关创新能力建设项目，如技术创新引导专项（基金）等，引导和支持外资研发机构提升创新能力、加强创新基础建设等。科技成果转化引导基金等加大对外资研发机构的支持力度，鼓励外资研发机构将更多的科技成果在本土进行转化。

五是利用人才和基地专项对外资研发机构的人才队伍建设和创新能力建设提供支持。一方面，相关的计划和专项应将外资研发机构的人才和基地纳入到支持的范围中来；另一方面，加强对外资研发机构的平台基地支持，在外资研发机构中建设国家重点实验室、国家工程技术研究中心等，加强政府财政科技经费的支持，对于运行绩效较好的实验室和工程技术研究中心进行奖励。

七、促进外资研发机构的创新合作

任何一个创新主体，除了积极开展创新活动之外，还与其他各类创新主体形成紧密合作的关系，共同促进创新体系的形成和发展。从外资研发机构的发展需求来看，一方面为了保持相对独立性，更多地采取独资、控股等方式在我国开展活动；另一方面，也需要与我国的各类创新主体积极开展合作，充分利用各种创新资源。合作是外资研发机构开展科技创新活动的重要途径，这与我国加快构建以企业为主体、市场为导向、产学研结合的技术创新体系建设的需求是一致的。我国应积极推动创新主体之间的合作，通过构建信息平台和沟通渠道来加强外资研发机构与国内机构之间的相互了解，促进外资研发机构参与到创新合作中来。

（一）鼓励内外资设立合资合作的研发机构

应制定相关政策，引导和鼓励跨国公司与国内企业、大学、科研机构共同建立实验室或研发机构，共同承担国家任务等，加强多种形式的合作研究。并在相关政策等方面鼓励和支持合作合资的研究机构发展。在对方机构内合作设立研发机构的形式有两种：一种是设在我国的高校和研发机构，另一种是设在外资研发机构内部。这两种方式都应得到鼓励。应创造条件，鼓励更多的高校和科研院所将合作研发机构设在外资研发机构，增加双方的交流与互动。

（二）推动本地机构与外资研发机构开展合作

制定相关政策，探索多种途径，进一步推动外资研发机构与本地高校、研究院所和企业的合作交流。包括人员交流，可引导高校、科研院所聘请跨国公司研发机构的技术专家和管理专家兼职担任高校和科研院所的硕士生导师、博士生导师；博士后合作，在跨国公司研发机构建立博士后流动站；在外资研发机构建立教学实习基地，鼓励学生通过参与外资研发机构的研发项目完成毕业论文；为外资研发机构的工作人员提供奖学金，鼓励其赴国内外高校和世界顶级研发机构深造。

（三）搭建合作交流平台

举办各种类型的国际论坛，使之成为促进国内相关部门应加强协调，鼓励企业与外国公司、机构之间科技合作的桥梁。国内高校、企业、科研院所、协会、社会团体等单位与国外单位、跨国公司在华机构共同举办研讨会、交流会及座谈会等。搭建人员交流平台，比如，吸引外资研发机构参加各类院士工作站联谊活动等。

以联盟方式促进外资研发机构交流与合作。推动外资研发机构与国内大学、科研院所、企业共同组成各种类型的联盟，组织合作交流活动，增进外资研发机构与国内机构的联系，促进合作。产业技术创新战略联盟可适当考虑吸纳外资研发机构参加，开展技术服务和技术交流。2013 年，成都市成立了"成都外资研发机构协同创新联盟"，联盟不定期开展交流活动。在成都的包括 GE 中国创新中心、芯源系统、四川大学、电子科大等 30 余家外资研发机构、本土企业、高校，共同围绕"新一代信息技术"特别是集成电路和微成型技术方面领域，企业存在的研发、人才及市场需求问题，开展深入的交流与对接①。这些都是搭建

---

① 王明峰. 成都外资协同创新联盟 探讨高科技研发需求［EB/OL］. 人民网，2013 - 12 - 30，http：//scitech. people. com. cn/n/2013/1230/c1007 - 23973786. html.

合作交流平台的很好的探索，值得推广借鉴。

（四）促进包括外资研发机构在内的产学研合作

对外资研发机构开展产学研合作给予专项补助；各地开展的创新券等政策适用于外资研发机构的对外合作交流；鼓励外资研发机构与国内企业、高校和科研院所联合承担国家重大科技计划项目。

加强创新资源的共享，促进检验测试等平台向外资研发机构开放，高校、科研院所的大型仪器设备向外资研发机构开放共享。同时，也加强外资研发机构相应仪器设备的对外共享。

八、发挥外资研发机构在促进产业技术创新、改善创新生态方面的作用

（一）充分发挥外资研发机构在标准制定和国际化推广方面的重要作用

我国企业在走向国际市场过程中面临着国际标准的壁垒，特别是在通信等行业。在制定标准以及在标准国际化过程中，应尽可能地吸纳外资研发机构进入，共同制定标准，形成围绕产业链的利益共同体。在标准国际化过程中，争取外资研发机构的支持，共同开拓国际市场。

（二）发挥外资研发机构在推动大众创新创业方面的重要作用

在推动大众创新创业方面，政府和民营机构举办的孵化器仍然是我国创新创业的主力，应充分调动外资研发机构设立孵化器的积极性。英特尔众创空间、微软加速器以及强生的具有创投功能的研发中心，能够带来先进的理念，将对我国"大众创业、万众创新"起到助推的作用，特别是对我国产业创新能力的提升能够起到直接的推动作用。应对跨国公司设立的众创孵化器进行适当的政策引导，加强对外资背景孵化器的引导和规范，鼓励其在我国设立众创孵化器，营造公平竞争的市场环境。促进外资孵化器与内资孵化器的竞争与合作，支持国内孵化器

与不同类型、不同地区、不同背景甚至不同国家的孵化器之间建立广泛的战略联盟，打造全球性的孵化器网络和服务体系，利用全球的创新资源，孵化出具有国际竞争力的创业企业。

（三）发挥外资研发机构在产业创新协调中的作用

我国的产业技术创新战略联盟应在明确功能的基础上，尽可能吸纳外资研发机构参加，并在产业技术创新战略联盟的组织和创新活动中发挥积极作用，鼓励外国企业与本土企业、高校和研究机构之间建立共同开发技术的联盟。鼓励和引导行业协会、专业学会吸收外资研发机构和研发人员参加，为中外研发人员提供全方位、多层次、多场合的交流机会。

九、转变政府职能，加强管理和提高服务水平

（一）加强宣传和信息沟通

政府部门在关心和服务企业稳定发展的同时，进一步加大对企业的政策宣传力度，根据企业发展需要向企业提供各类有利的政策性优惠信息，定期开展面向外资研发机构的政策解读会。让外资研发机构充分了解我国各方面的政策，帮助和辅导有条件的企业获得各种优惠。加大技术培训力度，加强技术交流和技术沟通。采取专家讲解辅导，企业示范引导等形式，对企业财务人员、研发管理人员、企业负责人进行分层次、多梯队的专题培训。鼓励外资研发机构多与国内的研发机构沟通、交流，由政府部门牵头，针对技术或领域相关的企业与院校举行交谈会或者开展网上论坛，举办工业、行业协会年会和展览。定期举办成果交流展会，为企业提供可以互相学习展示的平台。

（二）提高对外资研发机构的服务水平和服务效率

加强对外资研发机构的注册、统计及相关出口管理。提高政府管理效率和政策透明度，增强政策的可预见性，简化外来科研人员的进入与留驻手续。同时，注意政策之间的协调，增强政策执行中的公开性和制度化，降低跨国公司研发投

资的各种交易成本，从根本上为其创造良好的政策环境。优化宏观经济运行环境，增强对跨国公司特别是世界 500 强跨国公司设立研发机构的吸引力。

深化行政审批制度改革，减少审批流程和审批内容，进一步提高行政审批效率。在注册产品审批方面，简化流程和加快进度，缩短产品开发的周期，从而减少产品开发的风险。简化外汇支付和进口设备流程审批，在海关、外汇、税收上提供进一步的便利。相关管理机构提高审批速度，加快新药研发的步伐。国家在认证管理方面减少不必要的管控，减轻企业负担。

（三）加强对外资研发机构的服务平台建设

整合现有资源，建立以企业需求为导向的公共技术服务平台，比如，电磁兼容性（EMC）认证以及振动实验室等，为外资研发机构及行业内企业提供技术支持。鼓励企业建立专业的第三方检验检测平台，并给予资金支持，提高行业技术水平。在技术基础建设方面，如测试、认证服务等领域，加强政府的作用，提供免费的服务测试平台。

建立大型仪器设备共享机制，推进各领域的仪器设备的共享。完善公共信息服务平台，促进信息共享。

十、发挥地方以及园区在促进外资研发机构发展方面的作用

地方在引进外资研发机构及引导外资研发机构发展中发挥着重要的作用。美国虽然在整体上实行统一的外资政策，但是在州地方层面，也会出台很多优惠政策吸引外资研发机构到地方发展，提升当地的就业。而为吸引外资研发机构和地区总部，日本、韩国、新加坡等分别建立"结构改革特区""外商投资地区制度"、科技园区等，在引进外资研发机构方面发挥着重要作用。近年来，我国投资研发的跨国公司大多来自高科技产业，出现了外资高新技术研发机构向高新区集聚的趋势，中西部和内陆地区也通过设立科技园区吸引外资进入。

我国的科技园区具有创新资源集聚的特征和优势，知识和技术密集，众多关联研发机构和科技型企业在空间上集聚的效应十分明显。另外，科技园区还致力

于改善科技创新的服务环境，能够为外资研发机构提供良好的信息、政策、人才以及产业链配套服务。我国也应进一步发挥地方和科技园区在创造改善投资环境、实现产业集聚发展方面具有的独特作用。

一是加强科技园区的战略布局，在提升整体服务功能的基础和前提下，依靠核心创新能力，打造配套产业链条优势，突出园区发展特色，为相应外资研发机构提供较好的外部环境。

二是加强科技园区在促进信息沟通、政策宣传以及了解外资研发机构需求方面的作用。科技园区本身应促进外资研究机构与本土企业在地理空间上的群聚，为其接触、交流与合作创造方便。应进一步促进园区内不同行业外资机构之间相互沟通、相互学习、相互借鉴。

三是充分发挥外资研发机构的作用，科技园区可以与外资共建研发孵化基地，承担标准化、孵化、转化的功能。

四是系统整合吸引外资研发机构的平台，对科技园区进行系统规划，在吸引外资研发机构上形成合力。

第八章　外资研发机构案例

一、微软亚洲研究院

（一）微软在全球的研发布局

微软公司（Microsoft Corporation）的历史可追溯到 1975 年，19 岁的比尔·盖茨和他的高中校友保罗·艾伦一起卖 BASIC。后来，他们在阿尔伯克基创建了微软公司，微软王国由此诞生，成为世界 PC 软件开发的先导。目前，微软公司总部设在美国华盛顿州的雷德蒙市，全球雇员超过 13 万人，2018 年营业额 1103.6 亿美元，以研发、制造、授权和提供广泛的电脑软件服务业务为主，其主要产品为 Windows 操作系统、Internet Explorer 网页浏览器及 Microsoft Office 办公软件套件等。微软公司的操作系统几乎占据了全球市场的半壁江山。

微软公司所取得的成就，是与其注重基础研究、不断开发、不断创新分不开的。目前，微软已形成了独特的全球研究体系，在全球共设立了 12 家研究院。微软的全球研究体系如表 8 - 1 所示。

自 1991 年微软在全球展开了网罗世界一流电脑科学家的活动以来，微软在全球的研究院快速扩张，研究队伍规模不断扩大，全球研究体系也运转得日益顺畅，微软研究院遍布全球。

表 8 - 1　微软全球研究体系

研究院所名称	院所概况及主要研发方向
微软雷德蒙研究院	地点：美国华盛顿州雷德蒙　　　成立时间：1991 年 现任院长：Rric Horvitz 该院所专注的研究领域包括计算理论、机器学习和安全与隐私等。事实证明，紧密接触微软产品团队正是其优势所在。创立之初如此，至今也未曾改变
微软剑桥研究院	地点：英国剑桥　　　成立时间：1997 年 现任院长：Andrew Blake 该院围绕计算机科学的各个主题展开基础研究，其中包括机器学习、安全和信息检索等；同时与剑桥大学及剑桥大学计算机实验室保持着密切联系
微软亚洲研究院	地点：中国北京　　　成立时间：1998 年 现任院长：洪小文 该院是微软公司在亚太地区设立的研究机构，也是微软在美国本土以外规模最大的研究机构。从 1998 年建院到现在，通过从世界各地吸纳而来的专家学者们的鼎力合作，微软亚洲研究院已经发展成为世界一流的计算机基础研究机构，致力于不断推动整个计算机科学领域的发展，并帮助改善人们的计算体验。主要研究方向包括：自然用户界面、以数字为中心的计算、新一代多媒体、互联网搜索与在线广告、计算机科学基础
微软硅谷研究院①	地点：美国加州山景城　　　成立时间：2001 年 现任院长：Roy Levin 该院的工作主要侧重于分布式计算，包括安全与隐私、协议、容错、大规模系统、并行计算、计算机体系结构、互联网搜索和服务以及相关理论等
微软印度研究所	地点：印度班加罗尔　　　成立时间：2005 年 现任院长：P. Anandan 该院在多个不同领域从事长期性基础和应用研究工作，其中包括：密码学、安全和算法；数字地理学；移动性、网络和系统；多语言系统；严格的软件工程；以及适用于新兴市场的技术。此外，微软印度研究院还与国内外研究机构和大学开展广泛合作，支持科技进步和创新
微软新英格兰研究院	地点：美国马萨诸塞州剑桥镇　　　成立时间：2008 年 现任院长：Jennifer Chayes 该院秉承微软的承诺，与更多样的研究团体合作，在新的跨学科领域开展研究，把计算机科学和社会科学的核心学者聚集一起，试图理解、设计和实现未来的计算机和在线体验

---

① 2014 年 9 月 19 日有报道说该研究院实验室已关闭［EB/OL］. http://www.pcbeta.com/viewnews - 70245 - 1.html.

续表

研究院所名称	院所概况及主要研发方向
微软纽约研究院	地点：美国纽约州纽约市　　成立时间：2012 年 现任院长：Jennifer Chayes 该院与学术界和微软的其他研究院展开合作，推动计算科学和行为社会科学、计算经济学和预测市场、机器学习以及信息检索等领域的前沿开发
欧洲先进技术实验室	地点：德国慕尼黑　　成立时间：2003 年 现任院长：Francois Dumas 该实验室与欧洲业界发展联系紧密，旨在孵化、验证和交付能够在短期内带来实质性影响的技术。该实验室的工作重点包括计算机系统和网络、机器学习以及硬件和设备等
微软研究院 Station Q	地点：美国加州圣巴巴拉　　成立时间：2005 年 现任院长：Michael Freedman 微软研究院 Station Q 位于美国加州大学圣巴巴拉分校的校园内，该机构的合作者们正在探索理论和实验方法，以创建传统比特的量子模拟——也就是量子比特。该小组的领导者著名数学家 Michael Freedman，曾获得数学界最高荣誉——菲尔兹奖
开罗先进技术实验室	地点：埃及开罗　　成立时间：2006 年 现任院长：Hussein Salama 该实验室是一座应用研究实验室，其重点探索和孵化领域包括自然语言、信息检索以及移动多媒体，对微软的产品和服务有着深远的潜在影响。该实验室利用其在埃及的地理位置，与埃及和中东地区的领先研究机构携手设立联合应用研究项目，并专注研发能够改善该地区互联网使用体验的新技术
FUSE 实验室	地点：美国华盛顿州雷德蒙　　成立时间：2009 年 现任院长：Lili Cheng 未来社会体验（FUSE）实验室是由先前的三个独立研发团队合并而成，它们分别是创新系统小组、初创企业实验室以及富媒体实验室。FUSE 实验室是一支应用研发团队，致力于设计、开发和发布应用及服务，为人们的工作和生活提供新的社交性、实时性的富媒体体验，从而帮用户找到对他们最为重要的人，获取关键信息和想法
以色列先进技术实验室	地点：以色列荷兹利亚　　成立时间：2011 年 现任院长：Adi Diamant 以色列先进技术实验室是一个由工程师、研究人员和用户体验（UX）设计师组成的独特团队，专注于提供进行互动、探索和提升在线体验的新方法。该实验室与产品团队和研究团队合作，酝酿、开发和实施用于在线服务、计算机视觉、自然用户界面及社会数据挖掘的新技术和新解决方案

微软在全球布局研发基地的重要考虑因素之一是当地已有及未来的创新资源，包括当地研究人员的能力如何，是否有相关的研究人员和优秀学生①等，同时也会考虑当地及其周边国家或地区的技术市场机会②。微软全球创新布局主要是采取本土合作、多方共赢的策略，不断对各研究机构投入人力、资金、技术等创新资源，持续提升对当地的研发投资及与当地的研发合作规模，实现自身发展的同时更讲求多方的共赢。

（二）微软在中国的研发投资

1992 年，微软在北京设立了第一个代表处，制定了在中国长期投资和发展的战略。经过多年的发展，微软在中国已形成了以北京为总部，在上海、广州、成都、南京、沈阳、武汉、深圳、福州、青岛、杭州、重庆、西安等地均设有分支机构，业务覆盖全国，投资和合作领域涵盖基础研究、产品开发、市场销售、技术支持和教育培训等多个层面的全面发展架构。总体来说，微软在华的研发投资促使其在中国创新研发布局不断完善的同时，也推动了其在中国的跨越式发展。

本书大致把微软在我国的研发投资划分为以下几个阶段：

1. 拓展研发领域阶段（1993～2005 年）

1993 年，微软北京测试中心正式成立，宣告微软在华研发投资的开始，此后，微软中国研发中心、微软亚洲研究院、微软亚洲工程院、微软亚洲硬件创新中心、微软服务器与开发工具事业部（中国）相继成立，微软在中国的研发基地不断发展壮大，从而实现了对微软在中国的市场提供技术支持和服务。

2. 整合创新资源阶段（2006～2011 年）

从 2006 年至 2011 年，微软在中国的研发投资重点一方面在于整合在华的研发资源及完善其在华创新研发布局，另一方面也注重利用本土的研发能力并不断强化其与本土的研发合作。2006 年，微软中国研发集团成立，这是微软在华创新研发资源整合的第一步。2010 年，微软将微软中国研发集团升级为微软亚太研发集团，从而将在华研发创新资源统一整合起来。2010 年 3 月，由微软公司首次在美国以外投资兴建的研发与技术服务园区——微软中国上海科技园区正式启

---

① 时任微软高级副总裁的里克－雷斯特（Rick Rashid）就"微软选址中国北京设立微软亚洲研究院的因素"问题答记者问［EB/OL］. 2008－11－05，http：//tech. hexun. com/2008－11－05/110894924. html.

② 时任微软大中华区董事长兼 CEO 的贺乐赋（Ralph Haupter）谈中德市场的区别［EB/OL］. 2012－09－06，http：//tech. it168. com/a2012/0906/1394/000001394754. shtml.

用，进一步完善了微软研发布局。从此，由微软投资兼具基础研究、技术产品孵化、产品开发和战略合作等功能的微软在华创新研发资源得以集中，研发布局得以完善，微软在中国形成了完整的创新链和多赢的生态圈。在此期间，在以"铸星计划"、联合实验室、文化遗产数字化保护等项目为代表的"长城计划"中，微软与中国的研发合作及对中国 IT 人才培养等方面取得了质的提升。2010 年，微软在中国年度研发投入达到 5 亿美元。

3. 深化创新合作阶段（2012 年至今）

2012 年 7 月 7 日，微软云加速器正式启动。此后，由世纪互联运营的 Windows Azure 公有云平台及服务落地中国，微软创投也进入中国，微软在华研发投资的重点转向与本土研发机构的全面开放合作，共同研发新技术，以应对未来社会的变革。微软一方面深入中国的创业生态链扶持初创企业，发现和利用新技术；另一方面，带着在全球范围内与社会各界合作的丰富经验和前沿技术，如云计算、移动互联、大数据等平台来服务社会各界，以期共同助力实现经济繁荣、环境可持续和社会更公平的未来城市中心。微软研发投资使得我国由微软早期的销售市场中心，到后来成为研发中心，再到如今的战略决策中心，微软正携手中国 IT 创新研发力量一道以技术服务全球。

（三）微软亚洲研究院的创新发展

1. 微软亚洲研究院的地位

微软亚洲研究院是微软公司在美国本土以外规模最大的一家基础科研机构，也是亚洲地区唯一的基础研究机构。在微软亚太研发集团内，产品部门与研究部门具有平行的地位，但是又各有分工，与集团内的产品部门专注于在近期内做下一个产品的分工不同，微软亚太研究院考虑的是未来较远的事情，主要是为未来储备技术。

通过多年的发展，微软亚洲研究院通过与从世界各地吸纳而来的专家学者们的鼎力合作，在这里诞生出来的新技术层出不穷，它们对微软公司，甚至对整个人类社会的进步都起到了非常重要的作用。研究院自成立以来，常在国际一流学术刊物和会议上发表论文（截至 2013 年共中发表了 4000（陈琼，2004）[1] 余篇论文，涵盖了现代计算机领域中的多个分支），且迄今为止，微软亚洲研究院的

---

① 陈琼. 微软亚洲研究院 15 年：回归创新本源［J］. IT 经理世界，2014（1）：42－44.

研究员们已经取得 1200 多项专利，另有多项技术被多家国际专业协会，如 MPEG4、IETF 和 ITU/ISO 等指定为行业标准。

2. 微软亚洲研究院（MSRA）的设立与发展

1998 年 11 月 5 日，微软公司投资在北京成立微软中国研究院，并于 2001 年 11 月 1 日将其升级为微软亚洲研究院。这一战略投资显示了微软公司对中国及整个亚太地区经济发展潜力的巨大信心和对本地区信息产业发展的郑重承诺。如今，该院已由成立之初的寥寥几人发展成为微软公司在美国本土以外开设的第二家基础科研机构，同时也是亚洲地区唯一的基础研究机构，所取得的成就更是令人欣喜。

（1）微软亚洲研究院的使命。微软亚洲研究院的使命是使未来的计算机能够看、听、学，能用自然语言与人类进行交流。在此基础上，微软亚洲研究院正以最大的热情，为满足亚洲特别是中国市场在未来 5～10 年对于计算技术的需求奠定坚实的科研基础而努力。同时，微软亚洲研究院还积极配合亚洲各国政府的科技产业政策，为促进信息产业和互联网技术在亚洲地区的发展、推动整个地区的技术创新和进步做出自己应有的贡献。

（2）微软亚洲研究院的研究方向。立足于微软公司的长远发展战略，微软中国研究院主要从事五个领域的研究：①自然用户界面——该研究旨在开创新的技术，让人们能够以更自然、更多元的方式与机器互动，让使用计算机像与人交谈一样自然。②新一代多媒体——基于未来互联网将成为新一代多媒体应用的中心的构想，该研究旨在将多媒体文件在网络上能够被快速可靠地传递和分享，用户可以互动式地开展购物、教育、会议及娱乐等在线活动。③以数字为中心的计算——该研究旨在探索新的基础架构、算法、工具和应用软件，为企业和用户收集、分析和挖掘以数据为中心的信息。④互联网搜索与在线广告——该研究致力于将数据挖掘、机器学习与知识发现等技术与信息分析、组织、检索和可视化的过程相结合，将互联网搜索和在线广告提高到一个新的层次。⑤计算机科学基础——该研究旨在推进计算机科学中业已取得显著应用的领域的基础研究工作，包括理论计算、系统、网络和机器学习等方面。

（3）微软亚洲研究院的组织结构。目前，微软亚洲研究院共有 200 多名科学家以及 300 多名访问学者和实习生。① 分成若干研究组，包括：①系统研究组。

---

① 微软亚洲研究院宣传手册［EB/OL］. https：//www. msra. cn/wp－content/uploads/2018/11/msra－20th－anniversary－brochure. pdf.

从事计算机系统领域重大课题的基础性研究，在分布式系统、存储系统、云计算、网络及计算机语言等方面均有理论与实践经验丰富的专家。②自然语言计算组。集中精力于相关的研究课题上，其中包括多国语言文本分析、机器翻译、跨语言信息检索和自动问答系统等。③语音组。集中在口语识别与合成技术、人机语音交互作用，以及丰富人与人之间的语音通信。④视觉计算组。研究课题涉及计算机视觉、模式识别、机器学习、图像/视频的编辑和检索等领域中的最前沿的问题，代表性项目包括人脸实时检测和跟踪、人脸识别、三维人脸建模、数码相册管理、基于图像的光照计算、图像拼图、视频蒙太奇、视频修复、2D/3D 目标跟踪以及 MSN 在线视频聊天中的数字特效等。⑤网络多媒体组。致力于通过基本理论的突破和系统技术的创新，建立无缝并且有效的系统来压缩、传输和处理不断增加的媒体内容。⑥理论组。致力于推进计算机科学基础理论及其与博弈论、经济学、社交网络、优化和统计物理学等其他学科交叉领域的研究。主要研究领域包括社交和信息网络中的计算问题、算法博弈论与机制设计、在线学习、算法与复杂性、分布式计算。⑦移动与感知计算组。专注于研究真实世界中海量存在的传感器和执行器、智能手机和可穿戴设备相关的基础问题和新生挑战。研究重点是在智能传感和情境感知的场景下进行硬件和软件创新，挖掘数据内在关联和规律，并将它们实现在真实系统中。⑧无线与网络组。从事移动计算及网络方面的基础与技术研究，研究方向包括无线网络、移动系统、手机计算、嵌入式系统、安全以及全新网络模式。⑨互联网经济与计算广告组。对互联网搜索排序、互联网广告、大规模机器学习、博弈论等方向都有广泛的研究兴趣和深厚的专业知识，已经在国际顶级会议上发表数十篇高引用率论文，为微软广告贡献了数十项专利和多项核心技术。⑩创新工程组。以推动产品的进步作为重要使命，承接整个研究院范围内的项目，通过集合软件工程师、用户体验专家、项目经理、商务策略师、研究人员和产品组同事等的共同努力，把想法变成现实，从而促进技术转移和产品孵化。⑪应用算法组。关注在算法和系统与网络的交叉领域中出现的问题，其目标是研究在驱动当今计算领域发展的系统以及网络（如云计算、大规模分布式系统、移动计算等）背后存在的根本原理，并通过设计一流的算法来对系统进行优化。⑫知识挖掘组。致力于通过知识发现和数据挖掘理解和服务这个世界，主要从事的研究方向包括网络实体搜索和知识挖掘、服务于真实世界的语义计算框架应用、基于大规模行为数据的用户理解。⑬硬件计算组。致力于通过推进硬件计算的研究，实现软件服务和硬件设备的创新，研究计算机基础架构，探索硬件发展趋势，研究新的交互方式，并构建工作原型，最终目标是为用户在办公、家庭和移动中提供丰富且快速响应的体验。⑭机器学习组。专注于大规模统计的机器学习、深度神经网络学习、知识挖掘及其应用，探索用于大规模语义建模的实用技术，对用户的意图进行建模，并不断优化涵盖用户、富客户端和 Web 及企业内部各种线上服务的生态系统。⑮人机交互组。从事横跨科学、技术和设计等领域的研究项目，致力于开发全新的概念和功能，以改善人类在不断变化的真实世界中生活、工作和娱乐的能力。⑯软件分析组。运用各种分析和计算技术对软件生命周期中产生出的大量数据进行研究，帮助软件参与者从中提取有用信息，做出正确决策。⑰网络图形组。致力于推进各种图形技术的发展，包括表观建模、真实感渲染、3D 打印、面部动画、几何建模、信息可视化以及计算摄影学。⑱多媒体搜索与挖掘组。致力于研究多媒体理解、搜索和数据挖掘，该组目前的主要研究方向包括图像和视频的内容理解，基于三维结构的物体识别，大规模图像和视频检索，基于草图的图像检索，移动多媒体检索，以及社交多媒体分析等。⑲互联网搜索与数据管理组。从事深度学习、知识挖掘和如何将它们与众包结合获得更高精度的研究。⑳多媒体计算组。致力于推进媒体技术以帮助计算技术的演进。

（4）微软亚洲研究院的资金来源及服务对象。与其他做基础研究的科研院所多元化的资金来源不同，微软亚洲研究院的资金 100% 直接来自微软公司。①在微软亚洲研究院努力营造的奋发、进取与和谐的科研氛围中，在坚持开放的研究模式下，微软亚洲研究院用其敏锐的眼光准确判断未来技术和市场的发展新趋势，由研究员们自主决定研究内容。一方面，微软亚洲研究院与微软的产品部门紧密协作，由院内最大的组——工程创新组（IEG）专门负责推动技术向应用与产品的转化，共同助力微软公司将革命性的技术以及新的技术趋势融入到微软的产品和服务中。另一方面，微软亚洲研究院扎根中国的同时提出了"身在微软，服务中国"的口号，举办各类创新研讨会、创新合作等活动，加强与国内学者的交流，促进中国计算机基础研究的发展。

作为世界一流的计算机基础研究机构，微软亚洲研究院一如既往地秉着求实创新的科学精神，以创造出对未来有深远影响的研究成果作为发展目标。虽然微软亚洲研究院已经在计算机基础科学上的创新和技术突破备受全球学术界和工业界的瞩

---

① http：//soft. chinabyte. com/417/12825917_ 4. shtml.

目，但该院仍坚持以不懈的努力力争在国际学术舞台上取得更骄人的成绩。

3. 微软亚洲研究院的创新活动及功能演变

微软亚洲研究院已发展成为微软公司在海外最大的研究机构，这里俨然是一个变理想为现实的"梦工场"。在技术创新已经彻底改变世界的今天，微软亚洲研究院比以往任何时候都更专注于最前沿的计算机科学研究，开展了一系列的创新活动，探索着科技新领域，希望通过今天的努力，去改善人类未来的生活，让梦想变成现实。

（1）为支持全球研发而开展的活动。

1）"二十一世纪的计算"大会。"二十一世纪的计算"大会是微软亚洲研究院创立之初便创办的学术年会，1999 年首次举行，每年一届，每届都有被誉为"计算机科学领域的诺贝尔奖"——图灵奖获得者以及最优秀的计算机科学大师参加，现已成为中国及亚太地区规模最大、最具影响力的计算机科学教育与研究盛会之一。此项活动的开展旨在通过邀请来自国内外计算领域的大师们在这里分享他们在计算科学领域的最新研究成果，同时也希望各个领域的不同观点能在这里碰撞出更多关于计算领域的智慧火花，为中国乃至亚太地区计算机科学的研究和教育提供新的视野。

2）创新日。"创新日"活动是微软亚洲研究院的传统活动之一。此项活动旨在通过展示微软亚洲研究院、微软全球研究院及合作伙伴的最新研究成果，激发业界对于科技前沿领域的关注与讨论，从而推动技术的创新与发展。

3）微软教育峰会。国际化是微软教育峰会的显著特色。每届教育峰会，微软亚洲研究院都会邀请计算机领域的国际知名专家与教师们进行交流，他们把所在学校信息科学学科的发展分享给国内教师，并与国内院长、系主任等分享在教学目标、师资储备、教育经费、教学方案设计等方面的经验，探讨飞速发展的信息社会中 IT 学科如何迎接挑战的问题。

（2）与外部的合作活动。

1）"长城计划"。2002 年 6 月，教育部与微软公司签署了《教育部与微软公司合作备忘录》，共同启动了为期三年的"长城计划"，旨在帮助提升中国高校计算机基础研究水平和人才培养质量。在其成立的头五年里，微软亚洲研究院就代表微软公司为中国高校捐赠了价值达 3000 万元人民币的软件。作为"长城计划"的具体实施单位，微软亚洲研究院与国内多所高校开展了形式多样、内容丰富的合作项目。在第一期项目合作中，微软亚洲研究院共与国内 60 余所高校在学术交流、研究合作、教师培训、教材编写、义务授课、人才培养、软件学院支持等方面开展了广泛的学术交流与合作。其后，双方多次续签合作备忘录，共同开展"长城计划"后续合作。微软亚洲研究院围绕人才培养、研究合作、课程建设及学术交流四条主线，将继续深化与国内 40 多所高校、科研机构的合作，积极为提升中国计算机基础研究水平和人才培养贡献力量。

联合实验室是微软亚洲研究院和高校在基础研究方面合作的成功模式。依托联合实验室，微软亚洲研究院和高校共同探讨并提出具有挑战性的研究课题，通过立项的形式，开展深入的研究合作。通过联合实验室，微软亚洲研究院接收学校推荐的优秀博士生、硕士生进入具体的研究课题，并由一流的研究员进行直接的指导，探索出了一套培养基础研究人才的有效模式。同时，微软亚洲研究院与相关高校教授依托实验室项目，合作撰写高水平的学术论文，积极推荐中国高水平的研究人员参加相关的学术委员会，促进高校研究人员和国际学术机构的交流和合作，提高中国高校的学术地位。

微软亚洲研究院已与十所高校建立了多个领域的联合实验室（郭小明，2008）[①]，其中八个已通过教育部审批，被纳入"教育部重点实验室"的管理体系。本着"推动基础科研创新、增强一流人才培养"的宗旨，这些实验室在过去几年做出了大量卓有成效的工作。实验室共汇聚了计算机各研究领域的 50 余位学术带头人和专家，到 2010 年为止开展了近 200 个合作项目，发表高水平学术论文 1000 多篇，联合培养的学生超过 1000 名。其在视频动画、真实感图形学、语音表情驱动、数字娱乐和多媒体分析与检索、可视计算、自然语言处理、双语对齐、机器翻译、网络信息传输、分布式语音识别、互联网挖掘与搜索、数字化卡通与动画等领域已取得了突出成果。联合实验室的具体情况如表 8-2 所示：

表 8-2 微软亚洲研究院和高校合作共建的联合实验室

联合实验室名称	成立时间	负责人		研究方向
		微软	学校	
浙江大学视觉感知教育部—微软重点实验室	1999/11	郭百宁	庄越挺	视频动画、真实感图形学、语音表情驱动、数字娱乐和多媒体分析与检索

---

① 郭小明. 聚集优秀人才，共创未来创新之路——傅育熙教授谈微软高校联合实验室［J］. 计算机教育，2008（17）：24-26.

续表

联合实验室名称	成立时间	负责人		研究方向
		微软	学校	
清华大学媒体与网络技术教育部—微软重点实验室	2000/1	周明	温江涛	视频编码、基于内容的多媒体信息检索与处理、可视计算、自然语言处理
哈尔滨工业大学语言语音教育部—微软重点实验室	2000/6	陈正	李生	以自然语言处理和语音处理技术为主的基础研究，包括中文信息处理、机器翻译、信息检索、语音识别与合成以及相关的人工智能和机器学习方法理论研究
香港科学技术大学信息技术教育部—微软重点实验室	2000/9	林钦佑	倪明选	计算机网络、多媒体、数据库、人工智能
中国科学技术大学媒体计算与通信教育部—微软重点实验室	2003/9	李世鹏	李卫平	视频编码与通信、多媒体信息检索
北京大学微软统计与信息技术教育部—微软重点实验室	2003/9	郭百宁	郁彬	数据与信息技术、计算机视觉、图像处理
香港中文大学微软利群计算及界面科技教育部—微软重点实验室	2005/5	宋歌平	蒙美玲	计算机视觉、图形学、语音处理及多模态用户界面、多媒体信号处理与检索、网络与无线通信
上海交通大学智能计算与智能系统教育部—微软重点实验室	2005/9	赵峰	傅育熙	人工智能计算与人工智能搜索
北京电影学院微软数字化卡通与动画实验室	2006/10	童欣	孙立军	中国水墨画风格的计算机游戏和动画研究、微软平台的游戏课程设计、数字卡通和动画研究、卡通和动画设计
西安交通大学微软智能信息处理实验室	2007/6	张永光	管晓宏	智能计算、软件系统、网络信息处理

　　2）微软学者奖学金。微软学者奖学金是微软亚洲研究院在1999年启动的一项面向亚太地区重点高校的计算机科学、电子工程、信息科学或应用数学低年级博士生的项目。该奖学金用于发现、鼓励和资助优秀的、有潜力的低年级博士生更好地开展基础研究工作。除了奖金之外，研究院也邀请这些获奖者到研究院与全球顶尖的研究员一起进行学术研究。

　　截至2013年底，共有来自50所高校和研究机构的361位优秀博士生获得了"微软学者"奖学金。此项奖学金的设立，为亚太地区最优秀的计算机及相关专业的博士生创造了良好的学术环境和研究条件，促进微软亚洲研究院和各院校、研究机构建立起更密切而良好的合作关系，并共同培养大批高水平的学术人才。

3）微软学生技术俱乐部。微软学生技术俱乐部是微软亚洲研究院与高校合作培养人才的一种探索。俱乐部本着"学习先进技术，开拓创新思维，体验多元文化，成就一流人才"的宗旨，在各高校校团委、相关学院的指导下，通过学术讲座、技术沙龙、兴趣小组、大型比赛、参观访问等活动，为会员提供开阔视野，接触最新 IT 技术，培养管理能力的机会。俱乐部积极与校内外社团组织合作，并取得了丰硕的成果，为学生的成长提供了良好的平台，为高校顶尖人才培养贡献了力量。目前，全国共有 29 个微软学生技术俱乐部。

4）微软创新人才学院。该学院是隶属教育部创新人才培养实验区的一个教学改革项目，旨在让有志于从事科研的学生在本科阶段就能受到微软亚洲研究院高级研究员的亲手指导，接受到国际一流研究氛围的熏陶，发掘锻炼自己的科研潜力和能力。2013 年 6 月，第三届微软创新人才学院 30 余名学生顺利毕业。

5）城市计算主题计划。为释放云计算在处理大数据方面的潜力，应对城市发展所带来的巨大挑战，微软亚洲研究院于 2013 年面向亚太地区学术界正式启动了城市计算主题研究计划。微软亚洲研究院在征集到的项目提案中进行认真筛选，挑选最有潜力的研究计划进行重点扶持和培养。入选的研究项目覆盖了一系列与城市计算相关的研究方向，包括改善城市交通、解决城市噪声、保密城市居民隐私以及追踪社会幸福感等。

6）云助推器主题研究。在信息与网络技术的推动下，大量从宏观到微观、从自然到社会的观察、感知、计算、仿真、模拟、传播等设施和活动产生出大量科学数据，形成被称为"大数据"的新的科学技术设施。数据不再仅仅是科学研究的结果，而是变成科学研究的基础。Microsoft Azure for Research 是微软研究院推出的科研计划。此计划目标在于帮助科研人员利用云平台来推动科学研究。微软研究院希望通过该计划支持科学界建立并使用基于云的数据收集、分析工具，以此来推动创造新的科研发现，并进一步提出云计算平台应用的创新性方案。

随着海量数据的处理及交叉多学科合作的需求不断增长，使得计算移动到 Microsoft Azure 云计算平台非常具有吸引力。同时也有许多的科研人员通过 Microsoft Azure 云计算平台，从云的灵活性、方便性、稳定性中获益匪浅。

7）技术转移。微软亚洲研究院与微软的产品部门紧密协作，由院内最大的组——工程创新组（IEG）专门负责将研究员们创造的前沿发明，转变成能够解决现实世界问题的应用（工具），推动技术向应用与产品的转化，以彻底改变用户们的工作、生活及游玩的方式。如今已有超过 360 项从微软亚洲研究院诞生的创新技术，转移到了微软产品中，其中包括 Office、Windows、Bing、Visual Studio、Xbox Kinect、Windows Phone 等。

专栏：微软加速器

微软加速器是继微软在美国西雅图的 Kinect 加速器（2012 年 4 月）和微软在以色列研发中心宣布的创业加速器计划（2012 年 3 月）之后，由微软亚太研发集团于 2012 年 7 月启动的在中国的首个创业加速器。微软加速器旨在做顶尖、专业的创业服务，始终致力于为中国早期创新创业团队提供人、财、策略、市场拓展的全方位优质服务。

微软加速器旨在做资源聚合、生态共享的创新创业平台，致力于为中国成长型创新创业企业提供全方位优质服务。每年在大中华地区进行两期海选，入选的创业公司将入驻国际化办公空间完成 4～6 个月的成长加速，并得到思想领袖、行业专家及技术专家组成的导师团的扶植与指导；每个入选团队还将得到价值上百万元人民币的微软 Azure 云服务资源，所有资源均为免费的终生制校友服务。

微软加速器汇聚行业领军企业、投资机构、合作伙伴、创业园区、政府政策支持等多方力量，整合微软内部业务、市场、研发等强大的全球资源，构建全方位的战略合作关系联盟，共同为创业企业进行技术创新、市场推广、资本对接、销售和客户渠道拓展等支持，促进微软协同创新生态发展。在中国的创新创业生态体系中，微软加速器将面向更深入的行业和产业进行整合落地。

根据微软亚太研发集团的介绍，2012 年至今，微软加速器已在特拉维夫、北京、班加罗尔、西雅图、伦敦、柏林、上海、悉尼先后设立八个加速器，形成了具有微软特色的创新创业生态体系。同时，中国也是世界上唯一拥有两家微软加速器的国家。

在全球，微软加速器已加速了超过 764 家创业企业。其中 83% 的企业成功获得投资，总额超过 36 亿美元。截至 2018 年 7 月，在中国已有 231 家创新企业从微软加速器成功加速，估值增长比率平均每家超过 400%，有 4 家在"新三板"挂牌，15 家被兼并收购。校友企业的产品和服务在中国覆盖逾 1000 万家企业客户和 7 亿个人用户。

微软加速器已连续六年荣获"中国最佳孵化器""中国最佳众创空间"称号。

资料来源：微软亚太研发集团网站，https：//www.microsoft.com/zh-cn/ard/innovation/msftventures。

二、IBM 在华研发中心

（一）IBM 全球研发布局

IBM 是美国国际商业机器公司（International Business Machines Corporation）的简称，创建于1911年，现已发展成为跨国公司，在计算机生产与革新中居世界领先地位。IBM 研究实验室，英文全称"IBM Research"，也叫 IBM 研究部，除了数量庞大的研究人员之外，还吸收许多博士后和访问学者参加工作。IBM 实验室专门从事基础科学研究，并探索与产品有关的技术，其特点是将这两者结合在一起。科学家在这里工作，一方面推进基础科学，另一方面提出对实际应用有益的科学新思想。

为了更好地支持其全球生产—服务网络，研发的国际化成为 IBM 公司研发战略的一个主要组成部分。IBM 的全球研发网络是基于两大主体构建起来的：基础研究所（主要进行知识和技术创新）和应用研究所（主要进行新产品开发）如表 8-4 所示，基础研究所布局较为分散，应用研究所较为集中，主要布局于美国、西欧和日本；在业务内容方面，基础研究所的战略定位侧重于以新方案、新思想、新概念和新技术为核心的知识和技术创新。

表 8-4　IBM 基础研究所与应用研究所的区位与业务内容主要分布

基础研究所	应用研究所
美国：计算机科学、物理学、教学科学、系统技术与科学、存储系统与技术、高分子聚合体科学与技术、生产制造研究	美国：系统/390 企业服务器、OS/390 操作系统、DB2 数据库、AS/400、OS/400 等
日本：声音识别计算机科学、图像处理、存储与半导体技术、软件等	加拿大：基站软件、语言开发等
以色列：软件、计算机科学、微处理器、计算机过程、应用教学	德国：系统/390 CMOS 服务器、OS/390 系统管理、生产工作流程等
中国：文化与信息技术交融、中国语言	英国：交易系统等

资料来源：王焕祥. IBM 的研究战略及其趋势［J］. IT 时代周刊, 2005（1）：58-59.

正是这些业务内容真正成为 IBM 公司核心能力的源泉，应用研究所则直接服务于各生产基地，面向全球市场开发新产品。基础研究所与应用研究所之间以及各个研究所之间是众多相互依赖的研发机构中的一员，各地的研究所经由正式和非正式的协调机制联系在一起，从而形成一个高效运行的网络。例如，基础研究所之间虽然研究领域迥异，但由于基础性研究在深层次上存在着相当的联系和重叠，因此可以相互借鉴研究成果，通过整体协作提升整个研发网络的效率；而各应用研究所开发的产品一方面服务于本土化战略，另一方面则通过一个研究中心实现同一产品在不同国家和地区之间的设计、款式、性能的转化和互换，通过研发网络内的流转提高同一新产品的利用效率。这样，各研究所在利用东道国本地的资源进行研发活动的同时，还可以通过研发网络将东道国本地的资源转化为网络内可流转的资源。

IBM 研究部门是世界上拥有最先进技术和最完善设备的研究机构之一，IBM 在全球建有 12 个研发中心，在美国本土有 3 个，在中国有 1 个，其他的遍布世界各地。分别是美国纽约州约克镇和霍桑的华生研究院、美国加利福尼亚州的圣荷塞的阿莫顿研究院、瑞士的苏黎世研究院、以色列的海法研究院、日本的东京研究院、美国得克萨斯州的奥斯丁研究院、IBM 中国研究院、印度研究院、巴西研究院、澳大利亚研究院、爱尔兰实验室和肯尼亚非洲物理实验室，如表 8 – 5 所示。

其中，华生研究院是 IBM 十二大研究中心的总部。从事计算机科学、输入/输出技术、生产性研究数学、物理学、记忆和逻辑等方面的研究。物理学包括：凝聚态物理、超微结构、材料科学、显微技术、表面物理、激光物理以及天文学和基本粒子。艾曼顿研究院是 IBM 全球规模第二大的研究中心。除了计算机科学以外，还进行高温超导、等离子体、扫描隧道显微镜和同步辐射等研究。艾曼顿研究院是 1956 年世界上第一个磁盘存储器诞生地，另一个值得该实验室骄傲的是，关系数据库在这里诞生，灵活强大的关系型数据库在当时曾引起整个世界的轰动。瑞士研究院重点是激光科学与技术，特别是半导体激光器、光学储存、光电材料、分子束外延、高温超导、超显微技术等方面，还进行信息处理等计算机科学研究。日本东京研究院内分计算机科学研究所、新技术研究所和东京科学中心，主要是结合计算机的生产和革新进行研究。巴西研究院重点研究石油和天然气自然资源的勘探、搬运技术，大规模活动的智能系统和活用半导体技术的智能设备三个领域。

表8-5　IBM全球研究中心及其研究领域

名称	成立时间（年）	地理位置	研究人员（名）	研究领域
华生研究中心	1961	美国纽约州镇和霍森	803	计算机科学、数据库、数据挖掘、商业智用、用户界面、存储系统软件
阿莫顿研究中心	1955	美国加利福尼亚州的圣荷塞	219	计算机科学、数据库、用户界面、网络软件、存储系统软件与技术物理科学、材料科学、纳米技术、生命科学、服务研究
奥斯丁研究中心	1995	美国得克萨斯州的奥斯丁	30	高性能/低功率 VLSI 设计与设备、系统级能力分析以及新生活系统体系结构
中国研究院	1995	中国北京	55	商业集成与改造、信息与知识管理、未来嵌入式系统与设备、灵活普及的基础设施技术以及用户交互技术
苏黎世研究中心	1956	瑞士苏黎世	155	纳米科学与技术、半导体技术、存储系统、高级服务器技术、系统设计、IT 安全与加密技术、商业最优化、服务研究、移动技术、行业解决方案
海法研究中心	1997	以色列海法	114	存储与商业连续性系统、认证技术、多媒体、能动管理、信息恢复技术、环境规划、最优化技术以及生命科学
东京研究中心	1982	日本东京	69	分析学与最优化、软件工程、中间件技术、安全技术、电子与光学装备技术、工程与技术服务、文本挖掘及语音技术
新德里解决方案研究中心	1998	印度新德里	186	语音技术、普及运算、电子政务、信息管理、电子商务、生命科学、分布式计算、软件工程
澳大利亚研究中心	2010	墨尔本	63	软件工程、自然资源管理、生命科学
巴西研究中心	2010	巴西圣保罗和里约热内卢	52	自然资源的发现、智慧城市和人类系统、智慧城市和服务系统
爱尔兰研究中心	2011	爱尔兰都柏林	73	计算机科学、数学与计算科学、科学与技术
非洲物理实验室	2013	肯尼亚内罗毕	5	公共服务电子化、城市发展与规划、信息通信与技术技能培训

资料来源：据 IBM 研究中心网站资料整理：http://www.research.ibm.com/worldwide.

（二）IBM 中国研究院创新发展情况

1. IBM 中国研究院的成立

1995 年，IBM 在中国成立了中国研究中心（2006 年更名为 IBM 中国研究院），是 IBM 全球十二大研究中心之一。2008 年 10 月，IBM 中国研究院上海分院成立，便于当地合作伙伴更好地了解 IBM 技术和研究能力以加强合作。现有 200 多位计算机专家，拥有集基础研究和应用研究为一体、均衡发展的研究体系，并全方位与学术界、客户、业务伙伴及政府机构开展了合作。1999 年，IBM 又率先在中国成立了中国开发中心，是 IBM 全球规模最大的软件开发基地之一，也是目前跨国企业在中国最大的开发中心，有 5000 多位工程师同时进行 Information Management，Websphere、Lotus、Tivoli、Rational 等 IBM 核心五大品牌软件开发，并承担 IBM System Z（大型机）软件的重要开发工作，为客户提供顶级行业解决方案。中国系统与科技研发中心于 2004 年开始筹建，并于 2007 年正式成立，目前在北京、上海、台北三地共有 1200 多位工程师，专攻于系统硬件、软件管理开发、存储器、半导体技术等领域。

IBM 中国研发中心自成立以来，中国研究中心的队伍一直在发展壮大，并且成为 IBM 全球研发的重要机构。IBM 中国研究中心的研究计划主要包括：中文语言、文化与信息技术如何交融，信息技术如何在中国普及，信息技术如何改善企业行为等，如 IBM 的 ViaVoice，在中文识别上取得了突破性进展。这些技术和研究领域与世界前沿保持同步，是整个 IBM 公司长期发展的关键技术。IBM 中国研发中心现在直接向美国沃森研究中心负责。

2. 研发活动

IBM 每年向研发投入超过 60 亿美元资金，IBM 中国研究院是 IBM 的重要投资之一。IBM 中国研究院把全球最优质的资源进行集中和整合，并与中国的社会各界一道完成跨学科、跨领域科技知识与经验的融合，共同推动科技的创新和发展。

多年来，IBM 中国研究院一直稳步成长，已成为中国最具声望及广泛认可的研究机构之一。IBM 中国研究院的研究领域横跨多个学科，其主要研究领域涉及未来系统、网络技术与业务、分布式系统及管理、信息管理及交互和创新服务等。研究内容涵盖计算机科学、以人为中心的计算、管理科学与运筹学等，目前的重点研究课题包括业务分析与优化、云计算和物联网的技术创新及在商业和社会上的应用，包括智慧的城市、智慧的供应链和智慧的公共设施管理等方面，以科技助力"智慧的地球"的建设。同时，基于对行业领域的见解和实践，IBM 中国研究院也通过运筹优化技术来解决业务复杂度问题，如大量数据计算和业务运营的实际应用问题。作为领先的行业研究实验室，IBM 中国研究院通过与 IBM 的其他业务部门及政府、大学、客户和商业伙伴的合作，已成功创造了多项技术。2008 年，IBM 中国研究院被全球供应链管理委员会授予"供应链卓越学术奖"和"全球供应链奖"，以表彰和鼓励 IBM 中国研究院在该领域的创新和贡献。

3. 技术合作

IBM 中国研究院设有多个创新中心。2008 年底，IBM 提出了"智慧的地球"的愿景，与中国各级政府展开了全面合作，在中国建立了 IBM 全球铁路创新中心、IBM 中国分析决策创新中心、IBM 电子政务创新研究院。2010 年，IBM 为应对地球上数百万的感知设备智慧互联之后出现的种种技术挑战建立起 IBM 全球首个物联网技术中心，现在这一领域不止是 IBM 中国研究院，而是 IBM 全球研究院都在努力做的工作，但是由中国研究院引领的。IBM 中国研究院的物联网技术研究中心意味着未来 IBM 大中华区将在 IBM 全球创新中扮演着越来越重要的角色，甚至在很多领域都有机会成为全球创新的领头羊。创新中心不仅展现研究院在特定行业的研究成果和解决方案，同时也帮助研究人员根据市场需求，培养行业洞察力、完善技术方案、加强与 IBM 各业务部门和客户的协作创新。

IBM 中国研究院作为跨国公司在华建立的第一个研究机构，多年来立足本土，放眼全球，致力于用创新科技推动产业发展、改善未来人类生活等相关的科技创新和实践。秉承"开放、协作、创新"的核心理念，不断引领对社会发展中一些重大问题的研究和探讨，并且在科研界率先提出了科学工作并非只能在实验室中进行的观点，前瞻性地将自己置身于真实环境和变量之中，使 IBM 中国研究院能够更加迅速和准确地汇集和应用知识，在科技创新、技术转化和人才培养等方面硕果累累。

IBM 中国研究院已经涉及了许多影响深远的重要社会发展问题，比如，人们如何通过海量数据分析，提高水系统效率；如何通过分析交通模型，有效缓解城市交通阻塞等。在信息技术领域，IBM 帮助中国很多地方政府建设了软件即服务平台，与来自通信、医药与零售等重要领域的行业伙伴，共同推广基于 Web 的云服务平台。这些平台将能够实现互联互通，形成一个完整的服务生态系统，从而为整个社会打造一个更好的 IT 基础架构。

（1）新能源项目。2010 年，IBM 中国研究院与国网电力科学研究院合作进行新能源以及智能输配电等方面的联合研究。在新能源研究方面，通过对风能、太阳能和水能的有效预测，使各种可再生分布式能源得以有效利用；在智能电网方面，开展智能输变电状态在线监测研究，建设端到端的"智能电网无线通信及应用系统平台"，实时监测和控制电网，提高电网系统可靠性，并通过降低故障频率，解除频谱干扰，优化频谱资源，来提高输配电资产的利用效率，最终保障电力系统安全、智能、高效地运行。

（2）智慧地球。IBM中国研究院高度重视科技创新对商业社会和人类生活等方面的影响，尤其管制中国经济和社会发展对于信息技术的需求。在"智慧地球"整体战略下推出三大重要应用。

智慧城市——将技术应用于城市规划的方方面面，包括医疗、交通、水资源管理以及食品安全，以达成最终目标：推动城市以管理得当、经济有效的"智慧"方式运行与发展。

智慧的能源和公共设施——围绕"智慧能源和智能电网"，推进新能源的综合利用，实现绿色发电、高效输能、动态配电和智能用电，进而促进整个能源价值链的优化。

智慧供应链——低碳经济的到来让高耗低效的物流供应链改善迫在眉睫。"智慧地球"的实现依赖跨学科、跨领域科技知识与经验的融合（张鹏，2010）。①

（3）物联网。2010年，IBM在中国建立全球首个物联网技术中心，旨在为物联网相关研究提供一个开发创新平台，支持并加快物联网相关创新型技术与服务的研究、实践及发展；提升端到端继承解决方案的价值，大幅缩短研发成果的市场投放周期；整体构建包括业务、商业模式等物联网产业的发展框架，指导并推动物联网产业生态环境的建设。IBM与国网电力科学研究院在新能源建设、智能输配电等相关课题的研究也在此技术中心展开，物联网作为中国研究院的重要研究课题之一，将集合IBM中国研究院的优势及全球研发资源，与各界领先的合作伙伴一起，努力打造实现"感知中国""感知世界"的基石。

不仅在物联网领域，IBM中国研究院大量的研究成果都来自与合作伙伴的联合研究。定位于基础学科与应用学科并重的IBM中国研究院，要获得未来更大突破尤其是应用领域的突破，必须借助与合作伙伴的联合研究。IBM中国，不仅仅拥有物联网技术中心，在软件领域的还有全球分析优化开发中心、全球物流技术

① 张鹏. 秉承开放、协作、创新三大核心理念，IBM中国研究院15载耕耘累硕果——暨IBM物联网技术中心落地中国 [J]. 通信世界，2010（35）：24－25.

应用开发中心纷纷先后来到了中国。从分析优化到物联网再到物流应用都是与物联网紧密关联的重要技术与应用，越来越明显的群聚和联动效应正在形成。

（4）云计算。与物联网息息相关的则是云计算，在 IBM 看来，云计算是构建物联网的根本基础。早在 2008 年，IBM 就率先在大中华地区设立了云计算中心，整合全球的云计算研发资源推出了一系列本土化的云计算解决方案。IBM 在中国始终倡导构建一个健康的云计算生态圈，通过系统中各方的资源共享和协作交流，促进中国云计算产业化发展。

（5）IBM 中国研究院与中国大学的研发合作。IBM 与中国高校的合作开始于 1984 年 IBM 为中国高校作了一系列计算机设备硬件和软件的捐赠。1995 年 3 月，以 IBM 与中国原国家教委签署合作谅解备忘录为标志，"IBM 中国高校合作项目"正式启动。IBM 中国高校合作项目涉及课程体系建设、师资培训示教、教学平台共建、联合研究开发、专家学术巡讲、校园科技活动、奖学奖教奖研、学者交流访问、教材编写出版、毕业实习招聘、技术支持服务、专业技术认证等方面（刘云，2007）。[①]

IBM 中国研究院积极开展与高校和研究机构在联合科研及人才培养方面的长期合作。这些交流与合作不仅丰富了研究院的学术活动，活跃了研究氛围，同时也积极推动了中国科研和教育事业的发展。2005 年底，IBM 中国研究院启动"探索性研究计划"，研究员与访问学者和实习学生共同对重大关键技术进行探索性研究。

4. IBM 中国研究院战略定位

IBM 中国研究中心利用 IBM 全球研究开发技术，连接世界与中国并积极推进同国内一流大学和研究机构的长期合作。其战略定位是创造推动人类前进的世界级信息技术和基础科学，且尤其关注与中国 IT 产业及其他新兴市场相关的技术和需求。

IBM 中国研究院自成立以来充分发挥自身的创新能力，与 IBM 全球的研究机构紧密合作，对中国与世界的科技创新及经济发展做出了重要贡献。在未来，IBM 中国研究院将继续立足本土，依托 IBM 全球强大的科技研发资源，与世界合作伙伴携手共进，打造高效的产、学、研可持续发展生态系统，协作创新，为中国和世界信息产业的发展贡献力量。IBM 将持续加大对中国研究院的投入，开放创新，为中国和世界的发展做出更大的努力。

2014 年，IBM 宣布 IBM 大中华区 2014 年的战略重点，即更加以客户为重心

---

① 刘云. 跨国公司技术创新：研发国际化的组织模式及影响［M］. 北京：科学出版社，2007.

调整公司组织架构；加速向高价值转型；通过全新开放战略，构建共赢的生态系统，推动中国信息产业再升级；重塑企业文化，践行以客户为中心的企业战略；加速向高价值业务转型。其中 IBM 大中华区组织结构的调整最值得关注。IBM 大中华区将直接向美国总部汇报，大中华区将被赋予更大的权利，同时也会获得更多来自于总部的支持。此外 IBM 大中华区还建立了新的客户覆盖模式，成立了大客户部来支持行业领导企业的发展，并且通过六个大区和中型企业部来支持各地区不同规模的企业成长。为了更好地服务于行业客户，特别新建了行业创新部，以致力于提供更加整合的行业解决方案。在价值创造领域，IBM 成立了战略成长部门，以驱动公司在智慧城市、大数据分析、云计算等领域的成长。在云计算方面，IBM 公有云平台 SoftLayer2014 正式引入中国。SoftLayer 位于中国香港的数据中心已经开业，位于内地的数据中心也已落地。此外，IBM 还计划未来几年在内地共设立 3~5 个 SoftLayer 云数据中心。

三、丰田公司

（一）丰田全球研发布局

在全球，丰田强大的研发能力体现在大量的研发投入、高效的研发组织以及准确的研发方向三个方面。

1. 大量的研发投入

丰田公司为了在未来竞争中占据有利的地位，十分重视科研投资。1988 年度的科研经费就高达 3000 亿日元，约占销售总额的 4.5%，2001 年度技术开发费达 4800 亿日元，约占公司销售收入的 4%，2002 年度研发费用为 5870 亿日元，2007 年度约为 9400 亿日元。2006 年丰田以 77 亿美元的 R&D 投资金额位于全球所有高科技公司之首。2018 年研发投入约 1.08 万亿日元，2019 年投入约 1.1 万亿日元（约 101 亿美元），位居日本企业研发投入之首。[①] 日本丰田公司，

---

① 佚名. 日本研发投入前三名均为车企 丰田 2019 年预算超百亿美元 [BL/OL], 2019 - 08 - 08, https: //www. sohu. com/a/332283534_ 183181.

其国内工作人员为6.8万人，其中科研人员占总人数的近1/5。

丰田研究的项目如机器人、新材料、超导体等，与未来的汽车发展有着直接关系，能对汽车性能的提高产生效果。作为现代化技术综合体的汽车，其性能越高，附加值就越大，现在的科研投资必将结出经济效益的硕果。因此，丰田的研究重点放在能源、环保及安全等尖端技术的研发。

2. 高效的研发组织

为了准确把握世界各地用户的需求信息，实现高效的汽车生产，丰田在全球不断强化研发体制。这些技术中心从事的任务包括在当地收集有关设计方面的信息，即从事与汽车设计未来趋势和动向有关的信息收集活动；提出设计建议，即就有关汽车外观、内饰类型及色彩方面的问题提出建议，发挥支持生产的功能，例如，为在法国生产的汽车进行设计并在生产阶段予以扶持等。如表8-6所示：

表8-6　丰田全球研发中心（部分）

地区	研发中心名称	主要研究内容	所在国家
日本	总公司技术中心	从事产品策划、设计、制作样本、评估等	日本
	东富士研究所	从事研究车身及发动机的新技术	日本
	士别实验场	主要从事行走实验和耐寒实验以及评价	日本
	东京外形设计研究所	从事研究开发先进的外表设计	日本
	丰田中央研究所	基础研究	日本
北美洲	丰田技术中心 U.S.A	从事汽车开发、实验、评估、认证、技术调查、生产支援	密执安州、加利福尼亚州、亚利桑那州、华盛顿特区
	CALTY 设计研究所	从事外形设计、室内装饰、色彩设计等	加利福尼亚州
	丰田加拿大寒冷研究中心	从事汽车在寒冷地带的各种实验及其评估	加拿大
欧洲	TMEM 技术中心	从事车辆实验、评估、认证、技术调查、当地采购零部件、开发支援和生产支援	比利时、英国、德国
	丰田欧洲设计开发中心	从事外形设计、设材设计等	法国

资料来源：丰田发展战略。

3. 准确的研发方向

丰田的技术研发以环保、安全、舒适为三大基本研发主题，并制定具体目标，开展里程碑式的研究开发。研发不伤害于人的安全汽车、越开空气越洁净的环保汽车是丰田的最终目标。

国际汽车技术发展的新潮流，总的来说可以分为两大类：一是各厂家基础技术的趋同化。如普遍采用混合动力技术，普遍注重环保和节能，普遍采用电子技术。二是具体车型的个性化。由于消费者个性需求的增多，越来越多的车型开始追求与众不同的美感。

丰田在最初进入国际市场时就是凭借低油耗、节能的优势。在之后的研发中，丰田紧紧围绕着这一环节发展自己的技术，如今在混合动力技术上处于全球领先水平。同时紧扣当今的研发主题，将环保与安全作为研发重点。例如：开发出了 GOA 车身技术，以加强对乘客的保护。

另外，丰田的研究设计也注重汽车的舒适性。例如：丰田在 20 世纪 60 年代就开始研究福利车，即专为残疾人所设计的车型，方便其出行。现今，丰田汽车公司又与日本著名脑机能开发研究专家川岛隆太所领导的日本东北大学未来科学技术研究中心一起研发能够感知老年人大脑和身心状态、预防老年驾驶者发生意外事故的"老年专用车"。丰田公司希望"老年专用车"能预防事故发生，让老年人享受驾驶的安全、方便和乐趣。

（二）丰田在中国的研发中心

中国市场是丰田最重要的市场之一，从 1964 年皇冠轿车的首次引进，丰田在中国已经走过了超过 50 年的发展历程，在中国现已拥有 23 家直接投资的独资、合资公司和 4 个代表处，约 4 万名员工，一汽、广汽两个强有力的合作伙伴、三条销售渠道，近 1000 家经销店、10 万名以上从事销售及服务的经销商同仁以及更多的供应商员工。丰田对中国事业的规划是，在中国市场力争实现日系品牌第一、各大品牌中市场占有率达到第三的目标。

丰田汽车研发中心（中国）有限公司（简称 TMEC）与两个合作伙伴的合资研发中心（一汽丰田研发中心和广汽丰田研发中心）相互信赖，齐心协力共同组成了中国研发事业的"三驾马车"。[1] 其中 TMEC 和一汽丰田研发中心两个研发中心的概况如表 8 - 7 所示。

---

① 丰田汽车研发中心（中国）有限公司建设工程开工仪式丰田章男社长演讲稿［EB/OL］．2011，丰田官网，http://www.toyota.com.cn/mobile/mediacenter/show.php? newsid = 4654.

表 8-7 中国研发中心概况（部分）

研发中心名称	成立时间	注册资金	出资比例	职工人数	地址
丰田汽车研发中心（中国）有限公司（TMEC）	2010 年 11 月 1 日	2.34 亿美元（总投资额：6.89 亿美元）	丰田汽车公司 100%	336 人（截至 2014 年 6 月）	江苏省常熟市东四环路 55 号
一汽丰田技术研发中心（FTRD）	2012 年 11 月 28 日	不详	一汽丰田汽车公司 100%	100～200 人	天津经济技术开发区西区

1. 丰田汽车研发中心（中国）有限公司

TMEC 成立于 2010 年 11 月 1 日，2013 年在江苏常熟竣工。TMEC 是丰田"最先进关键技术"研发基地，其成立是为了能向广大中国消费者提供更加贴近顾客需要的，并且兼顾环保性能和安全性能的汽车产品。TMEC 是丰田在全球范围内最新的研发中心，同时也是其在日本以外首个在海外市场成立、专门进行丰田混合动力技术（THS 技术）相关研究开发的研发中心。

该研发中心以节能、新能源技术的本地化为核心，同时还具备了包括进行动力总成方面的研发、行驶性能方面的研发，以及材料技术开发等相关的研发设施。TMEC 开展"HEV 国产化"等业务，设立"节能和新能源车技术中心"，并且为顺利开展上述业务而培养本地人才。

2. 一汽丰田技术研发中心（FTRD）

2008 年 8 月，天津一汽丰田汽车有限公司（TFTM）成立技术研发中心（简称 R&D）（FTRD 前身）。2012 年 11 月 28 日，一汽丰田技术开发有限公司注册成立。2013 年 5 月，FTRD 开始独立运营。2013 年 8 月 9 日，FTRD 研发基地奠基。

FTRD 是一汽集团第一个合资体系汽车产品研发中心，是丰田汽车在全球持续发展的重要组成部分，FTRD 的成立将强化天津一汽丰田整车研发能力，提高研发业务的效率和速度，提升新区汽车产业技术创新水平。

该研发中心的大楼面积约为 7500 平方米，内有设计室、车辆讨论室、试验室、试作工厂等设施，主要从事现生产车型技术配合、换型车辆开发、零部件国产化推进、新能源研讨、车辆试验认证等方面工作。未来，FTRD 除强化研发设备外，还将从中长期的角度出发，在中国培养研发专业人才，不断努力实现研发本地化的目标。

3. 广汽丰田研发中心

广汽丰田汽车有限公司（简称"广汽丰田"）成立于2004年9月1日，拥有设施先进的研发中心。广汽丰田将有计划地强化研发能力。目前其研发队伍的规模近200名，同时建立机制，确保中国工程师开发的产品能最大限度地反映中国消费者的需求。此次，广汽丰田将研发中心升级为研发本部，并加大人才储备的计划。

（三）丰田在中国的外部合作创新

竞争日趋激烈的市场、变化日新月异的技术、日渐缩短的产品生命周期、复杂与昂贵的研究开发项目，所有这一切都使得完全依赖内部技术发展的公司愈加难以为继。如果仅靠自身的技术研发而忽略了外部的创新合作与技术源的获取，公司将会在创新的潮流中处于越来越不利的地位。以丰田为代表的日本企业充分利用了企业的外部技术源以寻求创新的思想来源，而集中自身的力量来进行应用性的研究开发，更加注重于具体技术，所以在推出新产品方面则更具效率。在这里独特的外部网络发挥了重要作用，从传统只注重于内部专有技术研发（Know-how）转向通过企业外和企业内部网络寻求合作伙伴（Know-who）。

由于他们对合作伙伴有深刻了解，能够非常高效地融入其外部网络，与网络中的其他企业、高等学校及其科研实验室、政府部门进行深入合作，以获得知识资源以及全球科学技术或市场最新的信息。这样可以大大减轻研发部门的基础技术研发任务，使其更加专注于实现产品价值的其他创新环节。

1. 与合资企业的合作

（1）丰田（中国）的"云动计划"。2011年3月1日，丰田汽车（中国）投资有限公司（简称丰田（中国））在北京宣布了一项有关中国市场拓展的重大战略计划。这项名为"中国云动计划"的市场战略将围绕"环保技术、福祉车、商品、服务、事业、社会贡献活动"六个方面，加速在中国的事业发展步伐。其中在中国市场推广新能源技术和新能源产品是这项计划的核心之核心。中国市场攻略将分三步走：第一步，2012年，丰田希望能够在年销量超过100万辆的同时，为节能新能源车的发展打下坚实的基础；第二步，2015年，在达到160万~180万辆销量的同时，搭载国产混合动力总成的混合动力车在一汽丰田、广汽丰田实现批量化国产；第三步，确定以节能新能源车为主体的事业发展模式，加大对新能源投入力度，让更多人有机会体验新能源车，实现节能新能源车型在丰田整体销售中占据20%的份额。

为了保证"云动计划"的实现，丰田（中国）还表示，将与一汽丰田、广汽丰田和雷克萨斯"实现无缝合作"，以形成品牌合力和市场合力。

（2）广汽丰田的"蓝天行动"。"蓝天行动"是广汽丰田针对日益严重的环境问题，积极响应"美丽中国"号召而发布的战略行动规划。该规划旨在通过节能环保型的汽车产品、绿色产业链、蓝天公益事业三大核心内容，提升中国消费者环保意识，为企业和社会的可持续发展做出贡献，一系列行动举措在2015年12月前逐步实施。

其中，在节能环保汽车产品打造方面，将通过"三驾马车"进行发力：向中小型车实现战略性转移、全力推广普及混合动力技术以及着手推进合资自主纯电动车研发。广汽丰田未来将主推可持续投入的节能环保产品，实施向中小型车实现战略性转移，向中国市场导入更多的全球代表车型，未来中小型车产量将占广汽丰田总产量40%以上。另外，广汽丰田还将全力推广普及混合动力技术，除混合动力凯美瑞·尊瑞之外，还将增加新的混合动力车型；着手推进合资自主纯电动车研发，广汽丰田合资自主品牌首款自主研发的纯电动车，计划在2015年投产。此外，广汽丰田还将致力于可持续发展的产业链布局，包括打造"环保NO.1"的工厂，100%渠道绿色认证承诺，可持续倡导和推动的环保公益事业等。

（3）共同助力"云动计划"。"蓝天行动"是广汽丰田对于丰田"云动计划"的回应和补充。根据丰田（中国）的"云动计划"，丰田将围绕"环保技术、福祉车、商品、服务、事业、社会贡献活动"六个关键词加速在中国的事业步伐。"蓝天计划"则进一步表明广汽丰田的思路：通过小型车来拓展销量，用混合动力产品去赢得未来。

2. 与科研单位的合作

丰田也与大学建立了长期的密切的合作关系。每当进入不熟悉的专业领域，便会求助于国内外世界名牌大学及其他知名研究机构，开展密切而活跃的合作研究。以中央研究开发实验室为主的研究人员与大学里面的许多教授专家都建立了良好的私人联系。与大学保持密切联系的另外一个方面就是培训与进修，丰田公司每年都派30~60名工程师及研发人员去世界著名大学攻读学位或做访问学者去参与其合作研究项目。

除大学外，公司外部协作网络内还有许多重要单位。如丰田的研究院，可以从日本的工业产业界中吸纳专业人才，参加联合科研的短期开发与合作，海外设计中心的工程技术人员主要任务是把握全球技术的发展动态与趋势，实现对外来技术的借用或学习。丰田汽车的欧洲中心和设在美国加州的设计研究所在雷克萨斯车的开发中扮演了极其重要的角色。

清华大学与丰田汽车公司有着较长时间的合作基础，从 1998 年开始共同举办技术讲座，2003 年起进行科研项目合作。经过多次协商，双方于 2005 年 11 月初签署协议，成立“清华大学—丰田研究中心”（Tsinghua University – Toyota Research Center）。中心成立后进行大气环境、能源、材料、交通安全等领域的合作研究，中心主任由中国工程院院士、清华大学环境与科学系郝吉明教授担任。

丰田支助清华大学成立产业发展与环境治理研究中心（CIDEG）。2005 年 3 月 1 日，清华大学在公共管理学院产业发展与环境治理研究中心与全面支持中心成立的丰田汽车公司举行签字仪式。丰田在随后 5 年内，每年向中心提供 600 万元人民币（约折合 8000 万日元）、总额为 3000 万元人民币（约折合 4 亿日元）的资金支援。同时，为了确保 CIDEG 在教学和研究上的独立性，丰田将不介入中心的任何学术活动决策。

大气污染研究项目。2013 年 8 月，清华大学展开与日本丰田汽车公司合作，研究导致中国大气污染的 PM2.5 细颗粒物。丰田公司提供汽车尾气等相关技术数据，清华大学对 PM2.5 的成因等大气污染原因进行研究。

3. 参与社会公益事业培养汽车人才

社会公益事业是丰田在中国整体战略的重要组成部分，2012 年丰田中国启动的首个自主战略——“云动计划”，更是将社会公益事业作为其中重要的一环，提升到企业战略高度大力推进。秉承“通过汽车创造富裕社会”的企业理念，丰田一直围绕“环境保护”“交通安全”“人才培养”三大领域，在中国脚踏实地、持之以恒地开展着社会公益活动。除了“丰田助学基金”项目外，丰田与辽宁丰田金杯技术学院合作，培养了 2 万余名中高级汽车维修技术人才；面向近 5 万人次普及了交通安全知识；在 5 万亩的沙地上种下了 500 万棵以上的树木。

（1）辽宁丰田金杯技术学院。以培养能担负起制造国产车重任、具有高度专业技术的人才为目的，1990 年 9 月，丰田与中国汽车工业总公司金杯汽车股份有限公司共同成立了“中国汽车工业丰田金杯技工培训中心”（现辽宁丰田金杯技师学院）。在中日双方的共同努力下，培训中心被认定为国家重点技工学校。截至 2013 年，共培养出 26841 名中高级技能人才。丰田除无偿提供相关设备外，还以接受师生赴日研修、派遣教员赴中国指导、提供丰田奖学金等形式对培训中心进行援助。

（2）T－TEP合作项目。T－TEP项目，即丰田技术培训计划（Toyota Techical Education Program，T－TEP）。该项目是丰田在全世界展开的一个人才开发项目，通过与汽车职业院校合作，为丰田经销店输送优秀的技术员工，并且通过这种方式提高整个职业教育的水平，进而达到贡献社会的目的。T－TEP项目与市场需求关系紧密，这样的教学环境中成长起来的学生无疑更容易掌握汽车行业最新的知识，具备更强的实际操作能力。

在选择合作院校的过程中，一汽丰田积极响应并实施国家六部委提出的技能型紧缺人才培养培训工程，参照教育部推荐的培训工程院校和公司的发展战略以及学校的办学需求，与教育部有关部门签订了支援职业教育、向汽修专业职业院校赠送教材教具的框架协议，每年赠送价值几百万元人民币的教具和教材。其中，包括提供先进的进口教材教具支援，如TCCS模拟教学板、发动机模拟试验台、ABS系统解剖零件、电子学教学板和丰田技术教学光盘等。除了进口教具，还向T－TEP学校提供国产教具车、中文培训教材、中文维修手册等。在提供教学硬件的基础上，一汽丰田在教学软件上也狠下功夫，为T－TEP学校教师提供定期培训的机会，将丰田最新技术和知识传授给T－TEP教师。一汽丰田在教学中强调"双师型"教师，除了加强教师的最新理论教学外，也非常重视教师的实际操作能力，只有理论和实践都过关的教师，才能上岗。

第一，举办丰田班。在T－TEP学校中开办"丰田班"是T－TEP活动的重要内容，根据学校实际教学情况，丰田班教学形式也多种多样，非常灵活。主要体现在五个方面：①教学，丰田TEAM 21技术培训课程；②实习，使用丰田车，加强学生实操能力；③目标，取得全球通用的丰田汽车技术认定资格；④学生，对丰田感兴趣，愿意到丰田汽车经销店工作；⑤就业，丰田经销店将为学生提供广阔的发展空间。

第二，TEAM 21技术培训体系。丰田班中导入丰田最新的TEAM 21技术培训体系。丰田班的学生在毕业前也需要经过笔试和实际操作考核才能得到认证。2005年7月在北京市交通学校和上海市交通学校的丰田班进行了TEAM 21一级的笔试考试。在上海市交通学校开展了第一届丰田班学生实操考核，并邀请经销店相关人员实地观摩，为学生提供了一个展示自身能力、经销店发掘人才的机会。这次实操考核内容为四万公里保养，细分为工作着装、工作流程、工具的使用、量具的使用、工作质量、维修资料的使用、工作安全、维修人员之间的协调性、4S（整理、整顿、清洁、清扫）情况和工单填写等一整套项目。

第三，赴日本交流。为了进一步提高 T–TEP 学校的教学水平，加强交流，一汽丰田还邀请 T–TEP 学校校长赴日研修，访问日本丰田总部，参加丰田举办的技能比赛冠军颁奖大会，参观设备先进的丰田整备学校，为中国的 T–TEP 学校提供了参考和经验。另外，T–TEP 学校校长通过参观一汽丰田目前设施最完备的培训中心——上海培训中心，也为学校的实训场地改造获取了参考经验。每年一度的"T–TEP 联络会"为学校提供了交流经验的平台。

第四，TOYOTA–DAY。一汽丰田每年都在 T–TEP 学校中举办毕业生招聘会，在学校和丰田经销店之间搭建毕业生就业桥梁。2009 年招聘会在 12 所 T–TEP 学校中举办，共有 93 家经销店参加，意向书签约人数为 524 人。2005 年丰田招聘会（TOYO TA–DAY）的规模还会扩大，将在 20 所 T–TEP 学校中举办 20 场次。从 2005 年到 2010 年，一汽丰田计划通过 T–TEP 项目为汽车行业培养出维修专门人才 9000 多人，销售人才 5000 多人。

（3）丰田助学基金项目。为帮助中国中西部地区积极进取、家境清寒的青年通过接受良好的高等教育，获得更多成长机会、实现梦想、回报社会，2006 年丰田汽车公司向中国宋庆龄基金会捐赠 2000 万元人民币设立了"丰田助学基金"项目，计划于 2006～2010 年资助中西部 20 所高校 1000 名学生完成学业。鉴于项目取得了良好的效果，经过与中国宋庆龄基金会商议，丰田决定继续出资 1680 万元，在 2011～2013 年资助中西部 25 所高校 750 名大学生顺利完成学业。"丰田助学基金"第三期项目计划在 2014～2020 年内，投入 2700 万元，为中国中西部地区 26 所高校的 780 名品学兼优的清寒学子提供资金支持及参与体验活动的机会，以帮助他们扬起大学梦想的美丽风帆，完成学业。

第三期项目将更侧重于丰富学生活动和提高学生融入社会的能力，比如，将社团精英训练营的参与者覆盖到所有学生；设立在校生、毕业生、基金会与丰田的信息交流平台；为学生提供就业指导讲座等。"丰田助学基金"在提供资金帮助的同时，还组织学生参观丰田各地经销店和生产工厂、开展社团精英训练营、赴日参观访问、征文比赛、志愿者活动等丰富的内容，以帮助学生拓展视野，鼓励他们实现自我提升，锻炼适应社会的能力。

（4）"21 世纪中国首都圈环境绿化示范基地"合作项目。丰田汽车公司与中国科学院中日科技与经济交流协会、河北省林业局、日本地球绿化中心四方自

2001 年 4 月开始在河北省丰宁满族自治县实施了"21 世纪中国首都圈环境绿化示范基地"合作项目。

2008 年 5 月,作为该项目第三期的主要内容,"21 世纪中国首都圈环境绿化交流中心"在河北省丰宁满族自治县落成并向公众免费开放,该中心是有关研究单位和当地林业部门在华北干旱地区推广农业和环保技术、培训新型农民和农业科技人员以及展示中日 10 年合作成果的窗口和向青少年宣传环保与科普的基地。

2011 年 12 月,丰田中国与河北省林业局、丰宁县林业局三方签署了第四期植树项目合作协议书。2012 ~ 2014 年,丰田中国将在沙漠化更为严重的丰宁县南沙口子地区开展植树造林 150 公顷。截至 2011 年 3 月,共完成了 3000 余公顷的植树造林,取得了显著的绿化效果。

四、三星电子

(一) 基本情况

韩国三星集团成立于 1938 年,是韩国最大的企业集团。三星集团从最初经营鱼干、蔬菜和水果的小企业逐渐成长为涵盖电子、金融、重工业、化学、工程、服务等众多业务领域的超大型跨国公司。2011 年,三星集团资产总额达 3437 亿美元,净销售额达 2201 亿美元,净收入达 212 亿美元,占韩国 GDP 总量的 19.72%;2012 年三星集团营收逾 2400 亿美元,占韩国 GDP 总量约 20%;而到了 2013 年,三星集团营收达到创纪录的 228.69 万亿韩元,其中净收入达到 30.47 万亿韩元、营业利润 36.79 万亿韩元,同比增长 27%①。目前,三星集团旗下包括三星电子、三星电机、三星重工、三星化学、三星石化、三星生命保险、三星资产管理等众多下属公司。在所有的下属公司中,三星电子是其旗下最大的子公司。

三星电子公司成立于 1969 年,起初以组装生产黑白电视机为主,之后其产品范围从低级的家用电器、电子产品不断地扩大到尖端高科技电子产品制造、半

---

① http：//forex. eastmoney. com/news/1129, 20140518385287615. html.

导体、数字媒体等领域。其中，三星电子在动态存储器、静态存储器、CDMA 手机、电脑显示器、液晶电视、彩色电视机等近 20 种产品中保持着世界市场占有率第一的位置，是全球最大的 DRAM 芯片、TFT – LCD 芯片、闪存芯片制造商，以及优秀的手机制造商和家电制造商。截至目前，三星电子已在半导体、电信、数码媒体和数码整合技术领域成为全球领军企业，并在全球 68 个国家设有 206 个分公司和办事处，成为世界排名前 20 的品牌，而在美国《商业周刊》发表的 2010 年度"世界最具革新精神的企业"排名中，三星电子位居第 11。三星电子在快速发展的同时，其公司业绩也逐年大幅度增长，2013 年三星电子全球营业收入高达 1785.5 亿美元，营业利润 205.9 亿美元[1]。笔者根据收集的信息，整理成了其发展时间表，如表 8 – 8 所示。

表 8 – 8　三星电子发展历史

时间	标志性事件
1969 年	三星电子株式会社成立（1984 年改名三星电子）
1974 年	开始批量生产冰箱、洗衣机
1975 年	黑白电视机产量突破 100 万台
1978 年	出口额达到 1000 亿美元
1983 年	开发出韩国第一个 64K DRAM 芯片
1988 年	三星电子与三星半导体、无线通信合并
1997 年	开发出世界最小型 CDMA 移动电话、最大的 30 寸 TFT – LCD 显示器
2001 年	移动电话产量超过 5000 万、开发出世界最大的 40 寸 TFT – LCD 显示器
2004 年	三星品牌价值达到 125 亿美元，位居世界第 21
2007 年	开发出世界第一款 30nm 64GB NAND Flash 内存
2009 年	平面电视和半导体存储器全球市场占有率第一
2010 年	超级智能手机"Galaxy S"上市
2010 年	"世界最具革新精神的企业"排名中位居第 11
2011 年	三星电子手机销售额位居全球第一
2013 年	世界 500 强公司排名位居第 14

资料来源：笔者根据相关数据整理。

---

① 2013 年财务世界 500 强［EB/OL］. 新浪财金，http：//finance. sina. com. cn/focus/2013wealthworld 500/.

（二）三星电子的全球研发布局

作为一家富可敌国的大型跨国公司，三星电子历来重视研发投入。据《财富》报道，2008 年三星电子全球研发投入仅为 55 亿美元左右，此后随着三星电子的快速发展，其研发投入也在逐年递增。2009 年，三星电子研发投入 62 亿美元，2010 年为 87.3 亿美元，2011 年为 91.8 亿美元，2012 年为 106.9 亿美元，而到了 2013 年，三星电子在研发方面投入高达 134 亿美元（如表 8 – 9 所示），已经位居全球第二。① 从 2008 年到 2013 年，三星电子在研发方面的投入增长了144%，而历年研发投入占销售额的比重分别为 5.2%、5.5%、5.9%、6.0%、5.7%、6.3%。

表 8 – 9　三星电子历年研发投入（2008 ~ 2013 年）

年份	2008	2009	2010	2011	2012	2013
研发投入（亿美元）	55	62	87.3	91.8	106.9	134
研发/销售（%）	5.2	5.5	5.9	6.0	5.7	6.3

资料来源：佚名. 全球企业研发投资：大众与三星电子分居第 1 第 2［EB/OL］. 网易财经，http：// tech. ifeng. com/it/detail_ 2014_ 06/11/36764417_ 0. shtml，2014 – 06 – 11.

创新是企业可以永续发展的关键所在，随着新技术的不断推出，保持良好的竞争力在当今数码时代至关重要，而通过有创新能力的杰出人才、全球性研发网络以及加强与合作伙伴的精诚合作是实现企业可持续发展战略、不断研发创新性技术的重要手段。因此，三星电子除了每年在研发方面的巨额投资外，还在全球范围内建有众多研发中心，从而通过更好地利用全球智力资源，进一步扩大其技术领先优势。目前，三星电子在全球有 34 家研发机构，员工总人数 28.6 万名，其中研发人员达 6.9 万名，这意味着每 4 名员工中就有 1 名是研发人员。② 而在三星电子所有的研发机构中，位于美国、印度、波兰、以色列、荷兰、中国、日本、俄罗斯以及韩国本土的研发机构规模较大，在三星电子整个研发体系中的作

① 王珍. 三星成功密码：巨额研发投入本地化人才战略［EB/OL］. 凤凰网科技版，2014 – 06 – 11，http：//money. 163. com/14/1119/14/ABE0JAGT00253G87. html.

② 佚名. 三星电子谋求外部力量和公司自身的融合［EB/OL］. 中国行业研究网，2014 – 08 – 26，http：//finance. chinairn. com/News/2014/08/26/14265986. html.

用也最为显著。详细内容如表8－10所示：

表8－10　三星电子全球研究体系

研发中心名称	所在地	研究领域
三星信息系统美国有限公司	美国	战略性零部件及组件、核心技术
达拉斯电信实验室	美国	下一代无线通信系统技术
莫斯科三星研究中心	俄罗斯	光纤、软件算法以及其他新技术
三星电子印度软件中心	印度	数字产品系统软件，用于有线/无线网络以及手持机的协议
三星通信以色列研究中心	以色列	用于手机的 Hebrew 软件
北京三星通信技术研究有限公司	中国	中国市场移动通信标准化和商业化
三星半导体研究开发有限公司	中国	半导体封装与解决方案
三星电子研发中心	中国	为中国市场开发软件、数字电视以及 MP3 播放器
三星横滨研究院	日本	下一代核心部件及组件、数字技术
三星波兰研发中心	波兰	机顶盒软件平台开发、欧洲机顶盒及数码电视商业化
三星印度软件中心	印度	软件平台及程序设计、平面设计
三星电子研究院	韩国	手机以及数字电视软件

资料来源：http://www.samsung.com/cn/aboutsamsung/ourbusinesses/researchdevelopment.html.

（三）三星电子在华研发历程

2013 年，三星电子在中国市场销售额首次超过韩国本土销售额，达到 40.15 万亿韩元（约合人民币 2454 亿元），相较 2012 年增加 43%，而在韩国本土的净销售额仅为 22.78 万亿韩元，同比减少 22%[①]，中国正逐渐成为三星电子最为重要的海外市场。目前，三星电子在中国的北京、天津、上海、江苏、浙江、广东、香港、台湾等地设立了数十家生产和销售部门，主要生产半导体、移动电话、显示器、笔记本、电视机、冰箱、空调、DVD、数码摄像机以及 IT 产品等。而三星电子在中国的研发活动也经历了从无到有、从本土型研发中心到全球化研发中心的转变。

1. 前期探索阶段（1992～1997 年）

1992 年，中韩两国建立了正式外交关系。同年 8 月，三星电子在广东省惠州

---

① 李小飞. 三星电子 2013 年在华销售额首次超越本土销售额［EB/OL］. 环球网，2015－05－28，http：//tech. huanqiu. com/it/2014－05/5007052. html.

市建立了三星电子中国有限公司，从而正式拉开了在华生产经营的序幕。次年4月，三星电子在天津市成立了分公司，负责生产销售手机、电视以及显示器等产品。随后，三星电子不断加大在中国市场的投资力度，冰箱、洗衣机、音响、半导体、微波炉等产品的生产线也被陆续引进。

这一时期，虽然三星电子在中国市场的投资力度和强度很大，但是由于对市场缺乏必要的认识和了解，所以在中国的经营活动主要是以电子产品的生产和销售为主，并没有进行相关的研发活动。此外，公司内部盛行的"以量取胜"的生产观念使得三星电子在中国市场推出的产品几乎毫无特色可言，而价格上的劣势更使其设想通过"物美价廉"的电子产品征战中国市场的计划落空。1996年，三星电子在面对长虹、格兰仕等中国本土电器厂商发动的价格战中落败，从而不得不宣布暂时退出中国的彩电、微波炉等产品市场。

在中国市场的节节败退使得三星电子在中国的经营活动愈发谨慎，并先后出售了包括小型家电、无线寻呼等旗下业务；此外，公司还撤换了大部分中国区域市场的主要管理人员、关闭了众多销售网点。在这一时期，三星电子在中国市场的经营活动进入了全面收缩阶段，对于中国市场的战略定位也开始由最初的乐观态度转为悲观态度。然而，受益于中国特有的劳动力成本优势，三星电子在中国的生产制造活动并未就此停滞，反而在三星的全球战略布局中发挥着越来越重要的作用，中国正开始逐渐成长为三星电子最大的海外生产制造基地。

2. 战略转型阶段（1997～2000年）

1997年到1998年，伴随着亚洲金融危机的蔓延，三星电子在中国的经营发展更是进入到了最困难的时期。在20世纪90年代中期，三星电子的各个事业部曾纷纷在中国建厂，设立遍及全国的销售机构，产品更是包罗万象，囊括了音响、录像机到彩色家电、洗衣机等众多电子产品。然而在随后的几年时间内，这些业务相继出现巨大亏损，1998年，以三星电子为主的三星集团在中国的亏损更是一度高达3700万美元[①]。当时，时任三星中国会长的李亨道曾对三星电子在中国市场的失利进行了详细的描述和分析，他认为三星电子在中国市场失利的主要原因在于三星电子在中国前期投资的很多工厂刚刚开始投入生产，要想步入正常的发展轨道还需要一定的时间来适应。此外，在进入中国市场前，对中国消费

① 金错力. 三星电子：谷底翻身的强悍品牌［EB/OL］. 新浪科技时代，2003 – 05 – 09，http：//tech. sina. com. cn/other/2003 – 05 – 09/1434185094. shtml.

者的产品需求缺乏了解，对中国市场的区域需求差异也缺少针对性研究。而亚洲金融危机的到来，无疑更加剧了三星电子在中国市场所面临的危机。

在金融危机之后，三星电子开始对中国市场做出重大战略调整。在 1997 年之前，三星电子在中国执行的一直是"以量取胜"策略，并且试图通过更多廉价产品来尽可能地抢占市场份额，这使得三星电子在中国市场给消费者形成一种廉价产品的印象。1999 年，三星电子把品牌塑造列为公司战略的重中之重，确立了以数字技术为中心，经营核心转向树立高端品牌的发展方向，比如，在 CDMA 手机、笔记本电脑、MP3、LCD 显示器、洗衣机等产品的推广方面，三星电子不再推出其全部产品，而是精心选择一系列高档产品进行大规模市场营销活动；此外，三星电子还对在中国开展的业务范围进行了调整，将所关注的城市范围也从整个中国缩小到北京、天津、大连等 10 个主要城市。

在这一时期，三星电子在中国的主导战略开始逐渐由"最大的海外生产制造基地"向"最重要的海外业务与品牌拓展市场"转变。与此同时，战略的转型也为三星电子在中国市场取得了良好的业绩回报：1999 年，三星电子在中国的所有企业法人都实现了盈利；2000 年，三星电子在出口和内销方面实现同步盈利；2001 年，三星电子在中国的电子产品销售额为 18.1 亿美元，相较于 1998 年增长了近 5 倍，而同年产品利润也达到了 2.28 亿美元，同比增长了 70%[①]（金错刀，2004）。战略转型的成功更加坚定了三星电子对于中国日益崛起所带来的巨大商机，为了更好地开拓这一市场，三星电子除了继续深化品牌拓展市场战略外，还开始着手在中国设立相应的研发机构，从而更好地推进针对中国市场的本地化研发活动。

3. 本土化研发阶段（2000~2005 年）

2000 年，摆脱金融危机的三星电子开始加速在中国市场的战略布局，而作为新时期战略布局的重要一环就是在中国设立海外研发机构。从三星电子当时在中国市场的整个产业布局来看，已经形成了半导体、电子消费品和通信产品三分天下的市场格局，经营包括 MP3 播放器、CDMA 手机、激光打印机、LCD 显示器、半导体、纯平显像管、背投大屏幕电视、家庭影院、数码相机、冰箱、空调等众多产品。三星电子希望借助在中国市场设立研发机构的方式扩大其在华事业，并且借助中国巨大的低成本科研人才优势不断进行新产品的技术创新和研

---

① 金错刀. 三星进化［M］. 北京：中国方正出版社，2004.

发，从而更好地满足中国本土消费者的市场需求。

2000 年 8 月，三星电子在华投资设立了第一家研发中心——三星电子中国通信研究院，作为三星电子在中国积极推进本地化研发的第一次尝试，该研究院的主要职能包括了通信终端软硬件开发、多媒体软件开发、第三代移动通信标准及第四代通信技术先行研究、通信系统软件开发等方面。此后，三星电子为了积极探索半导体产品的高级化和个性化研发，分别于苏州、杭州成立了三星半导体研究所，负责包括电子零部件和集成电路的软件及硬件设计、电子产品解决方案的研发、半导体封装技术研发等方面的研发工作。2004 年，为了更好地开展地区文化特征研究以及用户需求差异性研究等工作，三星电子在上海成立了三星电子设计研究所，用以提高产品的设计研发能力，从而更好地适应本地化竞争。

在 2000～2005 年间，三星电子已经在中国市场构建起了完整的本地化经营模式。从早期的所有产品都在韩国本土完成研发，然后交由三星电子中国公司进行生产销售，到现如今实现从设计研发到生产销售的完全本地化，中国已不再仅仅单纯作为三星电子的海外生产制造基地而存在，而是实现了由生产制造基地向品牌中心和研发中心的转变。2005 年，三星电子已经在中国拥有了 14 家生产法人、8 家销售法人、4 个研发中心及若干代表处、办事处、产品技术服务部门，员工总人数达到 2.3 万人，当年的销售总额也高达 160 亿美元，在三星电子整个市场销售总额中的占比超过 10%[①]。中国正逐渐成为三星电子最为重要的海外产品市场和研发中心。

4. 全球研发阶段（2005 年至今）

进入 2005 年，三星电子进一步加大在华研发投入，并且开始致力于将中国研发中心由本土型研发中心向全球型研发中心升级。研发本土化是巩固三星电子品牌高端地位、确保人才和技术、强化本土化经营协作战略的重要一环，而三星电子的最终目标是在深化本土化研发的基础上将中国变成三星电子的全球研发中心[②]。为了实现这一目标，三星电子在中国加强了包括半导体技术、显示技术、白色家电、无线宽带通信技术等众多高精尖领域的研发投入。在这期间，三星电子在中国先后新设立了六家研发中心，包括以研究下一代 IT 技术、医疗影像技

①　http：//www. 360doc. com/content/07/1002/17/10034_ 784697. shtml.

②　佚名. 三星欲在华建立世界研发中心［EB/OL］. 51 电子网，2008－05－25，http：//www. 51dzw. com/business/business_ 167636. html.

术、智能信息检索技术以及新材料研究为核心的中国三星技术院；进行手机硬件、软件、结构设计及手机测试为主的广州三星通信研究院、天津三星通信研究院和深圳三星通信研究院；从事手机终端，智能DTV、半导体等高端研发业务的西安三星电子研发中心以及从事三星集团内部的全球外包项目、为三星电子提供系统IT解决方案的三星数据研发中心。

这些新成立的研发中心不但要承担着为中国市场消费者服务的责任，还同时肩负着为全球消费者服务的重担。而众多研发中心的设立，也为三星电子在技术创新方面带来了丰硕的成果：2006年，三星电子在中国申请专利数量3508项，位列所有外资公司之首[①]；2013年，三星电子在中国的专利数量更是突破3万件，占其全球专利总量的近1/3[②]。截至目前，三星电子在中国的研发活动基本覆盖了其旗下的所有电子产品领域。以手机研发为例，三星电子在中国的研发机构涵盖了手机研发的各个环节，包括负责手机应用处理芯片研发的苏州半导体研究所、负责手机外观和用户体验设计的上海设计研究所、负责手机应用开发的南京研究所，以及负责手机整机集成开发的北京、广州研究所。从初期的依赖总部完成本地化开发到现在进行核心技术研发，三星电子在中国的研发体系发生了质的飞跃，并逐渐成为三星电子海外最为重要的研发中心。

（四）三星电子在华研发机构设置

从2000年开始，三星电子开始陆续在中国设立研发中心。其中在2000～2005年，三星电子先后设立了包括北京通信研究院，南京三星电子（中国）研发中心，苏州、杭州半导体研究所及上海设计研究所在内的五家研发机构。2005年以后，三星电子在中国提出了研发能力本地化、研发部门系统化、研发生产无缝对接等要求，并希望借助加强研发配套设施建立、挖掘并培养核心研发人员等措施使中国形成三星电子的全球第二个研发基地。在这一目标驱动下，三星电子在中国又先后成立了中国三星技术院、广州三星通信研究院、天津三星通信研究院、深圳三星通信研究院、西安三星电子研发中心和西安三星数据研发中心六个研发中心。到2014年，三星电子在中国的研发中心数量已经达到10个、设计中

---

① 佚名.三星启动商用战略　金融行业成重点〔EB/OL〕.2019年（第十七届）中国互联网经济论坛，2008-10-24，http：//www.enet.com.cn/article/2008/1023/A20081023377599.shtml.

② 王腾蛟，三星电子2012研发费用高达11.9万亿韩元〔EB/OL〕.慧聪家电网，2013-04-02，http：//info.homea.hc360.com/2013/04/021021941481.shtml.

心 1 个，辐射包括北京、上海、江苏、广东、天津、陕西等东中西部众多省份，而研发中心的职能也经历了从最初为中国市场服务到后来为全球市场服务的巨大转变。

1. 三星电子中国通信研究院

2000 年 8 月，三星电子在华投资设立了第一家研发中心——三星电子中国通信研究院。该研究院的主要职能包括通信终端软硬件开发、多媒体软件开发、第三代移动通信标准及第四代通信技术先行研究、通信系统软件开发等方面。三星电子中国通信研究院的成立既是三星电子积极推进本地化研发的一种全新尝试，也为其后期更好地开拓中国市场积累了大量的科技人才和研发经验。

2. 三星半导体研究所

2003 年和 2004 年，三星电子为了积极探索以半导体产品的高级化、个性化为基础的本土品牌中心战略，分别于苏州、杭州成立了三星半导体研究所。三星半导体研究所主要负责电子零部件（Device）和集成电路（IC）的软件及硬件设计、电子产品解决方案（Device Solution）的研发、半导体封装技术研发等方面的工作。

3. 三星电子中国研发中心

2004 年，三星电子在南京成立中国研发中心。该研发中心在国际化研发战略的指引下，通过任用优秀的中国人才，结合中国技术标准和市场特点，为市场客户提供最佳的研究成果和技术解决方案。三星电子中国研发中心的主要职能包括 Linux 平台和 Android 平台手机软件开发、数字电视的全球产品开发以及一体化软件解决方案、Web Service、内存数据库、交互软件开发等内容。

4. 三星电子设计研究所

2004 年，三星电子为了更好地开展地区文化特征研究以及用户需求差异性研究等工作，在上海成立了针对产品设计研发的三星电子设计研究所。该研究所的研发宗旨是力求通过深入发掘创新元素，将用户的心理、使用习惯等更加本地化的东西反映到设计中去，开发出具有当地市场特性并能够引导未来生活方式的产品，从而使企业更具竞争力。

5. 中国三星技术院

2008 年，中国三星技术院在北京成立。该研究院主要以开展下一代 IT 技术、医疗影像技术、智能信息检索技术以及新材料研究为核心的前瞻性研究。三星技术院自 2008 年成立以来，分别与中国科学院、清华大学、北京大学等知名院校共同完成了 30 多项合作课题，并建立了四个联合实验室。此外，还曾多次在显示技术、能源技术及纳米技术领域与国内研究机构进行了大型研讨会，加强了与国内科研院所的科技合作与交流。

6. 广州三星通信研究院

2008 年 9 月，三星电子出于实现产品开发和配件采购本地化、构筑产品企划到生产的"本地完结性开发体制"、打造中国本地化开发模式、确保产品的价格竞争力等目的考虑，在中国设立了大型手机研发机构——广州三星通信研究院。广州三星通信研究院主要负责设计开发面向中国市场、美洲市场以及东南亚市场的 CDMA 和 GSM 手机，其业务领域覆盖手机的硬件、软件、结构设计、测试等全流程各环节。

7. 天津三星通信研究院

2010 年 6 月，三星电子在天津市西青区微电子工业园区的天津三星通信研究院正式成立。天津三星通信研究院是三星电子在中国成立的大型手机研发机构，主要致力于在中国本土研发面向全球市场的 GSM 和 WCDMA 制式手机，该研究院的研发领域覆盖了手机的硬件、软件、结构设计、手机测试等各个环节，并且拥有一流的手机实验室、系统实验室和软件仿真室。该研究院的成立确保了三星电子在全球手机市场中的领先地位。

8. 深圳三星通信研究院

2013 年 5 月，三星电子深圳三星通信研究院正式挂牌成立，该研究院位于深圳市南山区，占地 1972 平方米，内设办公、实验室和计时设备等功能区。新设研究院的主要职能在于负责网络事业部方面的研发，并借助中国以及全球 LTE 通信系统市场的飞速发展，与中国当地相关技术和零部件供应商进行高效协作，以满足全球运营商多样化的需求。

9. 西安三星电子研发中心、西安三星数据研发中心

2013 年 9 月，三星电子在西安的两家核心研发机构——西安三星电子研发中心和西安三星数据研发中心正式开业。西安三星电子研发中心以电子信息技术的研究开发、软件产品开发以及第三代及后续移动通信系统产品开发为主要目的，主要从事手机终端，智能 DTV、半导体等高端研发业务，未来还会涉及云计算和智能医疗的领域的研发工作，而西安三星数据研发中心主要从事三星集团内部的全球外包项目，为三星电子西安项目提供系统 IT 解决方案。如表 8 - 11 所示：

表 8 – 11　三星电子在华主要研发中心

研发中心名称	设立时间	所在地	研究领域
三星电子中国通信研究院	2000 年	北京	通信终端软硬件开发、多媒体软件开发、第三代移动通信标准及第四代通信技术先行研究、通信系统软件开发等
三星半导体研究所	2003 年	苏州	电子零部件和集成电路的软件及硬件设计、电子产品解决方案的研发、半导体封装技术研发
三星半导体研究所	2004 年	杭州	电子零部件和集成电路的软件及硬件设计、电子产品解决方案的研发、半导体封装技术研发
三星电子中国研发中心	2004 年	南京	致力于 Linux 平台 Android 平台手机软件开发，数字电视的全球产品开发以及一体化软件解决方案，Web Service、内存数据库、交互软件等开发
三星电子中国设计研究所	2004 年	上海	设计研发（深入发掘创新元素，开发具有当地市场特性并引导未来生活方式的产品）
中国三星技术院	2008 年	北京	开展以下一代 IT 技术、医疗影像技术、智能信息检索技术以及新材料研究为核心的前瞻性研究
广州三星通信研究院	2008 年	广州	研发面向中国及美洲市场的手机（包括手机的硬件、软件、结构设计等各个环节）
天津三星通信研究院	2010 年	天津	手机的硬件、软件、结构设计、手机测试等各个环节
深圳三星通信研究院	2013 年	深圳	负责网络事业部方面研发，满足三星与中国当地相关技术和零部件供应商进行高效协作的需要
三星电子、三星数据研发中心	2013 年	西安	手机终端，智能 DTV、半导体等高端研发业务以及系统 IT 解决方案

资料来源：http：//china. samsung. com. cn/SamSung/groupelectron.

（五）三星电子在华研发活动

　　三星电子在华的研发活动，除了在北京、上海、江苏、广东、天津、陕西等地设立了涵盖不同职能的研发中心外，还与中国的高校、科研院所、企业等机构展开广泛的研发合作，借助强强联合、优势互补的方式进一步强化了三星电子在中国的研发实力。此外，三星电子还通过人才定向培养、联合培养、设立人才开发中心等方式储备了大量的本地化科研人才。

1. 与高校、科研院所合作

在与高校、科研院所开展合作研发方面，三星电子借助在华设立的研发中心与中国科学院、清华大学、北京大学、北京邮电大学等知名院校共同完成了多项合作课题，并一起建立了多个联合实验室。

以三星电子中国通信研究院为例，作为第一批参加国家 863 研究项目的外国机构，三星电子中国通信研究院不但与北京邮电大学合作进行了 Beyond 3G 系统研发，还就通信终端软硬件、多媒体软件、移动通信标准、通信系统软件开发等多个研究领域展开了深度合作，并多次就相关领域组织国内研究机构进行大型研讨会，加强了产学科技合作的交流。此外，三星电子还与清华大学、华南理工大学、西北工业大学、西安电子科技大学等高校就建立战略合作伙伴关系等事宜达成了共识，并对今后共同开展合作与交流、建立联合实验室、提供实习和就业岗位、共同开展人才培养、加强中韩两国相关领域的师生交流与学者互访、成立联合研究机构、开展技术研发和科研攻关等议题做了深刻探讨。

2013 年，由三星电子和清华大学合作成立的"清华大学（计算机系）—北京三星通信技术研究有限公司智能媒体计算联合实验室"正式启用，该实验室以国家和社会需求为导向，专注于智能媒体计算相关前沿技术的深入研究，重点开展多媒体数据识别、媒体数据合成、社会化媒体分析、大数据媒体处理等课题的研究和技术推广，充分发挥清华大学在智能媒体计算领域的研究实力与三星电子的研发能力和产业化优势，通过强强结合，加速智能媒体计算关键技术的成果转化。

2. 科研人才联合培养

长久以来，三星电子都将中国视为全球最为重要的战略市场，并积极推进人才本地化战略。2014 年，三星电子在中国的研发团队已经超过了 7000 人，所承担的职责也从最初的对进口产品进行简单的汉化，发展成为深度同步参与全球产品研发。而为了更好地增强在中国本土市场的科研实力，三星电子还通过与重点大学联合培养人才、颁发学业奖学金等方式提升三星电子在中国的影响力，从而吸引更多的优秀人才加入。

2004 年，为了更好地进行下一代无线互联网 MIMO 技术的研究，与中国加强在 CDMA、GSM 和宽带通信产品等尖端技术和产品的研发与合作，三星电子与清华大学、北京邮电大学签署了共建三星博士后工作站的协议，该工作站为进站的博士后提供优越的研究环境、充足的科研经费、丰富的学术资源和必要的后勤保障，并将积极配合国内博士后制度的改革，为三星电子在中国培养更多通信领域的高素质科研人才。2009 年，三星电子与北京邮电大学就"联合培养通信终端技术人才"达成合作，在北京邮电大学研究生院开设手机方向硕士、博士课程，培养专向高级人才，为此三星电子和北邮还专门成立了相应的运营委员会，协调该方向的师资和研究课题等，并为学科教授提供授课费和研究费用。而学生在课程学习期间，三星电子还将不定期向该方向派遣专家对硕士、博士研究生进行短期指导以及技术交流，并在学生毕业后为其开通特殊渠道直接进入三星电子从事手机研发的相关工作。

此外，三星电子还在国内设立了惠及全国 27 所高校、近 5500 名优秀学生的三星奖学金，用于奖励成绩优秀、品行端正的优秀本科生和研究生，并通过定期举办中国三星论坛、暑期大学生实习项目等活动为优秀的中国大学生提供施展才华的平台。截至 2014 年初，三星电子在中国的研发人员已有 7000 多人，其中有 4000 多人是在最近 3 年加入的①，而三星电子希望在未来可以借助更多的人才培养渠道吸引更多优秀人才加入其研发队伍。

3. 与本土企业合作

在通信基站研发合作方面，三星电子与中兴通讯在 2007 年就共同研发基于 WCDMA 标准的室内覆盖基站产品达成研发合作协议，双方将共同研发基于 WC-DMA 标准的室内覆盖基站产品 Home Node B。Home Node B 解决方案专门针对室内家庭通信特点设计，该方案通过放置在用户家中的 Home Node B 设备实现以家庭为单位的室内覆盖，利于手机、PC 等多元终端的室内宽带应用，可以促进固定网络和移动设备的融合。通过此次合作，三星电子不但进一步增强了在通信基站方面的研发实力，还使得其在全球 3G 市场的角逐中处于有利地位。

在 LED 照明研发合作方面，三星电子曾与包括洲明科技、林洋电子、金鑫照明等众多中国照明厂商建立了合作关系，通过双方的技术合作，加强在 LED 照明产品核心技术方面的研发投入，从而使得双方在 LED 照明产品的光效、显色性、稳定性等性能方面获得较大幅度提升。以三星电子与金鑫照明的合作为例，双方不但在有关 LED 上游的技术展开合作，还就 LED 照明市场的拓展问题展开深入探讨，在实现智能照明系统研发技术上突破和革新的同时，为中国照明

---

① 罗亮. 三星电子 CTO 王彤：借力本土化打造第二个三星［EB/OL］. 新浪科技，2014 – 05 – 15，http：//tech. sina. com. cn/it/2014 – 05 – 15/00559378751. shtml.

需求提供更系统的综合解决方案，从而提高了三星电子在 LED 照明领域的综合服务能力。

在手机定制研发合作方面，三星电子曾多次与中国移动、中国联通、中国电信等电信服务公司展开手机深度定制研发合作，共同推出手机新型产品。以三星电子和中国电信合作研发的高端旗舰手机 SCH－W699 为例，SCH－W699 手机由三星电子负责相关的软硬件支持，而中国电信负责相应的增值服务研发，手机支持中国电信互联星空、彩信 MMS 和号码百事通等业务，用户可以通过相关快捷键在待机状态下快速启动互联星空和彩信功能。

在移动支付研发合作方面，2012 年三星电子与中国银联就开展移动支付的技术研发、产品检测和认证等业务合作达成了共识，双方共同宣布推出基于安全芯片的移动支付服务，紧密结合双方在移动终端和支付领域的优势，让用户尽享手机支付的便利生活。该产品借助三星 GALAXY S 手机内置的 NFC 功能以及集成银联安全支付芯片的 SWP－SIM 卡，可以同时支持远程支付和近场支付，从而为用户提供信用卡还款、便民缴费、在线购物等便捷服务。

在智能电视研发合作方面，三星电子在中国先后与百事通公司、未来电视等企业展开深入合作，共同搭建智能化电视平台，通过互联网为电视机用户提供拥有合法版权的视听内容以及更好的用户体验。比如，2014 年三星电子与未来电视隆重发布合作研发新的互联网 4K 电视，双方从技术、渠道、终端、内容片源等各个方面进行积极探索和合作，借助三星电子出色的产品开发能力以及未来电视在中国互联网电视平台上的海量 4K、高清、3D 优质视听内容，为用户带来 4K 电视清晰、流畅、逼真的视听享受。

（六）三星电子在华研发活动的启示

从 2000 年在华设立第一家研发中心算起，三星电子在我国的研发活动已经持续了近 15 年时间，三星电子在中国的研发活动也经历了从无到有、从本土型研发到全球型研发的转变，而在这期间，三星电子在半导体、数字媒体、通信网络、手机终端等多个领域实现了跨越式发展并且处于全球技术发展的最前沿。随着三星电子在华研发活动的深入，隐性的技术外溢和知识外溢将不可避免，这在一定程度上促进了国内技术研发水平的提高。与此同时，国内的高校、科研机构以及相关企业在与三星电子展开科研合作的过程中，获取了大量的业内最新技术和知识，缩短了我国与国际先进科技的差距，提高了我国相关领域的研发水平。作为一家优秀的跨国公司，三星电子在中国的研发管理活动也给我们带来了很多启示。

1. 完善的研发体系

三星电子非常注重研发投入，其每年都会拿出巨额经费用于相应的研发活动，而多年的研发活动也使得三星电子形成了一套完善的研发体系，并且囊括了包括基础研究和应用研究在内的各个方面。从 2000 年到 2014 年，三星电子在中国共设立了 10 家研发机构、1 家设计中心，这其中既包含了以基础研究为主的苏州半导体研究院、杭州半导体研究院等机构，又有以应用研究为主的深圳三星通信研究院和三星电子中国设计研究所，每个研究机构在具体的研发活动中定位不同，所负责的具体职能也各不相同，从而最大限度地平衡了企业的研发投入和资源匹配。

2. 明确的本地化战略

在科研人员任用和产品研发方面，三星电子一直积极推行本地化战略。在科研人员任用方面，三星电子目前在华的 7000 多名科研人员绝大多数为中国本土研发人员，并且所占的比重仍在持续增长；而在产品研发方面，三星电子除了在中国市场同步推出最新产品外，还针对中国市场推出了更具本地特色的新产品，从而更好地满足本地消费者的需求。这些本地化战略的实施，无疑为三星电子在中国市场的成功打下了坚实的基础。

3. 积极的合作心态

三星电子在华的研发活动，除了在中国各地设立了涵盖不同职能的研发中心外，还与中国的高校、科研院所、企业等机构展开广泛的研发合作，借助强强联合、优势互补的方式进一步强化了三星电子在中国的研发实力。从早期的封闭式研发到后期的开放式合作，三星电子在华的研发活动发生了巨大转变，而这一转变不但为三星电子带来了丰硕的科研成果，也为其在中国赢得了良好的声誉。

五、诺和诺德（中国）制药有限公司

（一）公司概况和发展历史

诺和诺德是世界领先的生物制药公司，在用于糖尿病治疗的胰岛素开发和生产方面居世界领先地位。诺和诺德总部位于丹麦首都哥本哈根。截至2014年5月，在全球75个国家和地区设有分支机构，6个国家设有生产厂，拥有约4万名员工，销售遍及180个国家和地区。诺和诺德B股（Novo – B）在哥本哈根证券交易所挂牌交易；诺和诺德股票（NVO）也在纽约证交所挂牌交易。诺和诺德公司在研发方面年投入超过5亿欧元，对糖尿病、蛋白质及蛋白质给药系统的研究构成其研发战略核心。诺和诺德全球从事研发活动的人员超过3000名，占员工总数的19%，涉及的领域包括基础研究与发现、临床前及临床开发、生产/配方和给药系统、法规、质量、许可申请、专利申请、产品类管理、生物伦理和其他。

公司的历史可追溯到1923年，诺德（丹麦语"北欧人"）胰岛素实验室成功地从牛胰腺提取到少量胰岛素。1924年，与诺德实验室大有渊源的诺和（丹麦语"新的"）实验室也成功地生产出胰岛素。这样一来，丹麦有了两家后来均成为世界胰岛素生产领域佼佼者的公司——诺和与诺德。在此后65年并驾齐驱、竞争相长的发展过程中，"诺德"和"诺和"公司一直运用国际最前沿的生物研究方法，不断推陈出新，双双成为这一领域的先驱。1989年，诺和、诺德决定携手发展，合并重组成立诺和诺德公司，同心协力开发糖尿病治疗新产品、征战国际市场。2000年，为了扩大公司在相应专业领域的领先优势，诺和诺德决定再次进行结构调整，形成了今天的诺和诺德公司。

诺和诺德始终致力于"创新"，是糖尿病治疗领域的先导并始终是世界胰岛素治疗重大发明的先锋。迄今为止，世界上主要胰岛素制剂和先进的胰岛素给药系统绝大部分出自诺和诺德。诺和诺德不断运用先进的生物技术完善胰岛素研究和生产手段，取得突破性进展。诺和诺德率先推出长效胰岛素、预混胰岛素、高纯胰岛素、人体胰岛素和胰岛素注射笔，具体产品如表8 – 12所示。同时，诺和诺德又率先推出新一类的口服降糖药——诺和龙，从而极大地提高了糖尿病治疗

表8 – 12　诺和诺德公司的主要产品

糖尿病产品	诺和灵	诺和平	诺和锐	诺和锐30	诺和锐50	特充	诺和笔	诺和针	诺和力	诺和龙
血友病产品	诺其®（NovoSeven®），重组活化人凝血因子Ⅶ，用于治疗存在有因子Ⅷ（FⅧ）和因子Ⅸ（FⅨ）抗体（抑制物）的先天性血友病和继发性血友病患者的自发性或手术性出血									

和控制水平，改善了糖尿病人的生活质量。可以说，诺和诺德的研发史同时也是人类利用胰岛素治疗糖尿病的历史。此外，诺和诺德还在凝血治疗、生长保健以及激素替代疗法等很多方面居于世界领先地位。

（二）诺和诺德在中国的战略选择

1. 良好基础：诺和诺德在中国市场业务稳步攀升

过去 15 年，中国糖尿病患者的人数增加了 4 倍，现在中国人在糖尿病治疗上的直接花费已经超过整体医疗费用 7%。随着中国的糖尿病发病率逐年攀升，诺和诺德公司在中国取得了快速的发展。诺和诺德（中国）制药有限公司于1994 年成立，20 年来一直保持强劲增长。公司总部设在北京，生产基地设在天津，建立了以北京、上海、广州、沈阳、武汉、济南、杭州、成都以及香港和台湾为中心辐射全国的销售网络，产品服务遍及全国所有省市及港澳台地区。近年来，诺和诺德在中国市场的业务一直保持两位数的增长率，增速普遍高于其他地区。国际金融危机爆发以后，诺和诺德在华业务成长相对突出，丰厚的经济回报增强了其在华投入研发的信心。

2. 市场环境：中国医药市场面临发展的黄金时期

中国医药市场面临发展的黄金时期，这也是吸引跨国药企在华加大研发力度的重要原因。中国政府正在全面推进医疗卫生体制改革，包括国家加大卫生投入、扩大医保覆盖面等积极的改革措施，将加大未来中国市场对医药的需求。2015 年，中国将超过日本成为仅次于美国的全球第二大医药市场。中国目前有各种糖尿病患者 4000 万人，到 2025 年，糖尿病患者人数将增加到 8000 万人。目前，中国还有大量未被发现和未就诊的糖尿病患者，这都给诺和诺德市场的增长带来空间。

3. 文化融合：Logo 设计加入中国本土元素

2007 年 5 月 1 日，经中国公司申请，诺和诺德总部批准在诺和诺德中国使用由中文组成的标志（Logo），这是诺和诺德公司 80 多年来首次批准一个分支机构在标准标志设计中加入当地文字。新 Logo 在原有设计的基础上，添加"诺和诺德"四个中文字，寓意"承诺和谐、承诺尚德"。这一决定充分显示了诺和诺德公司对中国的长期承诺和对于诺和诺德中国公司的重视与肯定。

(三) 诺和诺德在中国的研发与生产

诺和诺德是中国糖尿病市场的领导者,其产品在 20 世纪 60 年代初就已进入中国市场。1994 年初,诺和诺德董事会通过了在中国实施战略投资的计划,在北京建立诺和诺德(中国)制药有限公司总部和生物技术研究发展中心,并在天津兴建现代化生产工厂。诺和诺德是第一家在中国建立研发中心的生物制药公司。位于北京的研发中心是诺和诺德全球研发体系的组成部分,致力于与总部合作研发新产品及新生产工艺。诺和诺德在中国的生产厂位于天津,是公司的国际化战略生产基地。公司对工厂提供了大量的资金投入和技术支持,向全球以及中国市场供应用于糖尿病治疗的产品。截至 2013 年底,诺和诺德在华员工总数超过 3000 人。

1. 北京的诺和诺德(中国)研究发展中心

诺和诺德公司于 2002 年 1 月 25 日在北京亦庄经济开发区建立了国际水准的研究发展中心,这是跨国制药公司在中国设立的第一家致力于生物技术基础研究的研发中心,同时也是诺和诺德公司目前在海外设立的两家研发中心之一。基于研发中心在过去几年取得的科研成果和诺和诺德公司在中国扩大的投资发展战略,诺和诺德(中国)研究发展中心于 2004 年 7 月 1 日迁至北京中关村生命科学园,由于发展的需要研发中心于 2006 年 4 月独立注册为"北京诺和诺德医药科技有限公司",并在不断地扩大规模。

诺和诺德(中国)研究发展中心拥有先进的研发设备,国际水准的科研环境以及国内外优秀的研究人员。目前,中心设有三个研究部门:分子生物学部、蛋白质化学部和细胞生物学部,如表 8-13 所示。中心的科研管理人员和学科带

表 8-13 诺和诺德(中国)研究发展中心的三个研究部门

分子生物学部	负责提供与分子生物学技术相关的资源,同时开发和利用在宿主细菌体系内的基因表达技术
	不断积累和构建在分子抗体技术应用上的能力
蛋白质化学部	负责蛋白质和抗体的复性,纯化及修饰等工作
	同时对蛋白质生物物理特性进行分析
细胞生物学部	利用哺乳动物细胞传代进行抗体生产
	进行基于哺乳动物细胞的抗体功能检验

头人均为在欧美从事过多年学习研究工作的博士及专家，研发目标是蛋白质药物开发，同时利用分子生物学的方法进行蛋白质表达技术的创新和发明。自 2002 年成立以来，作为诺和诺德全球研发组织的组成部分，累计参与了约 15 项全球新药研发课题，其中至少 5 项已经或即将进入临床阶段。

2010 年 11 月，诺和诺德（中国）制药有限公司宣布，扩建其位于北京的研发中心。在未来的 5 年中，诺和诺德将投资 1 亿美元扩建该中心，其中的 3000 万~4000 万美元将用于建立新的实验室。到 2015 年该中心的规模将扩大 1 倍，成为除位于丹麦总部的全球研发中心之外规模最大的研发中心，同时也是跨国制药公司在中国设立的最大的研发中心。北京研发中心扩建后的研究领域将从糖尿病前期扩展到药理学研究，同时进行炎性疾病领域的新药研发。在华建立上下游一体化研发中心，意味着跨国药企在华研发机构职能的全面提升。2011 年 1 月 1 日，诺和诺德大中华区升级为独立大区，在研发上的巨大投入将为诺和诺德带来更多新型产品的问世。

该研发中心的目标定位：一是确保面向中国产品的独立研发，以精准地满足中国市场的巨大需求。中国内地年糖尿病治疗费用已达 1734 亿元人民币，占全国医疗总开支的 13%。诺和诺德希望通过扩建在华研发中心，从而开发出更适合中国人体质和疾病特征的糖尿病新药。目前跨国药企的创新药在中国的上市时间普遍比欧美市场滞后 4~5 年，设立在华研发中心将有助于创新药物在中国尽早上市。

二是将已有的本土化创新战果扩大。诺和诺德早在 2002 年就设立了中国研发中心，经过多年研究，开始识别出亚洲人和白种人在药物应答上的差异，这将有助于其研发出更适合中国人的糖尿病治疗方法。扩建后的研发中心将引进国际最先进的研发设备和国内外优秀的研究人员，进一步确立诺和诺德在中国糖尿病研发和制药领域的领导地位。

三是加强利用中国本地研发资源，实现中国研发成果最大化。扩建研发中心有助于诺和诺德网罗本地和海归的优秀人才，到 2015 年将把研发人员增加到 200 人。中心扩建后将更方便与本土产、学、研单位进行合作，利用当地研发资源。通过联合优秀的本地人才、本地在相关领域较为雄厚的科研基础和丰富独特的疾病资源等优势，诺和诺德可以有效地降低研发费用，用中国的低成本研发世界级的产品。

2. 天津的诺和诺德（中国）制药有限公司生产厂

天津生产厂于 1995 年成立，2002 年在天津经济技术开发区扩建并于 2003 年正式落成投产，占地面积约 12.8 万平方米。截至 2011 年底，员工总数为 830 多名。天津与首都北京紧邻，有非常良好的海港和空港、数以百计的跨国企业和非常优秀的人才资源，是诺和诺德选择天津建立生产基地的主要原因。天津开发区三大重点产业之一的生物医药产业产生"磁吸效应"，吸引了一批跨国公司相继投资，诺和诺德凭借产品创新、客户服务、市场教育、人才培养等综合竞争优势脱颖而出。

天津生产厂是诺和诺德公司全球战略性生产基地。2008 年底，诺和诺德斥资 3.81 亿美元新建的全球最大胰岛素制剂与灌装生产厂，这也是公司成立 80 多年来最大的一项单笔投资。现已发展成为诺和诺德公司全球唯一的胰岛素耐用注射器械供应商，以及丹麦以外的全球最大胰岛素制剂与灌装生产基地。天津生产厂对产品有着严格的质量要求，质量管理体系严格遵循中国及国际上相关法律法规，耐用注射器械相关生产获得 ISO 9001 和 ISO 13485 国际体系认证，并通过包含美国食品药品管理局（FDA）在内的众多国际审核，胰岛素相关生产也获得欧盟 GMP 认证。

（四）内部管理与运营

诺和诺德（中国）制药有限公司主要设有以下管理部门和运营机构：糖尿病事业部/市场部，负责公司治疗糖尿病产品的产品定位及策略制定。主要有三个职能组：产品管理（包括两个产品组）、糖尿病教育管理和业务运营。商务部，主要负责产品分销渠道、零售销售、招标及供应链的管理，由分销渠道管理、供应链及业务运营三个职能组构成。政府事务部，开展与国家及地方相关政府部门的沟通、交流与合作，从而确保公司业务的正常运转，促进业务的快速发展。企业事务及质量保证部，下设企业事务组、质量保证组、健康经济组，并分管香港分公司。医药部，职责是让公司的所有产品能在中国合法销售，并为市场销售提供有力的医学支持。包括六个职能组——注册事务、临床研究、临床数据管理与统计分析、医学事务（糖尿病、生物药品）、医学运营、学术事务。另外，还有财务法律 IT 行政部、人力资源与企业交流部等。

诺和诺德公司销售运营部门不是一个单独的部门，销售和市场、医药、临床和注册团队一起紧密合作制定策略，开发并实施策略。随后评估业绩并改进，同时收集医护人员的意见以及他们的需求。

（五）在我国的科研合作与交流

中国在过去的 20 年中在生物研究领域取得的巨大进步，让诺和诺德有信心进一步扩大与中国顶尖研究机构和大学的合作，打造中国糖尿病研发领域的航空母舰。诺和诺德（中国）研究发展中心与中国生物科学领域建立广泛联系、密切合作，与各大专院校、科研院所建立合作研究项目，共同推动中国生物技术的研究应用水平。

1. 诺和诺德与中国科学院的合作

（1）设立"诺和诺德—中国科学院专项研究经费"。2007 年 3 月 4 日，诺和诺德与中国科学院在北京签署合作协议，诺和诺德捐赠 200 万美元，设立"诺和诺德—中国科学院专项研究经费"。该研究经费主要用于资助或者联合资助生物制药和糖尿病相关的学科领域和技术研究，包括蛋白质化学、免疫学、炎症、毒理学、肿瘤学、内分泌学以及给药系统等方向。时任中国科学院副院长陈竺院士担任专项研究经费管理委员会主任。

（2）"设立中国科学院—诺和诺德长城蛋白质研究教授奖"。2007 年 6 月 17 日，诺和诺德公司董事会成员访问中国科学院并表示将在"诺和诺德—中国科学院专项研究经费"原有合作基础上，诺和诺德公司再次捐款 100 万美元支持设立"中国科学院—诺和诺德长城蛋白质研究教授奖"，意在鼓励和支持在蛋白质研究领域卓有成就的中国科学家并加强和中国科学院科学的研究伙伴关系。此前，诺和诺德首席科学家与时任中国科学院陈竺副院长举行了工作会谈，交流了双方在蛋白质科学领域的研究情况。双方就"诺和诺德—中国科学院专项研究经费"的具体操作、设立"中国科学院—诺和诺德长城蛋白质研究教授奖"的思路，以及成立"中国科学院北欧中心"的设想等达成了一致意见。

2. 诺和诺德与中国医科院的合作

2010 年 11 月，诺和诺德捐款 100 万美元，与中国医科院合作成立"诺和诺德—协和糖尿病研究英才基金"，以促进医科院吸引从事糖尿病研究的杰出科学家和临床医生，并支持医科院已有的杰出研究者和临床医生进行创新研究。其中，50 万美元将定向支持医科院设立的"糖尿病研究中心"。

3. 诺和诺德与华大基因签署全球合作协议

2012 年 3 月 2 日，深圳华大基因研究院和诺和诺德联合宣布签署合作协议，促进双方的研究和全球化合作。根据协议内容，华大基因和诺和诺德的科学家们将在其各分部建立全球性的战略合作，包括位于深圳的华大基因总部（BGI Shenzhen）及国内外各分部和诺和诺德总部及其全球75个国家的分支机构和办事处。此次合作将诺和诺德在药物研发方面的专业技术及经验和华大基因先进的新一代测序技术与强大的生物信息学分析能力相结合，将为双方带来前所未有的全球性合作与发展机遇。

4. 诺和诺德与中国健康教育中心及卫生部新闻宣传中心合作

2012年1月9日，中国健康教育中心与诺和诺德（中国）制药有限公司共同确定开展为期三年的"让我们一起改变糖尿病"中长期合作项目，旨在通过健康教育和新闻宣传等措施有效预防控制糖尿病，提高目标受众人群对糖尿病的认知以及自我保健能力，提高社区卫生服务人员的健康教育水平和对糖尿病患者的管理能力，让目标人群和广大公众科学认识糖尿病、科学防控糖尿病，营造全社会关心、支持、参与糖尿病防控的氛围。

5. 建立诺和诺德血友病研究基金

诺和诺德将加强中国疑难病学研究的支持，宣布捐助100万美元建立诺和诺德血友病研究基金，基金将由中国医学科学院、上海转化学研究中心、中国科学院的知名专家组成的管理委员会进行管理。根据合作协议，这一研究基金将针对血友病在中国开展相关技术领域的基础研究，提供交换访问、培训、研讨会、博士及博士后奖学金等项目，同时也将探索包括基因治疗及干细胞技术在内的血友病新型治疗方式。这一合作将有助于加快血友病治疗新药由实验室转化为临床药物，从而为血友病患者带来新的希望。

（六）诺和诺德在中国的重要活动

1. 诺和诺德糖尿病大巴车项目获金蜜蜂·和谐贡献奖

2011年6月15日，诺和诺德在第六届企业社会责任国际论坛暨"2010金蜜蜂企业社会责任·中国榜"发布典礼上喜获金蜜蜂·和谐贡献奖。"金蜜蜂企业社会责任·中国榜"是《WTO经济导刊》为促进中国企业社会责任的发展，于2007年推出的针对中国企业的自愿、非营利性的社会责任评估、评选活动，每年以榜单形式公布履行社会责任的优秀中国企业。诺和诺德糖尿病大巴车项目从2008年到2011年，跑了国内100多个城市，走了7万多公里，有6万多患者参加，3000多医务工作者参与为患者义诊，400多家媒体参与并发表了600多次媒体报道。诺和诺德公司现在正在进行格桑花西部助学项目。

2. 中国第一个《胰岛素使用教育管理规范》发布

2011 年 8 月 13 日，在 2011 国际糖尿病教育管理论坛上，由诺和诺德公司支持、中华医学会糖尿病学分会编撰完成的《中国糖尿病患者胰岛素使用教育管理规范》正式发布。这是中国第一个针对胰岛素使用的教育管理规范，该规范（英文简称为 IEM）是国内首份面向胰岛素使用患者以及专业医护人士的规范，其中对糖尿病和胰岛素、日常管理、注射技巧以及如何把握胰岛素治疗的起始时机等事项都进行了详尽介绍。2012 年 3 月 13 日，在中国第一健康门户网站 39 健康网主办的"2011 中国健康年度总评榜"评选中，《中国糖尿病患者胰岛素使用教育管理规范》从 500 多个参评品牌中脱颖而出，荣获"中国健康教育特别贡献奖"。

3. 中国糖尿病诊疗基层行项目

2012 年 4 月 7 日，由中华国际医学交流基金会和中华医学会糖尿病学分会共同主办、诺和诺德公司赞助的"中国糖尿病诊疗基层行项目"在北京启动，该项目堪称是糖尿病领域最大的一次"上下联动"，政、学、企互动的基层医生教育行动。此项目得到了卫生部医管司的大力支持。该项目将在三年的时间内动员全国一流糖尿病专家，为全国县级基层医院培养 10 余万名糖尿病医生，将大大加强中国地方县级基层卫生系统的慢性病管理水平。

4. 诺和诺德海外最大研发中心

2012 年 9 月 24 日，诺和诺德海外最大研发中心揭幕仪式在北京举行，卫生部部长陈竺、北京市副市长苟仲文、中国科学院副院长张亚平、昌平区区委书记侯君舒、昌平区常务副区长张燕友、诺和诺德总裁兼首席执行官索文森（Lars Rebien Sorensen）及诺和诺德执行副总裁兼首席科学官唐迈之（Mads Krogsgaard Thomsen）博士等出席了揭幕仪式。坐落于北京中关村生命科学园区的新研发中心为诺和诺德海外最大的研发中心，总投资超过 1 亿美元，其中约 4000 万美元用于建立世界领先水平的新实验室及引进研发设备。预计到 2015 年，诺和诺德中国研发团队将从现有的约 130 人扩大至 200 人。

5. 诺和诺德连续两年入选"中国绿公司百强"榜

2013 年 4 月 23 日，诺和诺德荣登考量企业可持续竞争力的 2013"中国绿公司百强"榜，首次参加评比的诺和诺德从被评估的 1400 多家企业中脱颖而出，在 30 家入榜外资企业中排名第五。2014 年 7 月连续第二年入选该榜单。"中国绿公司百强"是国内第一个跨行业评价企业可持续竞争力的公司排名。该榜单以"文化、经济、环境、社会和创新"五项指标全面衡量企业可持续发展情况,旨在通过独立评价,让经营健康、拥有可持续发展价值观,并推动"经济、社会和环境"可持续发展的公司成为商界标杆。榜单于 2008 年首次发布,被誉为最具前瞻性的公司竞争力评价体系。

附录 世界主要国家外资研发机构的政策与管理

一、美国对外资研发机构的政策与管理

（一）美国吸引外商直接投资总体情况

自 2006 年以来，美国一直是世界上吸引外国直接投资最大的国家，美国为外国公司在美国建立新的业务或创办的企业提供额外资金。美国作为全球最大的经济体，拥有最具吸引力的商业和投资环境、领先的消费市场、巨大的国内需求、研究创新中心、顶尖高校云集、信息技术制高点、保护知识产权，劳动力受过良好教育且生产效率高、高度创新的环境、适当的法律保护、可预测的监管环境以及不断增长的能源部门，美国为世界各地的企业提供了一个有吸引力的投资环境。

1. 美国吸引外商直接投资总额的变化趋势

根据美国商务部经济分析局（BEA）的数据（如表 1 所示），美国吸收外商直接投资总额 2001 年和 2002 年连续两年急剧下降，2003 年大幅度回升。2004年，随着美国经济强劲增长和利率连续上升，对国际投资者形成了较强的吸引力，从 2004 年开始，美国又重新成为全球最大的外资流入国。美国商务部根据资金流入额的统计，2004 年美国吸收外国直接投资高达 1358 亿美元，居世界第

一位；2006 年美国吸收外国直接投资为 2371 亿美元，相比往年又有了较大的增长。[①] 截至 2012 年底，外国子公司的净资产合计为 3.9 万亿美元。从 2006 年到 2012 年，外国直接投资流入总额为 1.5 万亿美元。[②]

表 1　美国吸引外资额变化情况

年份	金额（亿美元）
2004	1358
2005	1048
2006	2371
2007	2160
2008	3064
2009	1529
2010	2282
2011	2269
2012	1660
2013	1875. 28

资料来源：美国商务部经济分析局。

2. 主要投资来源国家

根据美国经济分析局 2012 年的数据（如表 2 所示），英国、日本、德国、加拿大和法国是对美国进行外商直接投资的前五大国家。这五个国家占到了对美国直接投资存量总额的近 61.5%。

表 2　2012 年对美国直接投资金额最大的国家

排名	国家名称	占比（%）	金额（万美元）
1	英国	21.30	564714
2	日本	11.67	309383
3	德国	10.27	272262

---

① 张志华. 美国市场是否依然看好［J］. 进出口经理人，2008（2）.

② 佚名. 美国去年吸引外国直接 1660 亿美元［EB/OL］. 美国房产网，2013 – 11，https：// us. fang. com/news/11385908. htm.

排名	国家名称	占比（％）	金额（万美元）
4	加拿大	9.85	261133
5	法国	8.36	221724
6	荷兰	4.91	130075
7	爱尔兰	4.82	127674
8	瑞士	4.75	126007
9	西班牙	1.96	51894
10	澳大利亚	1.93	51051
11	比利时	1.80	47728
12	瑞典	1.56	41449
13	意大利	1.23	33194
14	挪威	1.16	30814
15	墨西哥	1.10	29175

资料来源：Department of Commerce，Bureau of Economic Analysis – FDI Position by Ultimate Beneficial Owner.

2013 年，美吸引外资来源地按金额排序也没有太大变化，前五位分别为日本（400.41 亿美元）、英国（364.55 亿美元）、加拿大（258.05 亿美元）、爱尔兰（149.39 亿美元）和荷兰（119.59 亿美元）。中国位居第 14，占美当年吸引外资总额的 1.2%。

另外，亚洲、拉丁美洲和欧洲都增加了对美国的直接投资。根据美国经济分析局提供的数据（如表 3 所示），在 2008～2012 年间，中国对美国直接投资的年增长率达到了 71%，成为对美国直接投资年增长率最快的国家，其次是乌拉圭、印度尼西亚、挪威和马来西亚。

表3　2008～2012 年对美国直接投资国家的年增长速度

排名	国家名称	年增长速度（％）	2012 年投资存量（万美元）
1	卢森堡	76.58	20969
2	中国	70.82	10465
3	匈牙利	63.51	193
4	印度尼西亚	38.05	425

排名	国家名称	年增长速度（%）	2012 年投资存量（万美元）
5	挪威	31.20	814
6	马来西亚	26.37	1711
7	爱尔兰	25.75	127674
8	乌拉圭	20.77	234
9	印度	17.80	8995
10	哥伦比亚	15.82	1837
11	瑞典	15.51	41449
12	委内瑞拉	15.48	4934
13	丹麦	15.06	10709
14	科威特	14.96	2393
15	韩国	14.86	24270
16	瑞士	14.69	126007

资料来源：Department of Commerce，Bureau of Economic Analysis - FDI Position by Ultimate Beneficial Owner.

3. 主要投资行业

外国对美国直接投资的行业多种多样。根据美国经济分析局的数据，超过 1/3 的直接投资用于制造业（如图 1 所示），其中投资最大的具体领域有化工、初级金属和合成金属、交通设备、机器设备、计算机及电子产品等，其他的行业依次为服务业、工业、批发行业、信息行业及零售行业。

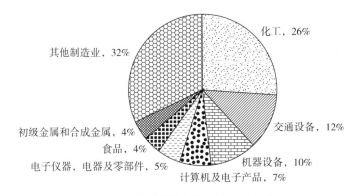

图 1 2012 年对美国直接投资——制造业

注：投资总量为 8989 亿美元。

资料来源：美国经济分析局。

同样，服务业中的储蓄业、信息技术、提供专业科学技术服务、金融和保险占到了对美国直接投资存量总额的将近30%。这些行业也是对美国直接投资增长最快的行业。如图2所示：

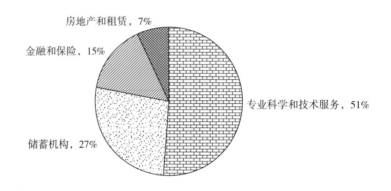

图2 2012年对美国直接投资——服务业

注：投资存量总额为7211亿美元。

资料来源：美国经济分析局。

从美吸引外资的行业分布看，2013年，制造业吸引外资658.68亿美元，占35.12%；其他行业432.41亿美元，占23.06%；批发贸易268.81亿美元，占14.33%；信息209.07亿美元，占11.15%；金融（存款机构除外）和保险172.79亿美元，占9.21%；存款机构53.77亿美元，占2.87%；零售贸易53.53亿美元，占2.85%。

（二）美国外资研发机构发展情况

1. 美国吸引外资研发机构具有独特优势

美国是外商投资的乐土，吸引了大批外资研发机构在美国安家落户，外资研发机构对美国打造世界创新中心地位也发挥了重要作用。在吸引外资研发机构上，美国由于经济和科技实力雄厚、法律和制度环境宽松而具有得天独厚的优势，美国研发投入规模巨大，在世界研发投入中占据优势地位，美国的投资环境较为宽松，法律制度完善，投资能够得到较好的保护。① 大致可以从以下几个方

---

① http：//www. esa. doc. gov/Reports/foreign – direct – investment – united – states – 0.

面认识美国的独特优势：

一是非联邦政府研发资金投入占比大。根据巴特尔引用发布的 2013 年全球研发投资预测，2013 年，全球研发投入将达到 1.5 万亿美元，其中美国研发投资占其中的 29%，而非联邦政府部门研发投资占美国研发投资的近 70%，在非联邦政府部门投资中，私人企业占 61.7%，学术机构占 12.7%，其他政府投资占 1.2%，非营利部门占 3.8%。根据世界知识产权组织（The World Intellectual Property Organization，WIPO）发布的全球创新指数，美国研发资金投入占 GDP 比重为世界第一，在最具创新的国家中排名第 5。

二是知识产权保护体系完善。知识产权框架完整、保护体系完善是很多国家在美国进行研发投资的重要原因之一。由于美国具有稳定的知识产权保护政策，在美国进行研发投资，企业能够安全地将研发成果商业化，并实现其价值。WIPO 还对专利应用最活跃的地区进行排名，在全球排名前 20 个地区中，美国有 9 个地区。近 1/3 的专利和新商标的产生在美国，美国每年至少有 8 万个专利和 3 万个新商标产生。

三是信息通信技术发达。先进的信息通信基础设施为其他国家对美国研发投资提供了便利。世界经济论坛关于全球信息技术报告中，美国 ICT 在经济和社会方面的应用，排名均都在前 10。美国使用移动通信设备比其他国家都要多。由于持续的技术提高和技术创新，美国技术基础设施对商务扩张和创新提供了良好的环境。投资者可以使用这些世界先进的 ICT 设施并从中受益。

2. 美国外资研发机构发展历程与争论

在 19 世纪后半叶和 20 世纪前半叶，美国作为工业化的相对后来者，通过大量吸引海外技术、人才和资金为美国工业化奠定了基础，并逐步成为世界工业化的领头羊。当前，作为美国产业研发支柱行业的化工产业（包括制药业）就是以当年通过购买许可证方式从德国化工生产商获得的技术为基础而发展起来的。美国第一代海外科技移民，如 Steinmetz、Tesla、Bell 以及 Berliner 等都为美国新兴的电子制造和电话产业提供了关键的智力资本。第一次世界大战之后，美国成为世界主要工业国家，但是直到第二次世界大战，美国还主要依赖欧洲的科学技术。"二战"期间及战后，欧洲顶尖科学家和工程师大量移民美国，为美国此后在几乎所有科学和工程领域取得的世界领先地位起到了至关重要的作用。

20 世纪五六十年代，美国在民用技术、军用技术、基础科学和工程技术方面的领先地位进一步得到巩固，而此时，外国参与美国国内经济活动和研发的规模却逐渐减少，欧洲等国家的科学家移民逐渐被美国土生土长的科学家所替代，外国企业参与美国的研发活动变少。

从 20 世纪 70 年代开始，美国、欧洲、日本等国的跨国公司不断增加，这些国家之间的创新体系更加紧密地联系在一起。到了 80 年代，外国企业参与美国研发活动的情况开始快速增长，通过在美建立和收购研发机构，外国公司在美国研发活动中所占比例在 10 年间增加了一倍，到 1992 年达到 14%。这一过程中，外国公司及其美国分支机构与美国的产业界、学术界甚至政府的研发主体建立了非常紧密的联系，具体的联系形式包括产业联盟、联合投资、人员交换等多种类型（陈宁，2009）。①

外国在美国设立大量研发机构和参与美国研发活动逐渐增多，引起了美国各界的关注。在对待外资研发机构上，学术界形成了两种争论观点。一种是积极派，认为这是与美国企业更多参与外国科研活动相伴随的必然现象，并强调这种现象对美国经济和外国公司是互惠的，外国公司通过在美设立研发机构，参与美国的研发活动获得了与美国研发机构的联系以及相应的新知识、核心技术和创新性的研究方法。同时，这些外国公司在美研发机构及其活动也为美国创新体系和经济发展贡献了大量的智力、组织和物质资源，其中包括大量的知识、技术，特别是很多关键技术。外国公司在参与美国研发活动同时，也提高了美国在技术和产业等方面的竞争力。另一种是消极派，认为外国企业在美设立研发机构，参与美国研发活动具有负面作用，强调外国公司及其所属国家利用美国这一最开放和最具生产力的创新体系获得了美国的财产。有人认为，外国公司获取了大量美国的核心技术，这些技术对美国经济发展起到至关重要的作用。也有很多人认为，美国参与其他国家，特别是日本的研发活动受到了限制，从而使美国公司不得不向其他国家大规模出口美国产业的技术，因此，呼吁产业及政府采取措施限制这种趋势继续扩大。

从总体上看，消极派认为由于外资研发机构的进入，会导致机会丧失、产生不平等机遇、影响军事安全和经济安全等。外资研发机构会导致丧失机会的观点认为，外国公司从美国获得的知识产权及相应的工业增加值大于其对美国的贡献，外国企业在美设立研发机构使美国企业丧失了机会，造成美国人才的流失；

---

① 陈宁. 美国政府对外国参与美国研发活动的管理概况［J］. 全球科技经济瞭望，2009，24（3）：65 - 68.

会产生不平等机遇的观点认为，很多其他国家对于外国企业在其国内设立研发机构和开展研发活动采取了很多限制措施，从而使美国企业受到不公平和非对称待遇，无法对等地获得在国外参与研发的条件，从而使美国公司丧失了竞争优势；影响军事安全的观点认为，外国企业在美设立研发机构和开展研发活动可能造成某些军用技术，特别是军民两用技术流向美国的潜在敌人，给美国军事带来威胁；影响经济安全的观点认为，外国企业在美设立研发机构和开展研发活动，会形成外国企业在美国的技术和产业垄断，损害美国消费者的利益，削弱美国公司的竞争力，进而对美国的经济安全造成威胁。

为解决上述争论，1996 年美国工程院成立了专家委员会，对外国在美设立研发机构和参与美国研发活动的利弊进行了全面深入分析，并最终形成一份题为《外国参与美国研发活动——资产还是负债》的报告，针对上面提到的四种主要担忧，逐一分析并得出相应结论。根据全面分析，委员会得出以下基本结论：一是外国公司在美设立研发机构，参与美国研发活动在微观层面上的利弊很难进行量化、分离，因此，只能从整体上进行宏观判断，只要总体上利大于弊就不应针对具体案例进行过分干预。二是总体上外国公司在美设立研发机构和参与美国研发活动的目的是为了公司自身获得美国市场的优势，而非旨在侵蚀美国的竞争优势。三是总体上外国公司在美研发机构从其母公司带到美国的技术比其带出美国的技术要多得多。四是没有证据表明，外国公司在美设立研发机构和参与美国研发对于美国公司获得关键技术和提高国际竞争力有太大的影响。五是没有证据证明外国公司参与美国研发对美国国家安全构成威胁，除非国家安全真正受到威胁，对外国公司参与美国研发采取歧视性措施会给美国经济增加成本和带来风险，会阻碍外国公司对美投资，并从长远上削弱美国公司在其他国家获得非歧视性国民待遇的条件。六是一些参与美国研发的外国企业可能利用美国公司和政府的资源获利；它们对美国的经济以及美国的创新活动包括产业研发、大学科研以及联邦实验室的研究也提供了很多材料、技术和智力资源。七是大多数在美设有研发机构的外国企业都同时设有生产厂，并聘用大量美国员工，购买美国物资和设备，进口和产出相应的技术，这些都对美国经济做出了重要贡献，还为美国增加了税收。

该委员会认为，外国参与美国研发不会造成美国人才的流失，美国政府不应为了保护美国企业而采取特别措施防范外国企业参与美国的研发活动；美国高度市场化的以股东权益为基础的市场和公司体系是促进外国参与美国研发活动的推动因素之一，因此强调对跨国公司在美机构应给予国民待遇。另外，要求外国政府给予美国企业对等的机会参与其研发活动是合理的，但如果针对那些开放程度不高的国家采取限制该国企业在美设立研发机构也可能会因此阻碍那些好的外国企业参与美国的研发活动，有时甚至会招来对方国家的报复措施。美国的军事和国防对产业界有很大依赖性，很多国防部的合同商也会将工作再分包给相应的外国公司在美分支机构，因此美国军队也可以从外国在美研发机构获得一些必要的先进技术。同时，美国政府在控制军民两用技术向外国转移方面也有比较完善的法规和审查系统，因此这方面也大可不必担忧。

在研发强度问题上，委员会指出，外国公司在美研发机构的研发强度是各个公司根据本公司诸多条件所决定的，具有很大的差异性。同时外国不同产业的在美研发机构的研发强度也不尽相同，如外国医药企业在美研发机构的研发强度就比美国本土医药公司的研发强度还高。此外，一般而言，美国公司海外研发机构的研发强度要远远低于外国公司在美研发机构，因此，委员会认为，美国政府应该避免强制设立针对外国在美研发机构研发强度的指标要求，或出台任何其他措施以期提高外国在美机构的研发强度。

3. 美国外资研发机构发展状况

"二战"后，美国一直是世界经济与科技创新中心，随着日本、德国经济的迅速恢复与发展以及全球化趋势的加深，发达国家之间的 FDI 流动变得越来越频繁，FDI 流动的结构也日趋高级化，从而出现了 20 世纪八九十年代以来的主要资本主义国家对美国展开大规模的 R&D 投资浪潮，[①] 如表 4 所示。总体来看，外国公司在美国 R&D 开支在 80 年代前半期达到约 9% 的水平，在 80 年代后半期迅速上升至 14.1%。1991 年，由于经济衰退，外国公司在美国 R&D 开支下降，导致这一期间比例降为 13.1%。从 1991 年开始，外国公司的 R&D 开支一直呈增长趋势，到 1995 年达到 16.3%。1997 年受东南亚金融危机影响，外国公司在美 R&D 开支一度降至 10.9%，但从 1998 年到 2001 年，这一比例很快恢复到 13% 左右，并自 2002 年以来，这一比例一直稳定在 14% 左右的水平。

---

① 郑飞虎，周丽丽，庞锦. 研发全球化与跨国公司对美国研发投资集群研究［J］. 经济问题探索，2010（5）：111 – 118.

表4 1997～2006年外国在美国拥有控股权的非银行子公司及所有美国企业R&D支出

年份	外国子公司R&D支出 （百万美元）	美国所有企业R&D支出 （百万美元）	外国子公司R&D支出占美国所有 企业R&D支出的比例（%）
1997	17216	157739	10.9
1998	22375	169180	13.2
1999	24027	182711	13.2
2000	26180	199539	13.1
2001	26463	198505	13.3
2002	27507	193868	14.2
2003	29803	200724	14.8
2004	30083	208301	14.4
2005	31099	226159	13.8
2006	34257	n.a.	n.a.

注：n.a. 为未获得数据。

资料来源：美国国家科学基金会（NSF）年度报告。

以增加值计算，所有外国在美子公司R&D支出当中，六个最大的投资国子公司所占比例超过80%。外国子公司R&D支出占比最大的是由英国和德国拥有的海外公司，各自占比在20%以下。其中英国在美国制造业子公司在化工、计算机和电子产品领域的R&D十分突出。德国在美国子公司R&D支出也主要集中在制造业子公司，如化工与运输设备产品。2006年，外国子公司在制造业的R&D支出占了所有在美国子公司R&D支出的73%，其中又以化工与运输设备分领域所占R&D支出比例最大。

据美国商务部经济分析局与国家科学基金统计，从1987年开始到2006年，外国公司在美国的子公司R&D开支以年均11%左右的速率增长，实际上已远远高于美国公司在本土R&D开支增长。外国公司在美国的子公司R&D开支从1987年的65亿美元到1997年达到172亿美元，增长了164%；而美国公司在本土R&D开支从1987年的629亿美元增长了近1倍，达到1996年的1253亿美元。从1997年开始到2006年，外国公司在美国子公司的R&D开支又从172亿美元增加到343亿美元，增长了近1倍；同一时期美国国内所有公司本土R&D开支从1997年的1577亿美元增加到2005年的2262亿美元，只增长了43%。

在这些国家中，加拿大在20世纪90年代初位居对美国R&D投资额的首位，但到 2005 年、2006 年成为前六国当中排名最末的国家，并且其增长额较低。到 20 世纪 90 年代中期，日本在美国的研究设施支出从 1987 年的 3.07 亿美元增加到 1996 年的 21 亿美元，是六个国家中增长率最快的。1996 年，所有在美国的外国公司 R&D 开支中，日本名列第四，居于瑞士、德国与英国之后。进入 21 世纪，日本在美 R&D 支出继续快速增长，从 1996 年到 2006 年，日本在美国的 R&D 支出数额增长了近 100%，达到 40 亿美元，仅次于英国与德国。

英国是自 20 世纪后半期以来在美国 R&D 投资增长最快的一个国家，其 R&D 支出从 1996 年的 25 亿美元增加到 2006 年的 68 亿美元，增长了 172%。德国同一时期 R&D 支出增长了 116%。排名前五的主要外国发达国家在美国的 R&D 研究力量相对来说比较强，这从一个侧面印证了上述国家对美国高新技术产业市场准入所具备的有利条件。

20 世纪 90 年代末，外国公司对美国研发投资的重点主要集中在生物技术与医药、化学与原料、电子及汽车技术等领域，其中生物技术与医药领域投资规模居于首位。

从美国外资研发的动机来看，"协助母公司满足美国消费者需求"这类市场导向性因素经常被列属于外国公司 R&D 进入的最重要因素。例如，日本与韩国半导体跨国公司早期在美国建立 R&D 设施的目的在于与美国消费者更好接近，或是对其美国客户提供便利的产品与个性化服务。但是从其他电子产品尤其是计算机软件、计算机、电讯等 R&D 设施来看，技术导向因素对外资 R&D 在美国投资决策考虑起着日益重要的影响。R&D 作为一种战略，可以通过创造新技术资产与能力维持竞争优势，这些重要的因素包括：利用人力资本，特别是美国科学家与工程师；获得新知识及领先技术；加强与美国科技和工程界的联系等。特别是人力资本的供给驱动因素在外资 R&D 准入美国所有领域几乎都普遍适用，并在高技术产业领域表现明显，比如生物技术与电子信息领域。

外国公司在美国信息技术领域拥有的 R&D 设施往往涉及范围较大的产品如计算机软件、计算机外围设备、半导体、电讯等。但大部分外国公司在信息技术领域的 R&D 设施规模较小，并且只集中于一部分专业化的项目或技术的研究。比如相比欧洲竞争对手，日本在美国拥有的 R&D 设施不但规模要小，而且分布也不紧凑，但在每个地点只集中进行特定技术的研究部署。从趋势上来看，日本的跨国公司倾向在美国的某一处地点只集中进行某一项技术的研究；而其欧洲伙伴公司则倾向于建立覆盖许多技术的大型中央研究设施。但是也有很多交叉，例如，有一部分日本跨国公司像索尼（Sony）公司，正将其在美国的 R&D 活动通过合并致力于在范围更大的地域拓展。从这些国家在美国建立的这些 R&D 设施来看，大部分研究设施主要进行应用研究，其中部分活动是对现存技术发展新的应用，或是生产或改进产品以适应消费者需求，仅有少量设施从事基础研究，这包括 NEC 进入美国市场所设的研究机构，飞利浦（Philips）、西门子（Siemens）、佳能（Canon）与松下（Panasonic）准入美国市场先后在当地建立的技术单元。分行业来看，生物技术领域的 R&D 设施更大比例趋向于基础科学与技术活动，这表明美国在这一领域的高水平科技能力以及这一领域当中基础科学与商业技术之间的紧密联系。

（三）美国对外资研发机构的政策与管理

1. 美国外资政策和管理

（1）法律和政策体系。美国的外资管理法律体系包括以下三方面的立法：一是投资申报审查方面的立法，主要包括《国际投资与服务贸易普查法》《外国农业投资披露法》以及《1950 国防生产法》（通常被称作《埃克森—弗罗里奥修正案》）等。二是国民待遇和部门限制的立法，美国对能源、矿产、渔业等方面的外国投资设有限制。如《1954 年原子能法》《1920 年矿产租赁法》等。三是对外签订的与投资有关的协定。目前美国与其他国家或地区签署并生效的双边投资条约已达 38 个。同时，在美国签订的诸多双边及区域性的贸易协定中也涵盖了投资管理的内容。

美国的外资政策包括联邦政府的外资政策，即联邦政府直接对外国企业颁布实行的政策和美国州与地方一级政府的外资政策。

1）美国联邦政府的外资政策。美国联邦政府对外国直接投资实行中立政策，既不反对、歧视外国资本流入美国，也不以任何方式对外资进入美国实行倾斜和优惠政策。美国的中立政策包含两个基本原则：一是创设的权利，即外国企业在美国创设新的公司，或扩大其在美国的经营活动等方面，与美国企业享有同等权利，不因为"外国企业身份"而面临国内企业所不会遇到的特殊障碍；二是国民待遇，外国投资者的待遇等同于美国国内的投资者，那些已经在美国投资开展经营活动的外国企业，既不会因为政府行动或政策而面临比美国国内企业更大的负担，也不会获得美国国内企业所没有的特殊优惠。

美国联邦政府没有专门针对外国在美国投资的总的限制性政策。对外国投资实施的限制基本上集中在由联邦政府直接控制和管理的部门。这些限制性措施主要有四类：

第一，完全出于国家安全方面的考虑，明确禁止外国投资介入的部门。包括国内航空运输，核能生产与利用，内河、内湖和近海航运等。美国限制外国以飞机营运目的进行的直接投资。飞机注册只限于：一是美国公司；二是合伙公司，但合伙人不能是法人团体的；三是在美国成立的公司，但公司总裁必须是美国公司，公司董事会成员及高级职员合起来有 2/3 是美国公民并且其股本中有 75% 由美国公民所有或控制；四是获得美移民局 A – number 身份的侨民；五是非美国公司拥有的公司，但 60% 的飞行时间要用于美国境内两地之间的飞行。

只有美国公司或美国公司的合伙公司才能在可通航的河流从事水电开发，但不禁止外国控制的美国国内公司从事此类开发。不许可外国公司或外国控制的公司拥有使用或生产原子能的设施。在美国境内的航运船只必须是美国制造，在美国注册并由美国公司所有。

第二，严格限制外国直接投资介入的部门。美国有关法律规定，禁止外国经营或控制的公司获得从事通信传输的许可，同时严格限制外国企业在通信领域（电话、电报、电台、电视）里的投资。如广播和电信部门除非由联邦通信委员会给予特许，外国控制的企业不能拥有获取了广播或普通投递许可证的公司20% 以上的股份。

第三，有选择地限制外国投资介入的部门。如根据美国《公共土地法》和《采矿许可法》，准许外国投资者在美国公共土地上铺设石油和煤气管道，修筑铁路和开采矿藏，条件是投资者母国政府对美国投资者提供对等的权利。而对那些没有与美国政府签署类似条约的国家，其投资者不享有这些权利。依照法律，美政府土地管理局所持有的土地不出售给外国人。一半以上的州都限制外国人拥有美国的土地（只限农业土地），但限制程度不同。美政府限制外国人对不动产拥有直接所有权，但不少州对外国人购买不动产都没有限制或要求履行报告的制度。

第四，特殊限制部门。根据联邦政府的法律，只有某些合法形式的外国企业才可获得许可，介入美国水力发电和某些区域的水产业。例如，按美国法律建立的外国子公司可获得许可，而外国分支机构则被禁止进入这两个产业。在这些部门中，从事经营活动的所有外国企业必须遵循美国的法律，如船只航行要悬挂美国国旗等。美国国防部限制外国与美国政府的秘密合同或其他公司参与此类项目。

从总体上看，美国联邦政府的外资政策是相对较为开放的。美国联邦政府对外国投资也会采取一定的激励措施：一是税收优惠。向内陆投资提供优惠，包括从美国银行、储贷机构和保险公司获得的收入和股票与证券交易所得及美商业无关可以免税。二是地区和产业优惠。联邦政府对落后地区实行税收优惠，鼓励外资流向这些地区，帮助这些落后地区增加就业与收入。三是税收鼓励措施。国内收入法（LRC）中规定了许多旨在鼓励外资的条款，包括鼓励外资投向基础设施的特殊刺激措施，有些条款也允许全部减免外国投资者的资产收益税，允许某些资产加速折旧以鼓励基础设施投资。四是其他非税收鼓励措施，联邦政府向国内外投资者在非歧视的基础上制定援助方案，例如，外国投资者可以从联邦政府对地方交通、水资源利用和污水处理、医疗、教育和住房开发的资助中受益。

2）州和地方的外资政策。州和地方政府的外资政策对美国总体外资政策的主要影响体现在鼓励上。近年来，州和地方政府外资政策在吸引外国投资者方面作用越来越显著。从里根政府开始，联邦政府对州和地方政府的干预越来越少，同时支持也减少，州和地方政府只能依靠自己的力量来应付各种困难，吸引外国投资成为许多州和地方政府经济发展战略的重要组成部分。美国多数州和地方政府都普遍认为引进外国资本有利于本地区的经济发展并增加就业。自20世纪80年代以来，许多州和地方政府吸引外资所采取的优惠措施主要有：一是税收减免。多数州和地方政府给新开办的外资企业以5～15年的财产税减免，这些财产包括土地、厂房和机器设备等。同时，州和地方政府也允许外资企业的工厂和设备实行加速折旧。二是发行工业债券。许多州和地方政府通过发行支持工业项目的地方性债券，筹集资金以购买或建立工厂和其他商业设施，然后再把这些工厂和设施租给外国投资者，通过这种筹措方式，可以使外国投资者节省大量投资初期的资本开支。三是提高基础设施和特殊服务。许多州和地方政府为吸引外资而扩建机场、港口、铁路、公路、供电、供水等各种基础设施，为外国投资者创造良好的投资环境。同时还提供一些特殊服务，如提供外资新工厂设计和布局的咨询服务，给外资企业利用当地大学或政府研究开发机构的便利，地方政府支持外资企业培训工人计划等。

（2）对外资的管理。美国对外国直接投资长期实行自由政策，限制较少，投资管理制度多年来变化也较少，投资管理也仅限于报告制度和审查制度等方面。

1）投资报告制度。在航空、通信、原子能、金融、海运等存在一定限制性的敏感行业中，美国从国家安全、统计等需要出发，规定了外国直接投资的投资报告制度。根据《国际投资和服务贸易普查法》规定，联邦政府为了分析和统计的目的，可以就在美国进行的外国投资进行信息收集。不同类型的外国投资应向不同的政府部门进行报告。中长期间接投资应向美国财政部报告。外国个人如在美国进行农业土地交易，则必须在交易完成后90天内向农业部报告个人和交易信息。其余一般外国直接投资，在直接投资交易发生后的45天内，必须在美国商务部经济分析局登记《初步直接投资调查报告》。如果设立的美国公司总资产少于300万美元及所有的土地少于200英亩，则无须登记。

2）投资审查制度。1988年，美国国会通过了《综合贸易法案》的《埃克森—弗洛里奥修正案》，并由外国投资委员会专门负责执行。该委员会的12名成员负责审查外国直接投资者提交的收购报告，进行调查并确定该项收购交易是否涉及国家安全问题。该修正案没有给出国家安全的具体含义，但是赋予总统广泛的自由裁量权，即对外国直接投资者提供的收购进行否决、暂缓，或是进入审议程序。美国财政部规定，所有委员应结合自身代表的部门，将其评估的重点放在关系美国国防安全的产品和关键技术上，重点考查可能改变被收购公司所有权的项目，不要过多考虑经济因素。

除了外国投资委员会，各行政部门也可以根据自身的目的和要求，制定涉及外国投资的法规，同样可以阻挠外国投资项目。比如，美国国防部制定的《国家工业安全计划》中，规定涉及关键技术、机密情报和特种机密情报的行业，不允许外国投资者通过收购的方式获得相关企业。这类行政部门的评估，与投资委员会并行，互不干涉，但都会影响外国投资者收购、并购的顺利进行。

2. 对外资研发机构的政策与管理

研发投资是外商直接投资的一个方面，适用于美国的外资政策和管理制度。与对外资的政策一样，美国对外资研发机构的政策经历了由宽松到有所限制的过程。长期以来，美国外资R&D政策基本保持了开放和中立的原则与特点，鼓励并几乎全部放开外企到当地投资R&D活动，而且对内外资一视同仁，没有特殊针对外资 R&D 的偏好政策。即使在 20 世纪 80 年代末至 90 年代中期，美国科技领先地位受到日本等国挑战时，也不例外。

但随着外资在美国 R&D 规模的日益庞大，美国各界对外资 R&D 的各种质疑和忧虑也日益增多，很多力量都建议政府通过立法限制外资 R&D 进入美国。美国政府迫于压力，允许外资来美投资 R&D 的同时，在一些政策细节上设置了若干限制性条件。例如，1990 年美国商务部实施的"先进技术计划"中，美国政府规定，对那些阻止美国公司参与东道国 R&D 活动的国家，美国对该国企业在美 R&D 活动也有所限制。①

开放的态度和国民待遇，并不意味着外国企业在美研发机构可以毫无限制地开展任何科研活动或获得任何科研成果。比如根据美国法律，美国联邦政府有关部门可根据各自的情况，对外国企业及其在美分支机构参与联邦资助的科研项目和与联邦实验室开展合作进行管理。由于这种管理的权利分散到了各个部门，而各部门所分管的领域情况不尽相同，对于法律精神的理解也不完全一致，因此在实际的管理过程中，各个部门掌握的尺度也不尽相同。

（1）外资企业与联邦实验室进行合作研究。外国公司与美国联邦实验室开展合作并不少见，形式上主要是通过企业与实验室签署合作研发协议（Cooperative R&D Agreements，CRADAs）来进行。有关数据显示，在 NIST 从 1998 年至 1995 年与企业签署的 500 份 CRADAs 中有 34 家是与外国公司合作开展的，同一时期 NIH 进行合作研究的项目比例约为 10%；而 Argonne 和 Oak Ridge 实验室进行合作研究项目比例仅为 1%。②

在具体协议内容上有关部门或实验室主要需要把握两个原则：一是对方公司所属国家是否允许美国机构和人员与其本国研究机构开展类似合作研究；二是相关合作取得的研究成果应优先考虑在美国进行生产。而不同的联邦实验室在执行"优先由美国生产"的要求时也采取不同的方法。如 NIST 就授权其实验室主任在签订 CRADAs 时对相关内容是否符合此规定进行判断，如其认为可能存在敏感内容则可由 NIST 院长介入和指导。比较而言，美国能源部则对其下属的联邦实验室进行严格控制，实验室本身在签署 CRADAs 时无太大权利，对于合作研究所形成的发明、专利、版权、商标和数据的使用也都要受能源部的严格控制，严格要

① 盛垒，祝影，杜德斌. 跨国公司 R&D 投资政策的国际比较研究［J］. 亚太经济，2010（1）.
② 陈宁. 美国政府对外国参与美国研发活动的管理概况［J］. 全球科技经济瞭望，2009（3）.

求有关知识产权必须在美国实施。

（2）允许外资企业参与联邦政府研发计划。对于外资参与美国联邦政府研发计划，不同部门和不同计划的情况不尽相同。如美国先进技术计划（ATP）采取一事一议的方式决定是否允许外资参与。有关数据显示，从1990年该项目启动到1996年，一共有413家企业参与，其中有15家为外资企业，尽管看起来比例很少，但实际上在1994年所有申请的企业中只有3%为外资企业，而其中有一半最终获得了资助，而美国国内企业获得资助的比例则仅为7%。

（3）外资企业与获得美联邦政府资助的研究机构合作。关于外资企业资助美国科研机构开展研究，曾经有一个比较有名的Scripps – Sandoz制药协议案例。该协议的内容是Scripps研究所接受瑞士Sandoz公司为期10年总金额3亿美元的资助，条件是该研究所用Sandoz资金开展研究所获得的成果，Sandoz有优先获得相关专利许可证的权利。但因该研究60%的研究经费来自NIH，因此后来在NIH的坚持下，双方被迫对协议内容进行了修改。

（4）外资企业申请联邦研究基金。尽管美国政府的一些基金理论上声称外国研发机构可独立申请，但从宏观层面上来看，如果外资机构未能找到相应的美国合作伙伴，则项目获得资助的可能性就非常低。

3. 美国对外商直接投资及外资研发机构政策变化趋势

从目前情况看，美国总体上对于外国企业在美设立研发机构采取的是开放的态度，对于外国公司在美设立研发机构和在美开展研发活动原则上不进行限制，从立法上也未对外资研发制定明确的鼓励政策，总体上是用国民待遇的标准公平对待内资和外资的研发活动。

2008年国际金融危机爆发以来，随着世界经济结构调整和发展方式的转变，美国对外商直接投资日益重视。"投资美国"成为美国重要的政策。

（1）推动外国人投资美国。在美国国内贸易保护主义趋势抬头和对外国投资的国际竞争加剧的情况下，美国政府于2007年提出了"投资美国"计划，主要通过对外营销、投资决策、信息服务和咨询支持等多方面的服务吸引国际资本进入美国。

新措施计划包括：充分利用美国在全球各地的商务官员，加强与国际投资界的联系，直接游说潜在的投资者；减少外国人在美国投资的障碍，简化政府审批程序，解决外资医疗保险、能源成本及签证政策等各种问题；提供各州政府和地方政府帮助，协助其项目吸引海外投资，促进在全国范围内的投资和贸易发展。①

（2）各地方积极吸引外商投资。2008 年金融危机后，美国各地方州、市为摆脱金融危机影响，纷纷采取措施吸引外商投资。各州可自行调整州企业所得税。芝加哥市政府成立世界商务委员会，为投资商提供全方位服务，提供免税、补贴、低息债券自助贷款、贷款担保、雇员培训、土地补贴、特殊租期规定，积极改善投资环境。尤其是针对特别项目而设立的"EDGE 项目"（能够带来经济增长的经济发展项目），更以个性化政策吸引外资入驻开发区。阿拉巴马州通过《2011 阿拉巴马关税补贴法案》确定，外资企业只要符合对本州直接投资超过 1亿美元、创造超过 100 个就业岗位等相关条件，就可获得州政府的税收减免来对冲他们在美国海关遭受的反倾销税损失。内华达州积极采取优惠政策引进特斯拉超级电池工厂，但是要求工厂雇员至少要有一半以上的州内居民。佐治亚州承诺提供众多的税收优惠和激励方案，包括"美国第一"劳动力培训计划，帮助符合要求的企业实现目标。

美国地方政府竞相打出各种税收优惠和补贴，放弃单一税率，征收更低的公司所得税；提供劳动力补贴和资本补贴；建立减免税收的加工贸易区等；必要时，甚至为企业铺设道路和铁路，成本由州政府和县政府共同承担。

（3）完善国际投资环境。美国大学科技园区协会等诸多组织陆续联合发布了《空间力量：建设美国创新共同体体系的国家战略》《空间力量 2.0：创新力量》等报告，提出了"美国创新共同体"这一具有空间属性的创新体系概念和一批相关重要举措。报告指出，努力完善国际投资环境，完备的国际投资环境是外部创新企业和人才进入美国创新共同体的重要前提。《外商投资与国家安全法案》的通过，使美国吸引国际投资战略逐渐清晰，并促进财政部对国外交易的审核流程进行改革。这些流程的更新使许多国家的商业企业能够以"绿地投资"的形式享受免税待遇，从而为国际资本进入创新共同体内部研发领域带来更大的便利。②

改善外商投资环境的一个重要方面是形成部门合力，联邦及各部门间在资

① 徐启生. 美推"投资美国"新举吸引外资［EB/OL］. http：//www. chinaqw. com/tzcy/zfdx/200703/14/65089. shtml. 2007 - 03 - 14/2021 - 03 - 10.

② 屠启宇，苏宁. 美国建设"创新共同体"的战略设计与政策启示［J］. 科技日报，2013 - 06 - 03（001）.

助、研发、签证份额方面的共同协作，将有助于建立"软着陆"类型的人力资本链接体系。而激励国外企业涉足美国的研发业务，创建鼓励国际合作的创新社区等措施，将对美国赢得国际人才资源竞赛起到至关重要的作用。

（4）加强以国家安全为理由的外国投资审核。2007年，美国国会通过《外商投资与国家安全法案》，加强了对外国投资的审核，要求投资委员会在不考虑投资涉及行业的前提下，对所有与外国政府有关的外国投资者参与的交易进行调查。美国还对所谓的"重点行业"进行了重新定义。"9·11"事件后，布什总统签署了《美利坚合众国爱国者法案》，规定国会将为重点行业提供特殊支持，其中，重点行业被定义为"系统或资产，无论有形还是无形""如果此类系统或资产不能正常运转，或被破坏，将严重影响美国的国家安全、国家经济的安全、公共健康及公共安全，或以上任何方面的结合"。从这时起，重点行业范围扩大到特别指出的经济类行业，包括电讯、能源、金融服务、水业、运输业以及对"国防、经济繁荣、政府连续性、人民生活质量至关重要的网络基础设施"。2008年，国土安全部在内部备忘录中，将生产加工作为第18项产业，加入到清单中。2012年10月，美国众议院情报委员会就曾发布报告称，中国华为技术有限责任公司在美国的投资项目可能危害美国国家安全，因为该企业为中国情报部门提供了干预美国通信网络的机会，同时建议美国企业尽量避免与华为这样的中国企业合作。这一报告和其中的建议直接导致华为收购美国三叶公司的计划被否决。

（5）加强对在美外资银行的监管。从2008年以后，美国开始逐渐收紧在美外资银行的监管政策。美联储（FED）理事会2012年12月投票通过了一项针对收紧外资银行资本和流动性的提议，以作为保护美国纳税人的举措的一部分。根据上述提议，外资银行将需要把所有的子公司划入一家美国控股公司，并接受与美国控股公司同等的资本金规则。此外，外资银行还需要保证一定的流动性缓冲。2015年7月起，美国监管机构将开始执行强化后的资本和流动性规定，这一规定所涉及的外资银行资产总规模超过500亿美元[1]。

---

[1] http：//finance. ifeng. com/gold/glsc/20121215/7437688. shtml.

二、日本外资研发机构发展与外资政策

（一）日本外资研发机构发展情况

1. 日本外商直接投资概况

长期以来，日本都是"对外直接投资大国、对内直接投资小国"。与日本不断增加的对外直接投资规模相比，长期以来外资对日本的直接投资规模小、结构不合理，呈现出对内外直接投资严重不均衡的态势，如图3所示。

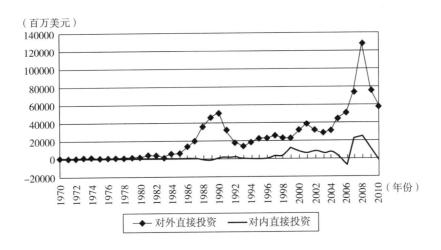

图3　1970～2010 年日本对内外直接投资走势

资料来源：根据联合国贸易及发展会议网站数据制作，http://www.unctad.org/en/Pages/Home.aspx.

从 1984 年日本对外 FDI 首次突破 100 亿美元大关以来，日本在国际资本流动中主要扮演着对外直接投资大国的角色，而其对内直接投资却长期滞后，尤其是 2004 年后对内外 FDI 差距大幅扩大。与日本快速增长的对外直接投资相比，长期以来，日本因相对封闭的国内市场，烦琐的规制和较高的投资成本等阻碍，使日本成为主要发达国家中引进外资最少的国家。虽然经历东南亚金融危机后，日本加快了吸收外资的步伐，但如图4所示，截至 2009 年，外资在日本 GDP 中所占比重仅为 3.9%，与该比重最高的英国（48.2%）相比，相差悬殊，比韩国还少 8 个百分点。可见，在日本经济的发展中外资的作用甚小。

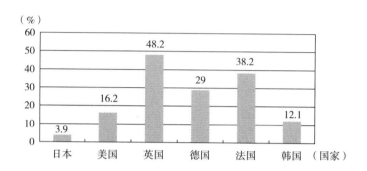

图 4　主要国家对内直接投资占 GDP 的比重（2009 年末）

资料来源：日本《通商白皮书》（2011）。

　　日本战后通过汇率和《外国贸易管理法》等法律措施，长期限制外资进入。1980 年修改《外国贸易管理法》，将"原则限制、例外自由"的方针改为"原则自由"，但外资投资日本仍然受到诸多限制。从 20 世纪 80 年代起，日本利用外资的规模一直较小，维持在 3 亿～10 亿日元水平上，此后，为了能更好地适应国际化竞争和经济发展的需要，日本明显加强了外资的引进。1986 年，日本利用外资额为 9 亿日元，1987 年达到 22 亿日元。

　　进入 90 年代，日本政府面对泡沫经济破灭，开始积极推进对日投资，希望通过扩大外来投资，承接跨国公司经营诀窍和技术的转移，结合自身经验，创造优秀的经营和技术体系，恢复经济活力，同时让企业在与外企同台竞争中，提高经营效率，增加社会就业。1994 年，日本成立由首相牵头、有关阁僚参加的对日投资会议，针对引进外资中的突出问题，采取五个方面措施：一是扩大对外宣传，1995 年发表《对日投资会议声明》；二是整顿企业发展环境，为外资企业顺利开展对日购并创造条件，1996 年发表《有关 M&A 对日投资会议声明》；三是简化行政手续，通过一站式服务等提高行政效率；四是改善外国投资者的工作生活环境；五是建立地方与国家的引资体制，支持地方积极引资，促进地方经济发展。从 20 世纪 90 年代起，日本引进外资金额开始快速增长，1996 年日本引进外资金额达 70 亿美元，2000 年达到 300 亿日元，从 1997 年到 2000 年，年均增长率达到 66.31%。到了 2004 年，日本引进的外国直接投资金额比 2003 年增长约

90.28%，日本引进外资首次超过对外投资。详细数据如表5所示：

表5 日本外资引进情况

年份	项目数（个）	金额（百万日元）
1995	1272	3697
1996	1304	7707
1997	1301	6782
1998	1542	13404
1999	1705	23993
2000	1842	31251
2001	1497	21779
2002	1465	21863
2003	1431	21161
2004	1591	40265

资料来源：Inward Direct Investment（Industry - Total），日本财务省网站。

进入21世纪以来，日本外商直接投资额快速上升，由2001年的66亿日元，提高到2008年的185亿日元，但是，受到国际金融危机的影响，日本吸引的外商直接投资金额呈现下降趋势。金融危机后，日本《通商白皮书》（2009）认为，日本应加强外商对内直接投资，日本的对内直接投资还不到全球比例的1%，而且对内投资额占GDP的比例也低于欧美等国，因此仍然有较大的发展空间。2012财年，日本的FDI直接投资贸易余额为178亿日元，大约为GDP的3.7%（如表6所示）。在这样的背景下，日本政府决定促进经济的完全全球化，吸引海外的人力资源和技术投资日本，创造更多的就业机会和创新机会，计划在2020年FDI的存量要达到350亿日元。来自亚洲的投资的增加、非制造业投资的增加，以及外国企业连锁机构投资的增加，正在成为对日投资的新动向。

表6 日本2001~2012财年末的外商直接投资余额（单位：十亿日元）

年份	2001	2002	2003	2004	2005	2006	2007	2008	2009	2010	2011	2012
余额	6.6	9.4	9.6	10.1	11.9	12.8	15.1	18.5	18.4	17.5	17.5	17.8

根据日本经济产业省调查，截至 2009 年在日本投资的外资企业中，来自美国和亚洲（新加坡、韩国、中国）、欧洲地区（德国、英国、法国）的投资所占比重分别为 30.2%、43.2%、20.8%，其中中国仅占 7.6%（如图 5 所示）。虽然中国所占的绝对比重较少，但中国企业对日投资增长速度却较快。根据日本财务省的统计，2010 年中国内地对日净直接投资为 276 亿日元（3.41 亿美元），为 5 年前水平的 20 倍还多，创下了历史新高。

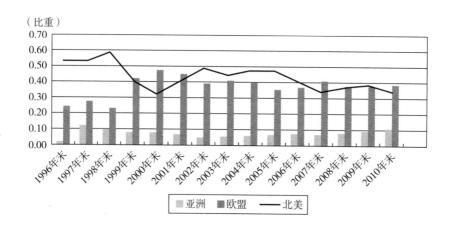

图 5　亚洲、北美、欧盟对日直接投资所占比重变化

资料来源：根据日本振兴贸易机构（JETRO）按地区、国别对内外直接投资余额数据制作。

2. 日本外资研发机构发展

从 20 世纪 80 年代以来，日本开始实施吸引跨国公司研发机构的经济发展策略，实现了由劳动密集型向技术密集型的产业升级。90 年代后，跨国公司研发机构大量进驻日本，使日本成为电子信息产业、新材料产业、生物产业、高水平软件开发等众多产业的世界级研发中心。

"二战"以后，日本经济快速发展，成为世界第二大经济体。日本成为亚洲最重要的研发中心之一。跨国公司在日本设立研发机构，用于支持全球和北亚的研发工作。但是跨国公司在日本的研发机构规模并不大，就研发水平来说，日本一直保持前列，但是各大跨国公司来自日本研发部门的新产品仍旧很少。每家跨国公司在日本的研发规模都在 100～200 人。

在制药业，日本市场对跨国制药企业的吸引力很大。据 IMS 公司统计，日本是世界第二大药品市场，其 2003 年总销售额达到 524 亿美元。作为一个高度工业化国家，日本人口老龄化问题越来越严重。世界主要制药企业基本都进入了日本，并在日本设立研发中心，一方面支撑日本制药市场，另一方面作为亚洲研发中心。2001 年底，瑞士罗氏公司将其在日本的子公司——日本罗氏与日本中外制药公司合并，共同组成一个以研究为导向的全功能跨国制药公司。在这家新公司中，罗氏拥有 50.1% 的股份，取得控股权。在日本制药行业，由国外公司掌握合资企业控股权的情况是第一次出现。许多西方制药公司纷纷出售自己与日本本土公司共同组成的合资公司的股份，加大力度推广自己的产品，提高自己品牌在日本市场的认知程度。在日本设立研发机构的跨国制药企业分别有：阿斯利康、勃林格殷格翰集团、安斯泰来集团、百时美施贵宝（BMS）等。

阿斯利康日本研发中心位于大阪和东京，共有约 400 名员工。阿斯利康株式会社（阿斯利康日本子公司）总部位于日本大阪，有 300 名研发人员在此工作。另外 100 名研发人员位于东京，主要从事临床、药物安全性和法规事务等方面的工作。

在电子信息产业，思科公司于 2005 年 2 月斥资 1200 万美元在日本东京设立新的研发中心，主要针对 IP 网络技术，包括路由器以及思科 IOS 软件技术等进行研发。思科的该研发中心将初步聘请 10 名工程师，利用日本市场的独特条件开发新的路由器和软件技术。思科表示选中日本东京是因为日本在宽带服务领域的领先地位。

2004 年 12 月，谷歌（Google）第四个国外研发中心在日本东京成立，该中心作为谷歌全球 R&D 网络之一的具体任务还未被明确定义，并将由在此工作的员工逐渐建设成形。根据公司一项鼓励政策，凡是被谷歌雇用的工程师都可以在完成公司分配任务的同时拿出 20% 的时间进行自己感兴趣领域的项目研究工作。东京研发中心的成立标志着日本将成为谷歌在全球设立 R&D 中心的第四个国家。其他三个研发中心分别设在美国、新西兰和印度。

另外，我国的海尔于 2007 年在日本东京设立研发中心，主要承担海尔 U-home 数字家庭系统的研发工作。

实践证明，外资研发机构的数量与该国经济发展水平是密切相关的。日本引进外资增多的原因，一方面在于日本引进外资政策逐步放宽；另一方面，日本经济发展水平提升和国内市场消费需求的扩大，是外资研发机构进入日本的最主要原因。但是，从总体上看，进入日本的外资研发机构数量虽然很多，外资研发机构发展的规模仍然受到一定的限制，平均每个研发机构的人员都不太多，投资规模也有限，这主要受制于日本独特的外资环境。

日本在相当长一段时期内，对外资进入限制较多，近年来虽然有所放宽，但日本市场仍然是世界上很难进入的市场之一。此外，日本经济发展水平较高，外资企业在日本投资运营的成本也较高，比如，在东京租用营业场所需要的保证金比欧美主要城市的平均水平都要高出几倍，设立企业的整体成本比欧美城市高出很多，而且在日本雇用人员工资、各项租金、通信费、能源费以及其他各种相关费用也多居世界前列。日本对外企人员来日资格审查十分严格。在日本，对于外方派遣来日的技术人员，要求具有大学毕业以上学历并有 10 年以上实际工作经验，允许来日共同生活的家人一般只限于配偶子女，且外企内部调职来日者则要求转职前连续工作一年以上。也正是这些明显的条件差异在很大程度上影响了外资在日本的增加。日本对外资的优惠程度与周边国家及地区相比相差较远，行政审批审查手续烦琐等都对外资研发机构的设立和发展受到很大限制。日本的企业文化对国外的企业来说也难以适应，如日本股东对企业运作的决定权很小。

近年来，随着亚洲地区新兴市场经济活力高涨，一些跨国公司加速撤离日本。特别是外资研发机构呈现出逐步离开日本的态势。日本经产省针对外国企业的投资倾向调查显示，2007 年日本还被外企视为在亚洲设立地区总部和研发中心的首选，而到了 2009 年，这两项首选均被中国所取代，日本则分别滑落至第四位和第二位。2009 年，诺基亚将亚洲研发中心从东京转移到新加坡，宝洁公司也把亚洲区总部从神户迁至新加坡。大型跨国制药企业在保留日本的市场、销售组织的同时，关闭或转移日本研发部门的功能。2008 年，瑞士诺华制药公司关闭位于日本筑波的研究所，把研发基地集中到上海。在美、欧、日等发达地区，一位药剂师研发药物全部工作成本约为每年 25 万美元。在中国，拥有类似教育背景的药剂师的研发成本有时仅为每年 2.5 万美元。相比较而言，毗邻中国的日本将最快失去成本优势。

2006 年，美国默克集团在爱知县冈崎市和琦玉县熊谷市的研究所关闭。2007 年，位于神户市的德国拜耳集团研究所及位于筑波市的英国制药集团葛兰素史克（GSK）研究所也先后撤离日本。2008 年，位于爱知县武丰町的美国药业巨头辉瑞公司（PFIZER）研发中心、在筑波市的瑞士制药商诺华公司（Novartis）研究所也相继关闭。① 2009 年，全球领先的半导体公司，美国德州仪器公司

---

① 日本多个跨国研发中心"入中"华人学者面临漂流［EB/OL］. 中国新闻网，2009 – 06 – 03.

（TI）关闭在日本茨城县筑波市的研发中心"筑波技术中心"。① 这些跨国公司都在中国成立了研发中心。

位于茨城县的筑波市是日本科学城，被誉为日本的"硅谷"。统计显示，2004 年底，有 151 个国家的 3958 名海外研究学者在筑波市从事研究工作，其中，中国人研究学者为 1126 人，占外国学者的 28.4%。② 总面积达 28400 公顷的"筑波研究学园都市"，也是日本著名的大学城和最大的研究开发基地，有国立教育、研究机构 46 所，研究及辅助人员 12222 名。

3. 外资研发机构设置情况与主要类型

2005 年，日本经济产业省发表的《外资企业动向调查概要》数据显示，外资企业中制造业占 27.4%，非制造业占 72.6%。制造业企业数量排序依次为化学、一般机械、信息通信机器、运输机械和精密机械类企业。在日本设有研究开发机构的主要为制造业企业，比例达到 1/2。

2004 年 3 月，日本贸易振兴机构发表《引进 R&D 据点的设立要因调查》的专题报告。该报告指出日本引进外资企业的 R&D 据点，主要目的为：一是增强中小企业及风险企业的商品开发能力；二是增强日本在 IT、生物、燃料电池等新兴产业中的表现，降低开发成本和风险，确定国际优势，并着眼于获得标准；三是增强中小企业的竞争力。

外资企业在日本设立研究开发机构主要有三种业务模式：一是面向全球市场的产品开发伙伴模式；二是面向日本市场的产品开发模式；三是跨国公司信息网络系统的应用服务模式。有五种代表性类型：供应商型；IT 硬、软件开发业务型；消费类产品制造商型；软件包开发业务型；以跨国公司为客户的系统集成商型。

（二）日本对外资研发机构的政策

日本政府自 20 世纪 90 年代初积极致力于吸引外国企业来日投资。2005 年，日本经济产业省制定"外国企业招商地区支援项目"，拨付 5 亿日元专项资金，

---

① 1991 年在日本筑波设立"筑波技术中心"（TI），是德州仪器公司在海外的首家研发中心。2008年以来，全球半导体市场急剧恶化，德州仪器公司为缩减与开发关联的人头费及研发设备费用，"筑波技术中心"宣布关闭，研发中心有可能迁回美国或者转向印度。

② 日本多个跨国研发中心"入中"华人学者面临漂流．［EB/OL］．2009－06－04，http：//www. china. com. cn/overseas/txt/2009－06/04/content_ 17884336. htm.

委托独立行政法人"日本贸易振兴机构"对地方政府的招商引资活动提供支持，包括对招商对象实施调查，邀请外资企业干部赴日考察、派遣专家等费用，每个地区约发放专项补贴 2000 万日元。

1. 日本对外国投资的市场准入

日本有关外资合作的主要法律法规包括《外汇及外国贸易法》《商法》《公司法》《商业登记法》《防止不正当竞争法》以及各种税法、会计制度等。日本对外国投资实施"原则放开，例外禁止"的方针，因此，大部分行业均允许外国资本自由进入，目前没有明文规定绝对禁止的行业。日本对可能威胁国家安全及未实行完全自由化的行业予以限制。根据《外汇法》，外国投资者获取日本非上市企业股权或上市企业股份超过 10% 时，在农林水产业、矿业、石油业、皮革及皮革产品制造业、航空运输业等保留行业，实施提前申报手续。根据 OECD 规定的《资本移动自由化法则》，对武器、飞机、核、宇宙开发、电力、煤气、供热、通信、广播电视、铁路等行业，实施外资管制。2007 年 9 月，管制行业又加入可能转为军用的碳素纤维和钛合金、光化学镜头制造业等。根据行业法规，对采矿业、通信业、广播业、水运业和航空运输业，有具体的外资准入限制。

日本中央政府没有特别规定的外商投资鼓励行业；地方政府根据自身行业布局和发展规划，为形成更好的产业集群效益，通过提供一站式服务、介绍专家、提供与日本企业同等条件的补贴和优惠税制等措施，加大招商引资力度。目前，外国企业对日投资主要集中在东京都、大阪府和神奈川县等，如大阪对生物技术、精密科技、半导体、电子零部件、电子设备等行业实施重点招商；神奈川县对汽车、IT、半导体、生物科技、环保行业实施重点招商；兵库县对精细加工、组装产业、半导体、再生医疗产业实施重点招商等。

对日直接投资有三种形式：设立公司；获取现有公司股份，合作经营；并购现有公司。采取第二、第三种形式时，如取得日本上市企业 10% 以上股份或从外国投资者以外取得日本国内非上市公司股份的情况属于对日直接投资，要受到相关规定的限制。[①]

2. 税收优惠政策

日本对企业法人实行属地税制，在日本从事经济活动的法人企业都要就其经济活动中所产生的利润在日本纳税。征税对象为日本法人企业的全球收入，征税

---

① 王挺. 日本对于跨国公司研发机构的有关政策 [J]. 全球科技经济瞭望, 2008 (11): 22 – 24.

主体对各个征税对象拥有征税权。当征税对象包括境外所获利润时，为避免双重征税，制定了境外税额抵扣的规定，在一定范围内，可从日本的应缴税款中扣除境外已缴纳的税款。在日本开展业务的跨国公司，当其获得一定的应税收入时，通过办理源头课征（即代扣代缴）或申报缴纳的手续，计算和缴纳应征税额。

日本针对企业和个人所得征收五种税，包括两种国税——法人税、个人所得税；三种地方税——都道府县民税、事业税、市町村民税。针对流通交易征收四种税，包括两种国税——登记许可税、印花税；两种地方税——房地产购置税、汽车购置税。此外，日本还针对消费和财产的所有、转移等征收消费税、遗产税、赠予税等其他约 19 种税目。

在日本，针对法人征收的所得税（法人税）主要包括对法人的应税所得征收的国税（约 30%）和地方税。而地方税又包括即使没有应税所得，也要缴纳以公司的规模等为计税标准的均摊税。这样，包含地方税后的企业所得税实际税率约为 42%。另外，如果以法人税等的纳税金额除以税前本期净利润算出的实际负担税率来看，多数情况下要超过上述的实际税率。在地方税中，即使法人没有应税所得，也必须缴纳法人住民税的均摊税和以法人规模等为计税标准的外部标准纳税。也就是说，即使法人所得为赤字，也发生纳税义务。其理由是法人作为该地区的居民，受益于地方政府在公共设施方面的服务，所以必须缴纳该地方税。

对个人所得征收税款，其税率采用以应纳税收入金额分别乘以 10%、20%、30%、40% 及 50% 以上的超额累进税率。与中国的个人所得税法相比，可以从总收入中扣除的减免项目很多，以夫妇二人加两个孩子为例，其实际税率如下：总收入 1000 万日元约为 8.6%，总收入为 2000 万日元时实际税率约为 22%。

日本《促进进口和对日投资法》对投资于被日本政府认定为特定对内投资的制造业、批发业、零售流通业、服务业等 151 个行业，出资比例超过 1/3 的外国投资者，日本政府提供优惠税率和债务担保。外资企业成立 5 年内所欠税款可延长到 7 年缴纳；各地方自治体（都道府县、市町村）制定地方性法规，减免外资企业事业税、固定资产税、不动产取得税，并给予资金补贴，帮助企业顺利开展各项筹备活动，对购置厂房建筑物、设备投资、流动资金等提供融资的便利。

日本政府鼓励创新的相关政策在促进本国企业加大研发投入的同时，也促进了跨国公司在日设立研发机构。

为鼓励企业增加研究开发投入，日本政府设立研究开发税制，对企业追加研发经费减税，并根据民间研究经费的支出情况，适时调整。日本在认真研究多国相关政策后制定其研究开发减税政策，确立了以 R&D 经费投入增加部分为基数的减免方式，对 R&D 投资额减税幅度达 11% ~ 12%。

这些税收调节政策，对吸引外资起到了一定效果。特别是其独创的 TT 投资减税政策，对于信息化建设和信息产业发展起到了重要作用。对于有关跨国公司在日本设立 R&D 中心也起到了促进作用。另外，日本政府还根据国家产业布局的需要，有意识地在一些地区促进跨国公司的研发据点和当地紧密结合形成产业集群。

但在国家层面，对于跨国公司在日本设立 R&D 机构和从事 R&D 活动在税收方面并无特别的优惠或限制政策。跨国公司在日设置研发机构适用各地方政府的一般引资政策。

为扭转部分跨国公司撤离日本的势头，2011 年日本经济产业省出台引资新政策，其中外国企业在日本设立地区总部和研发中心将能享受法人税优惠。根据日本政府通过的税制改革大纲，自 2011 财政年度起，公司法人税将从现行的40.69% 下调至 35.64%。而上述新进外资企业将在前 5 年享受 28.5% 的优惠税率。

3. 融资和担保

日本政策投资银行为外国投资者或外资企业在设厂、设备投资、研究开发、企业并购等方面提供融资；日本中小企业与特定外资企业有一定金额以上的商品和劳务交易时，经当地政府确认，可获得信用保证协会的信用担保，获得 2.35亿日元以内的贷款额度。

在外资企业融资方面，日本政策投资银行（前身为日本开发银行）曾制定"国际共同技术开发促进融资"等政策，对于在日本国内与日本企业共同在尖端技术领域开展高新技术开发的外资企业实施低利息融资制度。对属于电子信息产业、精细化工产业、生物产业、高系统化机械产业、新材料产业、高水平软件开发产业等尖端技术领域的外资企业或外资比例超过 50%，可提供投资额 50% 的融资额度，并实施特别利率。

4. 创造良好外部环境

日本积极增强其政府政策和企业信息的透明度和可靠性，并加强对外宣传"日本欢迎外资"的基本政策。如 2003 年，日本把"日本贸易振兴会"改为专门吸引外资的"日本贸易振兴机构"用以向世界各国宣传日本的商机，这种措施促进了日本企业与世界的交流，有利于其树立良好的引资形象。2008 年后，外资对日本投资的积极性下降，为了改善这种不利局面，进一步加快引进外资的步伐，日本政府根据外资企业对日投资目的和本国需求，于 2011 年 6 月在《新经济增长战略》中明确了通过完善投资环境，吸收更多高附加价值外资企业，创造新的就业机会的税收、人才等方面的优惠政策，即致力于从政策和基础设施等软硬件条件方面创造良好的投资环境来吸引外资的对策。如以促进日本对内外投资为宗旨的日本贸易振兴会，更加积极为外资企业提供金融、税收、社会保险、房地产以及相关行政手续的服务，帮助松瀚科技德国乐普科（生产精密电子机器制造公司，于 2011 年 9 月在横滨正式成立）、韩国 OTC（主要从事石化出口业务，于 2011 年 9 月正式在东京注册成立分公司）等在日本投资。这些企业来日投资的目的为：向日本通信机器厂商、汽车产业的无线通信领域开展经营活动，扩大与日本本土石化企业间的交易，开辟日本市场。而政府对在日本设立研究机构和地区总部的外国公司提供减税优惠税收政策，并通过三菱 UFJ 金融集团（Mitsubishi UFJ Financial Group）等从金融角度帮助外国公司寻找在日本的投资机会。

5. 地区鼓励政策

为吸引外资，日本建立地方与国家相一致的引资体制，设立"结构改革特区"，目前已确立五个地区为"促进对日投资地区"：一是大阪府、大阪市、东大阪市、茨木市；二是仙台市；三是兵库县、神户市；四是广岛县、广岛市；五是福冈县、北九州市、福冈市、山口县、下关市。

为了吸引外资，日本各地方政府根据相关条例和制度，单独制定了一些优惠政策，通过减免事业税、减免房地产购置税等税收优惠、发放补贴、提供土地和建筑、融资贷款制度等各种措施鼓励投资。

2011 年，日本紧急出台《东日本大地震复兴特别区域法》，根据该法，岩手、宫城、福岛三县全境和北海道、青森、茨城、杨木、琦玉、千叶、新泻、长野等道、县局部区域被指定为复兴特区，可制定和享受系列优惠待遇，致力于产业复兴和地区经济复苏，各道、县的优惠政策主要包括税收优惠、就业和购进设备补贴等内容，因各地产业不同，优惠政策也不尽相同。

为吸引外资，各地制定地方性优惠政策，对满足投资超过一定额度、解决一定就业数量或建立研究开发设施的外资企业，采取减免事业税、固定资产税、不动产取得税，对前期调研、租用办公用房或建设用地等提供补助，帮助企业顺利开展筹备活动。一些地方还提供融资服务，提供低息贷款或部分流动资金。

一些城市结合自身的科研优势，加强产业集聚吸引外资取得积极成效。神户市把引进外资 R&D 型企业作为产业集群的要素加以推进，该市以"医疗产业都市"为主题，分医疗机器的研究开发、医药品的临床研究与验证、再生医疗的临床应用三个领域，推进具有世界竞争力的环境建设。如再生医疗领域以生理化学研究所的发生与再生科学综合研究中心为依托，打造世界知名的再生医疗科研基地。围绕这一核心设施，建设了"尖端医疗中心""理化学研究所发生、再生科学综合研究中心"和"神户临床研究情报中心"等 11 个核心设施，为跨国公司的研发机构进驻提供了极大便利，成功引进了一批美、澳医药和医疗仪器领域的研发型企业。除了对外资企业提供入驻初期的兴建或租借办公用房等的经费补助外，神户市还从改善交通设施（建设机场）、外国人入住环境等方面吸引外资。

比较有代表性的还有神奈川县的优惠政策，主要包括：①税额扣除：削减固定资产税、事业所得税、房地产税。②补贴：办公地租赁费的补助（补助租赁费等方式）。③贷款：低息融资等。

大阪提供以下优惠：一是融资优惠：企业在大阪府规定的区域内（大致分布在茨木市、泉佐野市、枚方市等八个指定区域）投资，并向大阪府企业招商促进中心申请得到认可后，即可获得大阪府给予的融资优惠。具体内容为：①融资优惠对象：设备资金（如购买土地、建筑物、设备等）和周转资金（租赁设备）。②融资额度：设备资金最多可贷 10 亿日元，周转资金最多可贷 5000 万日元（但两项合计不能超过 10 亿日元）。③贷款利率：1.6%（根据具体金融形势会有所浮动）。④贷款期限：设备资金贷款期最长为 15 年（宽限期 2 年），周转资金贷款期最长为 7 年（宽限期 1 年）。二是税收优惠：在大阪府规定的两大产业集群区域内投资的企业可获得不动产购置税减半的优惠（上限为 2 亿日元）。第一产业集群区域主要分布在大阪府西南部邻近关西国际机场的沿海地区，第二产业集群区域主要分布在大阪府东部的八尾市。三是补贴优惠：补贴优惠分为投资促进补贴和尖端产业补贴两部分。投资促进补贴主要针对有意进行新建或改扩建厂房及建立研发设施的企业而设立，补贴率为投资额的 5%，上限为 5000 万日元。此项优惠对企业的投资规模有较高的准入门槛，如中小企业投资额必须在 1 亿日元以上，大企业投资额必须在 5 亿日元以上。尖端产业补贴主要针对大阪府规定的重点尖端产业投资项目而设立，补贴额最多可达 150 亿日元。此项优惠对企业项目涉及的领域和雇用当地劳动者人数有严格要求，如投资领域必须在生物、生命科学、机器人、数码家电、新能源等；雇用当地劳动者必须在 10 ~ 100 人以上（不同行业有不同要求）。四是其他优惠措施：大阪外国企业招商中心（O - BIC）针对在该机构登记的企业实施上限为 50 万日元的手续费减免优惠，大阪市投资促进中心（IBPC）和日本贸易振兴机构为有意投资的企业提供免费租借的办公室（一般使用期限为 2 个月）。

作为日本产业发展布局的特点之一，跨国公司及其研发机构进入日本主要集中在以东京为首的首都圈。东京凭借独特的产业、信息、技术优势，成为跨国公司的重要投资地，但对跨国公司并无优惠的引资政策。

6. 设立研发中心或总部的补贴

日本制定了促进在日本设立亚洲地区落地项目的资助计划，对跨国公司在日本设立高附加值、具有较高经济收益潜力的商业活动，包括研发中心或地区总部进行初始投资的支持。日本 METI 从 2010 财年补充预算和 2011 财年预算中拿出 25 亿日元补助金，用于支持外企在日新设地区总部或研发机构。在 2013 财年预算中，补贴额大约为 5 亿日元。符合条件的跨国公司都可以进行申请。

该计划的目标是通过支持跨国公司在日本设立新的高附加值的商业机构，比如研发基地或地区总部，来吸引和聚集能够增强日本经济竞争力的高附加值商业活动。METI 希望这一计划能够改善日本作为亚洲商业中心的地位。

满足以下所有这些要求的私人公司都可以得到这些支持：一是必须在日本设立有企业实体，如果项目被资助计划所选中，那么外国公司（包括在日本的分支办公室）在提交授予申请的时候必须在日本有实体公司；二是在提交申请材料的时候，必须隶属于在两个以上国家开展实体经营活动的集团公司内的一个实体公司。

满足以下所有要求的项目都可以成为被资助的项目：一是该项目应是在日本设立地区总部或研发基地。已经在日本设立机构的迁址和合并等情况是不包含在内的。地区总部指运营与被控制集团公司的项目政策决策或协调（包括销售和市场营销、公司计划、财务、人事以及培训、研究开发、生产管理、流通、法律事务等）相关的设施机构，应在 2 个以上的国家拥有被控制的集团公司（日本可以包含在内）。研发基地指执行研发活动的设施机构，比如通过应用开发、试验和产品测试进行的工业化活动，通过技术创新取得先进的工业技术等。二是在资助项目周期结束后，所涉及的地区总部或研发机构的运作至少已经持续 3 年。三是在国会批准 2013 年财政预算法案之前（2013 年 1 月 29 日），投资计划一定是还没有公开宣布的，配售订单、合同签订等也还没有得到执行。

资助的费用：一是调查设计费（指在建筑、翻新或设备安装中需要的调查和设计费用）；二是设施费用（指设施的采购、建设或翻新中需要的费用，包括一体化开发设施）；三是设备费用（指采购和安装设备及软件过程中需要的费用）；四是设施租赁费用。原则上，与设施本身并不直接相关的拆迁费用（指拆除现有建筑物或设施）、外部工作成本以及设施建设费用不包含在内，对于调查设计费用、设施费用以及设施租赁费用等来说也是如此。此外，只有那些专门并直接用于资助项目的设施和设备费用才能适用于资助项目。在提出授予资助决策之前发生的费用（包括下订单、签合同等）都不应包含在内。

资助率：中小企业的 1/2；非中小企业的 1/3；在灾害地区建立机构的 2/3。灾害地区在公共财政法案的第三章特殊条款部分具有明确的表述。资助上限为 5 亿日元。

7. 引进高技能人才

为了促进高技能外国专家的进入，日本于 2012 年 5 月 7 日实施了一项高技能外国专家的分数制移民制度，为高技能外国专家提供优先的移民待遇。高技能外国专家活动被分为三类：先进学术研究活动、先进专业技术活动和先进商业管理活动。根据每一类活动的特征，对每一项设定相应的分数，比如"学术背景""专业职业""年收入"等。如果总分达到一定的数字（70 分），那么就对相关人给予优先的移民待遇，目的是促进日本对高技能外国专家的引进。

此外，日方还将缩短外资公司审批所需时间，并把针对外籍员工的在留资格审查期从 1 个月缩短至 10 天。

8. 科技计划的对外开放支持

日本在 1986 年批准并实施了《研究交流促进法》，逐渐将科研项目对外开放，增进与国际的交流合作。根据该法律规定，日本境内的外国人可以进入日本的研究所从事研究工作，还可以担任部分职务，最高可到国立研究所的部长、室长等。此外，日本的科技计划对在日本工作的外国人开放，只要在日本工作的外国人都可以提出申请。可以由研究所出面申请，也可以个人独立申请。

日本的基本科技计划，包括培育战略性的研究据点计划、支持年轻带任期的研究员计划、科学技术政策建议计划、推进先导性研究计划、培养新兴领域人才计划、确保国际性领导计划等，都既没有提倡本国的科技计划对外开放，也没有规定限制外国人参加。在综合研究计划、开放的融合研究计划、生活与社会基础研究计划、脑科学研究计划、基因前沿开拓研究计划、知识基础计划、促进流动计划、培养核心研究据点计划、国际共同研究综合推进计划等过渡性计划中，只有"开放的融合研究计划""国际共同研究综合推进计划"两个计划要求由日本的研究所与外国的研究所之间进行合作，而且这两个计划所占总体的比例很小。日本还有"科学研究补助金"，不以计划形式出现，但对外国研究人员是开放的，凡是在日本符合条件的外国人均可以申请获得资助。该经费额度比较大。不少中国留学生去日本留学毕业后进入日本的大学和研究所工作，就可以申请到日本政府各项科技计划的经费。

9. 日本近年来出台的吸引外资研发机构政策

（1）复兴战略。2013 年，日本出台复兴战略（Japan Revitalization Strategy），为吸引外商投资采取一系列举措。一是对特区的重大改革，日本政府将要建立世界上最好的商务环境，作为国家战略特区吸引更多的投资和技术进入。这种良好的环境将使得日本的跨国公司重新回到日本。二是大力加强政府在吸引外国公司和提供服务的职能。为了识别和吸引有潜力的跨国公司来日本投资，适应跨国公司的发展战略和执行策略，政府将加强 JETRO 的产业专家职能，以及加强支持跨国公司发展的能力。JETRO 还将强化为跨国公司服务的综合系统，例如，对日本进行 FDI 的咨询，要求修改管理办法和规章制度以及和其他政府部门沟通时予以帮助。三是创造和加强国际会议在日本召开的机制。四是利用海外高技术人才，开展 MICE（Meeting，Incentive，Convention，Event/Exhibition）会晤、会议、激励、制度、事件和展会。为了吸引研发中心和全球跨国亚洲总部驻扎在日本，METI 采取了一系列激励措施，如根据地方法律给有关企业制定税收激励措施，还有特区政策和改善外国人居住环境等。

（2）将日本建设成亚洲商业中心的提案。2013 年 6 月，日本提出将建成亚洲商业中心的提案。以下这些优惠政策适用于通过竞争部门审核通过的、全球跨国公司在日本新设立的外资研发机构的总部：一是公司所得税减免（5 年中减免20%）；二是对外资母公司的股票期权进行优惠税收；三是对融资的资助（对中小型投资和咨询公司的融资进行资助）；四是加速专利审查（加速专利申请的审查和处理）；五是减少专利申请费用（专利发明的审查费和专利费降低 50%）；六是缩短投资程序（在特定产业的对内直接投资进行优先处理以缩短审查时间）；七是加速居留审查的状态（加快要进入日本工作的外国居民申请居留的合法性进入审核的速度）。

三、韩国外资研发机构发展与外资政策

（一）韩国外资研发机构总体情况

1. 韩国 FDI 资本流入和存量

韩国从 20 世纪 50 年代一个贫穷的农业国一跃成为世界经济大国，只用了 50 多年的时间。外资在韩国经济发展中发挥了积极作用。从总体上看，20 世纪 90 年代末是韩国吸收外商直接投资的最高峰，从表 7 可以看出，1999 年达到 155.45 亿美元，2000 年达到 152.65 亿美元。此后，韩国 FDI 流入量呈现下降趋势，2002 年，韩国 FDI 流入为 9095 百万美元，2012 年其 FDI 流入为 9904 百万美元，从 2000 年以后，整个 FDI 流入的波动较少，如图 6 所示。

表 7　韩国外商直接投资额　　　　单位：百万美元，%

年份	1999	2000	2002	2004	2006	2008	2009	2010	2012
合同金额（百万美元）	15545	15265	9095	12796	11247	11711	11484	13071	9904
增减率（%）	75.49	-1.8	-19.4	97.7	-2.8	11.4	-1.9	13.8	13.8

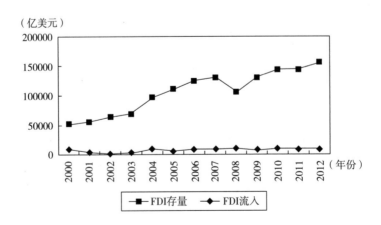

图 6　韩国 FDI 资本流入和存量

资料来源：联合国贸易与发展会议（UNCTAD）。

在资本存量方面，韩国 FDI 资本存量总体上呈现逐年递增的态势。2000 年的 FDI 资本存量为 437.40 亿美元，2012 年 FDI 资本存量增长到 1472.30 亿美元，相较于 1991 年增长了将近 237%。其中，2008 年受亚洲金融危机的影响，韩国 FDI 存量出现小幅下滑，但是随后又恢复常态。

从表 8 来看，美国、日本、新加坡、中国等国家对韩国投资均呈增长趋势。2012 年，日本对韩国投资高达 45.41 亿美元，同比增长 98.4%；美国对韩国投资高达 36.74 亿美元，同比增长 54.9%；欧盟对韩国投资 26.89 亿美元，同比下降 46.6%；新加坡对韩国投资 14.05 亿美元，同比增长 129.9%；中国对韩国投资 7.27 亿美元，同比增长 11.7%。

表 8　2012 年韩国 FDI 主要来源国情况分析

国家和地区	投资额（亿美元）	变动（%）
日本	45.41	98.4（增长）
美国	36.74	54.9（增长）
中国	7.27	11.7（增长）
新加坡	14.05	129.9（增长）
欧盟	26.89	46.6（下降）

资料来源：韩国产业通商资源部。

2. 韩国外资研发机构发展状况

外国公司在韩国的研发投入具有较大的起伏变动。从图 7 中可以看出，在 2005 年，外国公司在韩国的研发投入为 1598.02 亿韩元，而在 2006～2011 年这一投入开始逐年下降，并最终维持在 500 亿韩元左右。

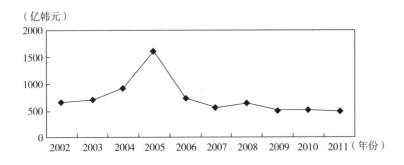

图 7　韩国外资研发机构 R&D 投入

资料来源：经济合作与发展组织（OECD）。

(二) 吸引外资政策

1. 韩国引进外商直接投资政策的历程

韩国引进外商直接投资政策历经了由加强管制到逐步放松的几个阶段。

(1) 朴正熙时期 (1962～1979年)：吸引外商投资的起步时期。在这一时期，政府对经济的影响很深，政府介入引进外商投资计划的各个方面，政府引导外商向有限的几个制造部门投资，韩国政府鼓励那些能提高本国产业发展所需技能的外国投资，尤其欢迎日本公司来韩国投资。为保护韩国制造业等幼稚产业，外商直接投资被限定在几个有选择的出口导向型产业和关键的进口替代产业，主要集中在炼油、石化和一般化学公司，政府希望通过外商投资获得技术优势。而不准涉及市场导向型消费品的生产部门和韩国市场已被本国公司开发了的产业，服务业也不对外资开放。

1973年，韩国政府实施重化工业发展计划，对产业发展实行严格控制，规定外国公司持股不准超过50%，外资只能在几种非常有限的情况下拥有多数股权。外商直接投资的范围限于：因资本、技术和经营等方面的条件制约、国内企业暂时无法自行建设与运营的大型装配产业；金属机械制造产业和电子产业；生产效率不高、仅靠本国企业自身暂时难以确保海外市场的出口产业。韩国政府对外商直接投资这些严格的限制一直持续到1979年。

(2) 全斗焕和卢泰愚时期 (1979～1993年)：逐步放松管制时期。从1979年开始，韩国采取了一系列改革措施，试图通过更多地利用外商直接投资而非外国借贷方式引进外国投资，继续扩大出口以扭转韩国经济过分依赖外债导致外汇储备减少的局面。1983年12月修改了《外资引入法》，于1984年7月引入了新的外商直接投资批准方式，由以往的公布可投资范围改为现行的公布不可投资范围，不在不可投资范围的任何制造部门均对外资开放，大大扩展了外商投资的领域。修改后的该法还大幅度简化了外商投资登记手续，取消了对外国股权参与和红利汇出的限制，进一步改善了投资环境。1985年，所有产业的开放率达到76%，制造部门的开放率达到93%，对外国投资商开放的产业数量达到762个。1988年以后，韩国进一步改革，开放了有限的几个部门，在外商直接投资上所进行的改革主要体现在部门开放、批准体系及税收激励措施中，并未全面解除外商直接投资的限制。但是全斗焕和卢泰愚政府对外资开放的政策仍然取得了一定的成效。1962～1991年，韩国引进外商直接投资总额达80亿美元，80%发生在

1982 年韩国外商直接投资开放以后，其中约 60% 来自日本，约 30% 来自美国。外商直接投资给韩国制造业，特别是化肥、石油提炼、石化和重型机械等资本密集型、技术密集型和进口替代产业带来了资本和技术。

（3）金泳三和金大中时期（1993 年至今）：扩大开放、放松管制时期。金泳三政府时期，韩国参加了关税及贸易总协定（General Agreement on Tariffsand Frade，GATT）乌拉圭回合的谈判，不得不开放国内市场，特别是在传统上一直受到保护的农业和服务业。

1993 年 6 月，韩国宣布了有史以来最开放的引进外商直接投资五年计划，开放了大多数原来受到限制的部门，并确定了各部门开放的时间表：1994 年开放某些地区的建筑业、道路再施工和娱乐业；1995 年开放批发和零售业以及医疗器械；1996 年开放与建筑相关的服务部门和服务业其他部门；到 1997 年开放最为敏感的农业生产、外国货运服务以及海路和空运系统。但由于遭到国内的强烈反对，绝大多数措施被推迟，有些部门特别是农业部门的开放被无限期地推迟。

1994 年，韩国取消了只有大韩银行才能接受投资申报的规定，所有从事外汇业务的大银行均可接受投资申报。1994 年韩国服务部门的外商直接投资流入超过制造业。此后，流入韩国的外商直接投资大都集中在服务业，技术先进的外国制造商的投资则逐渐减少。

1997 年韩国发生金融危机，韩国政府认识到吸引外商直接投资对改善韩国宏观经济环境、稳定汇率和增加外汇储备的重要作用，改变以往重点对外商直接投资实行"限制和控制"为"促进和帮助"，实施了一系列自由化的政策措施，全力以赴改善商务环境以吸引外商直接投资。1998 年 11 月出台《外国人投资促进法》。根据这部法律，韩国政府大幅放宽了对投资领域的限制，允许外国企业并购韩国企业，并对外商在高科技、生物技术等产业直接投资实行鼓励和支援政策。新法案向外商直接投资开放了除服务业以外的很多商业部门，使得对外商直接投资开放的部门数量比例上升到 99.8%。废除或放松了一半以上现存的限制性规定，免除了复杂的行政手续，清除了歧视性法律和法规，开放资本市场，允许外商参与收购和兼并，对外商直接投资提供各种税收优惠政策。

为吸引外资，韩国政府赋予大韩贸易投资振兴公社下属的投资支援中心法律权限，使其能够协调与外商投资有关部门的业务。外商出资形式也从现金、机器设备和工业产权扩大到持有的知识产权、在韩国拥有的不动产和股份等方面。外资企业在享有韩国企业"国民待遇"的同时，在部分行业和"外商投资地区"

还可获得税收减免。各级地方政府还对外商投资企业提供减免土地使用金、补贴职业培训经费等优惠政策。

由于这些政策的出台以及全球信息技术的迅速发展，1999～2000年流入韩国的外商直接投资创下纪录，分别达到155.4亿美元和156.9亿美元。

在卢武铉政府时期，韩国借助外商直接投资恢复韩国经济活力成为力推的政策。为了更多地吸引外商直接投资，韩国政府拟定了有别于中国和印度的外商直接投资政策，更加注重建立透明、公正的管理体制以及实行强有力的知识产权保护，以吸引高科技公司和研发中心。

韩国高等教育普及率高，据联合国教科文组织（UNESCO）统计，2000～2001年，韩国高等教育入学率为72%。同时韩国也拥有大量技术熟练工人。为吸引高质量的外商直接投资，提高韩国人力资源的竞争优势，韩国政府着手改革现行教育体制，打造鼓励创新和逻辑思维的新体制，拟通过向国外机构开放教育部门，推动国内外大学的公平竞争。

2. 韩国吸引外资研发机构的主要政策

当前，国家创新体系日益开放，本国的创新体系与全球知识集中的网络结合已成为发展关键。韩国政府认为，在开放和全球化时代，国际部门已不再是一个外部变量，而是研发活动的重要参与者，韩国的研发体系要从"在国内完成"变为"全球联网"，推动创新体系从"本国决定型"向"全球网络型"转变。为此，韩国政府主要考虑这样几个因素：一是摒弃传统上将外国部门看作是环境因素或是继工业、学术、研究机构等部门之后的第四个因素的观点，为此需要建立一个新的创新体系，并且对外国部门不能歧视。二是加强韩国的基础，包括研发劳动力、设施、税收和银行业，使之适应研发活动的需要，韩国的研究机构可以借此来吸引外国的研究机构。三是政府必须积极促进别国的研究机构、劳动力和研发活动的发展，并大胆地开放韩国的研发体系。四是积极参加国际组织，促进与科技有关的国际法规以及有关体制的改进和完善，使之符合国际标准和规范。

从总体上看，韩国外资政策的核心是"促进、支援"，其政策、措施依据韩国《外国人投资促进法》及施行令、实施细则和《税收特例限制法》等法规规定，主要包括五个方向的内容。

（1）税收和税收减免制度。

1）税收减免范围。税收减免是韩国吸引外资的一种代表性的优惠政策。根据韩国《税收特例限制法》规定，税收减免范围包括法人税、所得税（国税）

和取得税、登录税、财产税、综合土地税（地方税）可获减免。

2）税收减免对象。主要包括高新技术产业 467 项以及配套服务产业 111 项。另外，外国人投资区内的企业、自由贸易区内企业所从事的制造业及物流业以及关税自由区内的物流业也属于税收减免对象。

3）税收减免标准。《税收特例限制法》规定，法人税、所得税（国税）减免对象项目，自 2005 年开始，从最初盈利的年度起 5 年内 100% 免征，之后 2 年内减免按 50% 征收（2005 年前为 7 免 3 减）。外国人投资区、自由贸易区、经济自由区域（包括济州国际自由城市）内的外资企业的法人税、所得税税收优惠为前 3 年免交国税，后 2 年减半。分红的法人税和所得税的减免期限和比率与法人税和所得税标准相同。地方政府还可视具体情况，延长地方税收的减免期限，最长为 15 年。

4）符合前述条件的外商直接投资企业的土地、建筑物的取得税、登录税、财产税、综合土地税（地方税）从运营开始日起最长 15 年范围内享受税收减免优惠，期间享受减免的期限和比例由地方政府根据地方条例调整规定，可 100% 全部免征，也可按不同时段不同比率减免。

5）外国人投资企业增资时，当年增资部分的税收减免（包括关税）与最初投资的待遇一样享受有关税收减免优惠。

6）关税减免。《税收特例限制法》规定，直接用于法人税和所得税减免对象项目中的机械、器具、器材、零配件等产业设施以及其他原料、备用品，仅限于以新股发行方式进行投资时，其进口关税、特别消费税及增值税免征。此种情况下，其依据关税法的进口申告应在自外国人投资申告之日起 3 年之内完成，特殊情况经由财政经济部长官同意可再延长 3 年。

7）技术进口税收减免。韩国国民或法人自外国进口能够提升本国产业竞争力的重要高新技术时，技术提供者所接受的技术转移费从当年合同规定的费用支付日起 5 年间免缴法人税和所得税。

（2）国家公有土地等租赁费用减免制度。韩国国土面积小，土地价格长期保持高位，投资韩国的成本，尤其是土地成本比较高。针对这种情况，韩国对外商购买和租赁国有、公有（指地方政府所有）土地提供了许多政策支持。根据《外国人投资促进法》规定，对外商企业专用园区、国家产业园区和外国人投资区内的企业，享受最长 50 年国有土地租赁费减免优惠。具体标准为：外国人投资区内的外商投资企业、外国人企业专用园区内的投资金额在 100 万美元以上的高新技术企业，100% 予以减免；外国人企业专用园区内投资额在 500 万美元以上的制造业以及能够扩充社会基础设施、调整产业结构、对地方自治团体财政自立有贡献的项目（由外国人投资委员会决定）按75%的比例予以减免；国家产业园区内的投资额在100万美元以上的高新技术项目、500万美元以上的一般制造业、能够扩充社会基础设施的由外国人投资委员会所定的项目，国有土地等的租赁费用按50%的比例予以减免。国有土地等的租赁期限为50年，在期限内租赁期可更新。公有土地等的租赁期限与国有土地一样同为50年，公有土地等的租赁费用减免对象项目及减免比率由地方政府制定条例予以规定。

韩国中央政府还为地方政府的引资工作提供财政援助，包括建立外商投资区、购买土地租赁给外资企业使用、减免外资企业土地使用费、为外资企业提供职业培训补贴等。

（3）现金支援制度。根据《外国人投资促进法》规定，为鼓励外资设立高科技企业及设立R&D中心，韩国从2004年起，引入"CASH GRANT"现金支持制度，即向投资者以现金返还最少5%以上投资额的制度。其条件是外资比例占总投资比例超过30%的绿地型投资（新建或扩建）工厂，行业仅限于支持制造业等其他产业发展的服务业（111种）、高科技产业（467种）和零部件、基础材料业，上述行业的外商投资总额达到1000万美元以上的大型投资可享受返还。为吸引上述服务业和高科技产业的研发中心入韩，《外国人投资促进法》规定投资总额在500万美元以上且正式雇佣的专业研究人员超过20人的研发中心也可享受现金返还。

（4）雇佣支援制度。《外国人投资促进法》规定，外商投资企业新招收20名以上工人的，在最长6个月期间内每人每月可享受由政府提供的教育训练补助金10万~50万韩元；此外，新招收工人20名以上的外商投资企业，每超过1人由政府在6个月范围内每月提供10万~50万韩元的雇佣补助金。

（5）外商投资地区政策。依据《外国人投资促进法》规定，《外商投资地区制度》是韩国为吸引大规模外资而制定的、对外商投资者设立工厂的区域进行事后指定的制度。凡符合下列条件的外资企业，如提出申请，其工厂所在区域即可被指定为"外商投资地区"，除享受前述税收优惠和国家公有土地租费全免外，还可在通往企业的道路、自来水、供电等基础设施方面得到财政支持。外商投资地区制度确定外商投资地区的条件有以下四个方面：

1）设立制造业企业时外商投资额超过5000万美元，外资比例超过50%，新雇佣的正式员工超过1000人；在国家、地方工业园区内投资超过3000万美元，新雇佣正式员工超过 300 人。

2）在旅游业（旅游饭店业和水上宾馆业）、国际会议设施业投资超过 2000 万美元；在综合休养业、综合游园设施业投资超过 3000 万美元。

3）在物流业设立新的设施，包括货物综合物流中心、消费品物流配送中心、港湾设施及港区背后腹地投资的物流项目，外资超过 3000 万美元。

4）两个以上的外商投资企业属同一产业分类或有上下游配套关系，或所在地属同一国家、同一地方工业园区。

符合上述任何一项条件的企业，除实行前述的"国税 5 免 2 减、地税 3 免 2 减"的最基本税收优惠政策外，还免除其租赁国有土地的租金和其他个别行政收费，对进入工厂的道路、自来水、供电设施等基础设施给予财政支援，并视情况支援兴建医疗、教育、住宅等生活环境设施。此外，外国人投资区域不受部分法律的约束，主要为：外国人投资地域内的土地分割不受国土利用管理法、都市规划法、地域均衡开发及中小企业培育法、山林法等部分条款的约束；外国人投资区域内的外资企业被视为已进行贸易申告的企业；限制从事中小企业的固定业种、指定品种须委托中小企业加工及雇佣国家有功者等的规定不适用上述企业。

（6）服务支援制度。在韩国大韩贸易投资公社专门设有外国人投资支援中心（1999 年设立），是韩国负责吸引外商投资的国家公共机关，由外国人投资专门职员和产业资源部、财政经济部、文化观光部、环境部、京畿道等政府部门分别派遣的、共 95 名人员组成，向外国投资者提供包括各项投资手续在内的一站式服务。

（7）简化审批程序。韩国政府规定外商出资的形式，除现金、机器设备和工业产权外，还包括自有知识产权、在韩不动产和股份等。现在，外商办理投资申报、取得建厂许可等有关手续所需的文件，比实行外商投资自由化以前减少了一半。而且，处理有关外商投资审批业务的最长时间也缩短至 30 天，超过这一时限视为自动许可。

为了更加切实有效地吸引外资，韩国政府赋予大韩投资振兴公社下属的投资支援中心法律权限，使其能够有效协调各部门的业务联系，切实向外国投资者提供从投资咨询到事后管理的一条龙综合服务。另外，韩国新设的行政监察官负责接受外商投诉，向有关部门提出改进方案和建议，并监督落实。

（8）出台跨国企业投资具体法案。2014 年 1 月 9 日，韩国政府公布"促进外国人投资方案"，该方案旨在吸引更多跨国企业在韩国设立企业总部、地区总部或研发中心，以进一步扩大外国直接投资规模，力求在未来数年内使韩国发展成为世界十大投资强国之一。为了吸引外资跨国公司总部以及通过外商投资创造更多的就业机会，政府把所得税率设定为17%，使所有的外资跨国公司总部雇员都能享受这一税率，而不论他们收入有多少。另外，在韩国跨国公司总部雇员签证的最低有效期从3年延长到5年。外资公司在应纳税所得额可以因为雇佣当地人（每人可抵扣1000万韩元）而抵扣。现在，政府将税收抵免提高到2000万韩元/人。

韩国产业通商资源部2014年10月14日宣布就跨国企业在韩设立地区总部和研发设施的具体标准及步骤制定了法案。根据法案，跨国企业的地区总部必须满足以下条件：母公司销售额不少于3万亿韩元、职员在10名以上、外国人投资持股超过50%。研发设施则必须满足雇佣研究人员5名以上、投资规模超过1万亿韩元、外国人投资持股超过30%的条件。地区总部和研发设施入驻国有土地时，可获得租借费减免优惠。韩国政府将参考投资金额、雇佣规模等决定减免率。

另外，法案还放宽了目前影响外资企业投资的规定。例如，在处理资本货物时只需获得海关关长的许可，而无须向产业部另行申报；资本货物是否属于减免税范围的确认程序可在通关后进行等。该法案允许企业集团的子公司与外国投资者共同建立合资企业，如果该公司拥有合资企业超过50%股份（以前这一要求是100%的股份），而单个外国投资者拥有超过30%的股份。如果控股公司的子公司拥有合资企业的股份，它就被要求通过韩国公平贸易委员会的审议程序和满足要求。这些要求是通商产业资源部的总统令提出的。在达到要求之后，这些公司还要得到外国投资委员会的批准。

（三）韩国外资研发政策对我国的启示

1. 优良的投资环境对吸引外资研发机构发挥了重要作用

为了吸引外资，2003年韩国政府专门设立了位于韩国西部的港口城市仁川、南部港口城市釜山和光阳三个经济特区。在这些经济特区投资的外资公司将获得一系列财务优惠待遇，包括10年内免交公司税，管理人员的个人所得税税率将被统一降至17%，在韩国大德研究园区等地专门设置自由技术区和外资专用高科技园区，对高科技产业和研发机构实施无偿租赁和减免法人税等优惠政策。韩国专门制定了《外商投资地区制度》来吸引大规模外资，从而为外资进入创造了较好的外部环境。

2. 政府支持对于吸引外资研发机构进入至关重要

韩国政府积极鼓励外商投资研发机构入驻，并且针对外商研发机构所关心的实际问题，制定了专门的经济、法律政策，加强投资环境和配套政策的建设。韩国投资促进局（IK）是招商引资和给韩国外资企业的成功发展提供扶持、帮助的国家机构。IK 向韩国外资企业提供一站式免费服务，其从事工作包括投资咨询、工厂选址、开工建厂、投资申告，以及激励优惠制度的咨询与申请等多种扶持与服务。同时，向海外派遣投资负责官，以便与当地投资商开展洽谈和提供有关投资韩国的必要信息。

3. 完善的知识产权保护体系是外资研发机构进入的保障

近年来，韩国采取了一系列措施完善其知识产权制度，鼓励企业创新。韩国计划在 2015 年前获得 10 件以上核心专利技术，成为全球第五大知识产权强国。为实现国家战略目标，韩国政府每年投入逾 10 亿美元，通过制定重点课题、简化专利审查手续、与中介机构开展合作及为企业提供法律援助等手段来完善知识产权制度。

4. 充沛的人才储备为外资研发机构的提供支撑

韩国的教育热已闻名全世界，文盲率只有 2.1%（根据 2013 年的统计）。每年都会有 47 万名大学毕业生进入韩国人才市场。大学入学率为 72.5%，是 OECD 成员国中大学入学率最高的国家，此外 25 ~ 34 岁的成年人中，有大学文凭的占 63%。

正是稳定的教育体系和浓郁的教育氛围，让韩国能够向各公司企业持续提供高素质人才。而这些人才必将会为提高企业的竞争力和创新能力做出贡献。

（四）韩国外资研发机构案例

1. IBM

国际商业机器公司（IBM）是全球最大的信息技术和业务解决方案公司，拥有全球雇员 30 多万人，业务遍及 160 多个国家和地区。2012 年，IBM 在美国注册了 6478 件专利，20 年来持续保持在美国专利注册领域的前列。专利领域不仅包括流通、银行、保健、交通等产业解决方案，而且还有分析学、大数据（Big Date）、网络安全、社交网络、软件基础环境等主要域名领域。

韩国 IBM 经营着 IT 解决方案与商务咨询、软件、硬件三大事业领域。2004 年，IBM 在韩国设立泛网电脑研究所（Ubiquitous Computing Lab），该研究所是韩国成长为电脑普及领域领导者的重要功臣。另外，2007 年，IBM 建成了软件解决方案研究所（Korea Software Solution Lab），它把韩国推上先进技术市场上的重要位置。不仅如此，2008 年，IBM 在首尔开设了云计算中心，之后 2010 年在松岛组建了 IBM 工商园区（IBM Business Park）。2012 年，IBM 工商园区组建了智能 ADM 中心（智能应用程序发展与管理中心）。该中心的员工大部分为明知大学的学生，其中大部分或被韩国 IBM 聘用。IBM 在韩国的投资既带动了韩国的科技研发水平，也为韩国培养了大量的科技研发人才。

2. GE 医疗

1984 年成立于首尔的 GE 医疗是通用集团除美国以外首次在海外设立的事业总部，自 1984 年起，GE 医疗（韩国）每年向技术研发投资 500 万美元。GE 医疗（韩国）目前正集中开展保健系统、IT 和生命科学这三大领域，同时它还设有医疗诊断设备事业部，以销售使用于医学成像领域的造影剂。GE 医疗（韩国）的医疗保健系统部门把工作重点放在医学成像、超音波和监控监护等生活保健的解决方案领域中。另外，在 IT 信息领域，GE 医疗（韩国）扶持集中、过滤医疗信息的工作流程，通过这一流程，帮助医院内部建立和谐的合作体系。GE 医疗（韩国）的事业部门中最成功要数城南的 GE 超音波（韩国），它是扎根英国的 GE 医疗在全世界设有的七处超音波中心中规模最大的一家。位于城南的 GE 超音波（韩国）以 2009 年为起点，现在已实现了 30% 的增长，此外产品中的 95% 用于出口。

GE 医疗在韩国的投资带动了韩国的经济和科技发展，资料显示，城南中心同国内 120 多家供应商有着交易往来，这些供应商同时也向国际市场供货。GE 医疗（韩国）向他们购买的产品规模在过去的几年中翻了一番。此外，GE 医疗还为带动了韩国的科技发展并为其培养了大批的本土科研人员。

韩国《外国人投资促进法》及其施行令 2010 年修改的主要内容[①]

（一）鼓励和方便外商投资，实行服务业外商投资区

指定制度，并将外商投资最低金额上调至 1 亿韩元。

2010 年 4 月和 10 月初，韩国分别颁布了新修改的《外国人投资促进法》和

---

① 佚名. 韩国《外国人投资促进法》及其施行令 2010 年修改的主要内容［EB/OL］. 新浪财金，2010 – 10 – 22，http：//finance. sina. com. cn/roll/20101022/10488825734. shtml.

《外国人投资促进法施行令》，并规定于 2010 年 10 月 6 日同时实施。前者修改的主要方向是鼓励和更加方便外商投资，后者主要是将服务业外商投资区指定制度具体化，并将外商投资最低金额由 5000 万韩元上调至 1 亿韩元。

(二)《外国人投资促进法》主要修改内容

2010 年 4 月 5 日，韩国颁布了新修改的《外国人投资促进法》，并规定于颁布 6 个月后（即 10 月 6 日）实施。该法修改的主要内容有：

1. 各地方自治团体（即地方政府）自行制订外资促进计划（第 4 条之 2）

为促进外资事业，中央有关行政机关和各道、市地方自治团体应认真制订本部门和本地区外国人投资促进年度计划，并于每年 12 月 31 日前报送知识经济部；上述中央机关和地方应于每年 2 月底前向外国人投资委员会报告上年吸引外资业绩。

2. 扩大国有、公有土地和资产向外资企业自由租赁和出售范围（第 13 条）

国有及公有土地和资产可通过自由签约方式，租赁或出售给外商投资企业（以下简称"外企"），其中土地租赁期限最长可达 50 年，向外企出售上述土地或资产，可采取延期或分期方式付款。

3. 扩大现金支持范围

删除了关于外商投资金额在 1 千万美元以上才能获得现金支持的条件（暂适用至 2012 年），并将外商投资研究机构获得现金支持的雇佣规模从 10 人以上降至 5 人以上。同时规定，高新技术、产业服务、零部件器材及可增加就业的外企，以及投资规模虽小但在韩国技术波及效果大的外企均可获得现金支持。

4. 强化行政监察官职能

为及时有效处理和解决外商投资的问题和困难，新法规定实行"外国人投资行政监察官"制度。该监察官可要求有关行政机关提供有关资料和说明以及走访现场的协助，可要求有关官员和利害关系人提出意见，可建议有关公共机关改善相关事项等。而且，为支持该监察官的工作，在大韩贸易投资振兴公社设置外商投诉处理机构。

5. 扩大"外国人投资区"指定范围

为促进吸引从事包括研发在内的高附加值服务业外企，可指定服务业"外国人投资区"。

（三）《外国人投资促进法施行令》主要修改内容

2010年10月6日，韩国知识经济部发布公告称，该部已完成《外国人投资促进法施行令》的修改工作，并于10月5日颁布，10月6日起实施。该施行令修改的主要内容如下：

1. 实行高附加值服务业"外国人投资区"指定制度

新施行令规定（第25条第3款），在创造就业、提振内需等方面波及效果大的金融和保险、知识服务、产业服务、文化、旅游（博彩业除外）等外商投资高附加值服务业，亦可指定为"外国人投资区"，还可将位于城市中心部的建筑物之一部分指定为"外国人投资区"。同时规定（第25条第4款），韩国国内企业也可入驻"外国人投资区"，但其占地不得超过该"外国人投资区"总面积的50%。

2. 承认外企利润留成再投资为外资

外企以利润留成作为资本再投入指定的服务业"外国人投资区"时，可视作外国人投资（第2条第3款）。

3. 调整外国人投资申报最低金额

将原规定自1998年以来实行的外商投资最低金额5000万韩元上调至1亿韩元。

（四）2010年韩国《外国人投资促进法》及其施行令修改的特点

1. 放宽了外商投资条件

一是承认外企以利润留成再投资为外资，鼓励外商将利润留在韩国再投资，并与OECD外资标准接轨，此前韩国只承认外企通过股份盈利分红取得的股份为外资，不承认利润留成再投资为外资。二是增加指定服务业外商投资区，扩大了外商投资区指定范围，而且还可将城市中心区建筑物的一部分指定为外商投资区，从而使外商获得投资用地更加便利。此前外商投资区的指定则只限于制造业工厂用地。

2. 加大对外商投资的支持力度

取消外商单项投资在1000万美元以上方能获得现金支持的前提条件，并将外商投资研究机构获得现金支持的雇佣规模从10人以上减少至5人以上。这两条将使外企获得现金支持的范围空前扩大。

3. 重视外资增加就业和提振内需及技术扩散作用

在关于指定服务业外商投资区的规定和现金支持条件的修改方面，均强调外资增加就业、提振内需和技术波及效果。

4. 鼓励外商投资服务业

通过此次修改，不仅可专门指定服务业外商投资区，而且外商投资高新技术、产业服务、零部件及器材和增加就业的服务业，亦可获得当局现金支持。

5. 着力改善外商投资环境

强化行政监察官职能，赋予其更多权限，并设立外商投诉处理机构，及时有效解决外商投资的问题和困难，对改善外商投资环境将起到不可忽视的作用。

6. 加强对各部门、各地区外资工作的督促和推动

要求有关部门和各地方政府制订吸引外资计划并上报业绩，加大了对整体吸引外资工作的监督、督促和推动力度。

四、新加坡外资研发机构发展与外资政策

新加坡属于外贸驱动型经济，以电子、石油化工、金融、航运、服务业为主，高度依赖外部市场和外部投资，经济长期高速增长。2008 年受国际金融危机影响，新加坡的金融、贸易、制造、旅游等多个产业遭到冲击，2009 年经济增长率跌至 −2.1%。新加坡政府采取积极应对措施，加强金融市场监管，努力维护金融市场稳定，提升投资者信心并降低通胀率，并推出新一轮刺激经济政策，2013 年经济起底回升。

（一）新加坡外资研发机构发展的总体情况

1. 新加坡外商直接投资总体状况

新加坡 FDI 资本流入总体上呈现逐年递增的态势。1990 年新加坡 FDI 流入量为 55.75 亿美元，2012 年这一数值达到 566.51 亿美元，增长了 910 多倍。

在资本存量方面，1990 年新加坡的 FDI 资本存量为 30.48 亿美元，2012 年 FDI 资本存量增长为 6823.96 亿美元。从图 8 可以看出，自 2005 年以来新加坡 FDI 资本存量大幅增长，平均增长速率将近 20%。

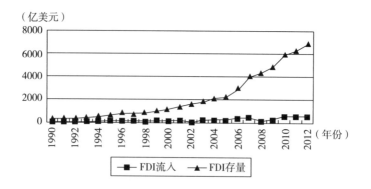

图 8 新加坡 FDI 资本流入和存量

资料来源：联合国贸易与发展会议（UNCTAD）。

从全球来看，2011 年欧洲对新加坡的外商直接投资贡献率最高，达到
37.5%；亚洲其次，占 24.1%；南美洲占 21.8%；北美洲占 12.1%。而来自非
洲的 FDI 贡献率相对较低，只有 2.2% 左右。如图 9 所示：

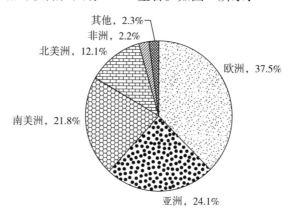

图9 2011 年全球各地区对新加坡 FDI 贡献率

资料来源：新加坡外资股权投资（Foreign Equity Investment in Singapore）。

2011 年，新加坡排名靠前的 FDI 来源国分别为美国、荷兰、英国、日本、
英属维尔京群岛、开曼群岛、瑞士、印度、卢森堡。其中，又以来自美国、荷
兰、英国、日本、英属维京群岛、开曼群岛六个国家和地区直接投资最多，但是
我们也应该注意，由于排名第五和第六的英属维尔京群岛、开曼群岛属于著名的
离岸注册地和避税天堂，所以它们并不能称为严格意义上的 FDI 来源地。

表9 2011年新加坡前十位FDI来源国　　　　　单位：百万美元

国家和地区	美国	荷兰	英国	日本	英属维尔京群岛
FDI流入	77941	66316	55884	52536	52496
国家和地区	开曼群岛	瑞士	印度	卢森堡	
FDI流入	47483	28754	23806	23712	

资料来源：新加坡外资股权投资（Foreign Equity Investment in Singapore）。

新加坡的金融业极为发达，是第四大国际金融中心。FDI投资最多的行业为金融与保险服务业，投资金额比重为43.1%，这其中又以投资控股类投资最多，占据整个金融与保险服务的83.8%。此外，制造业也是新加坡经济发展的核心支柱，制造业FDI投资比例为20.4%，而在所有制造业投资中，制药和电子设备最受外资青睐。从总体来看（如表10所示），新加坡的FDI行业分布主要集中在金融与保险业、制造业、批发与零售贸易等几个行业，总占比达到了81.1%。

表10 2011年外国直接投资的行业分布比重

行业		金额（十亿美元）		比重（%）	
金融与保险服务	投资控股		242.9		83.8
	银行	289.7	14.7	43.1	5.1
	保险服务		9.4		3.3
	其他		22.7		7.8
制造业	制药		44.5		32.4
	电子设备		41.4		30.1
	精炼石油		21.2		15.4
	化工	137.3	9.3	20.4	6.8
	机械装备		7.1		5.2
	其他		13.8		10.1
批发与零售贸易		118.5		17.6	
科技、行政后勤服务		39.8		5.9	
运输与储备		35.3		5.3	
不动产		27.5		4.1	
其他		23.9		3.6	
总计		672.0		100.0	

资料来源：新加坡外资股权投资（Foreign Equity Investment in Singapore）。

2. 外资研发机构发展

（1）新加坡外资研发机构的研发投入与人员。在新加坡的外资研发投资比较多（如图10所示）。2000年，外国企业研发支出额为10.8亿新元，几乎相当于新加坡公共部门的研发支出总额。外资研发机构在新加坡的研发投入基本上分为两个阶段。在2008年之前，外资研发机构的研发投入基本上保持了较快的增长速度。2002年，外资研发机构的研发投入为11.061亿美元，而到了2008年，这一数值增长为40.829亿美元，增幅高达269%。而2008年之后，受全球金融危机的影响，外国研发机构在新加坡的研发投入发生了较大幅度下降，2009年和2010年，外资研发机构在新加坡的研发投入尚且不足30亿美元。到2010年之后，外资研发机构在新加坡的研发投入才开始逐渐回暖。

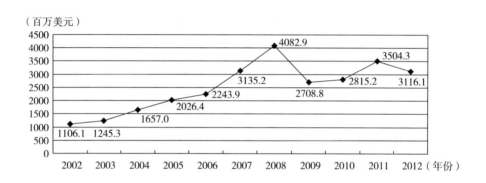

图10 新加坡外资研发机构 R&D 投入

资料来源：National Survey of Research and Development in Singapore.

2002～2012年，新加坡外资研发机构研发人员数量一直保持稳定的递增状态，如图11所示。2002年，研发人员数量在5740人左右，而到了2012年，研发人员数量增长了96.2%，达到11263人。而从研发人员学历层次来看，本科生和硕士生在研发人员中的比例最高，如图12所示。

20世纪90年代中期以来，100多家跨国公司，包括劳斯莱斯、摩托罗拉、飞利浦、通用电器、惠普、松下、葛兰素史克、惠氏等都在新加坡建立了研发中心。从图13可以看出，在新加坡的跨国公司专利获取数量保持了相对平稳的增长态势，2002年在新加坡的跨国公司共获得专利138件，而到了2011年和2012年跨国公司的专利获取数量分别为392件和335件。

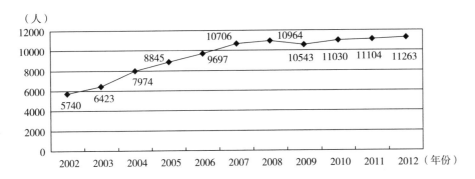

图11 2002～2012年新加坡外资机构研发人员数量

资料来源：National Survey of Research and Development in Singapore.

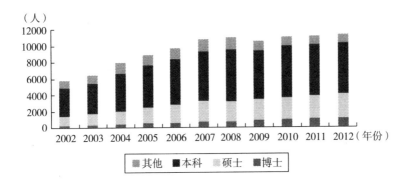

图12 研发人员学历层次

资料来源：National Survey of Research and Development in Singapore.

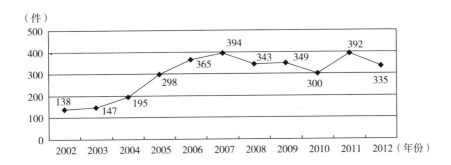

图13 2002～2012年新加坡外资公司专利获取数量

资料来源：National Survey of Research and Development in Singapore.

（2）外资研发机构的行业分布。从总体上看，外资研发投资行业高度集中，重点集中于电子、化学和生命科学行业。

1）生物医药产业外资研发机构。新加坡的生物医药产业通过近 30 年的发展取得了举世瞩目的成就，目前已经成为亚洲最富有活力的生物医药中心之一。近年来，新加坡政府不断出台优惠政策，对生物医药产业的投资也高居亚洲各国和地区榜首。目前这些举措已经初见成效，生物医药产业连年取得佳绩，政府和企业的巨额投资也得到了丰厚的回报。统计数字显示，新加坡的生物医药部门连续 5 年实现了 23% 的增长。即使在饱受国际金融危机影响的 2008 年，新加坡生物医药业产值仍达到了 190 亿新元，为 12450 人提供了就业机会。新加坡经济发展局估算，到 2015 年新加坡生物医药业总产值将达 250 亿新元，累计创造 1.5 万个就业机会，成为新加坡的支柱加工业。

在人才方面，为了吸引优秀研究人员，新加坡政府提供诸多优惠条件，包括优惠合同、低税收、舒适的生活和工作环境、高薪、假期、住房补贴、子女入学补助、配偶工作等，并鼓励这些人才加入新加坡国籍。

在产业集群方面，早期建立的大士生物制药园区（TBP）和 2003 年由新加坡经济发展局主导建成的启奥生物医药园（Biopolis）是吸引企业来新加坡落户的主要园区，自园区运营以来，大量的跨国公司生物医药企业和研究机构在此入驻。

截至 2007 年，国际 10 大制药企业中，已有 6 家在新加坡落户，如美国辉瑞、英国格兰素史克和瑞士诺华等公司，其中辉瑞、诺华和礼来三家公司在当地还设有研发中心，另外还有许多知名企业设立了药物临床实验项目，新加坡已经成为名副其实的亚洲生物医药研发中心。2007 年，新加坡生物医药总产值达到了 240 亿新元，在饱受国际金融危机影响的 2008 年，新加坡生物医药业产值萎缩了 21%，但仍达到 190 亿新元，占全年工业总产值的 7.6%。2009 年，在经济持续低迷的环境下，新加坡生物医药的总产值仍达到约 210 亿新元，同比增长 5%。目前，超过 50 家生物科技公司已经在新加坡开展了研发活动，包括阿斯利康、拜耳、勃林格殷格翰、百时美施贵、葛兰素史克、默克、昆泰公司、赛诺菲安万特和先灵葆雅等。

2）石化产业①。新加坡裕廊岛是全球第三大石化基地，凭借良好的地理位

---

① 石景文. 新加坡打造亚洲石化研发"枢纽"［N］. 中国化工报，2012 – 08 – 31.

置、完善的基础设施、上下游一体化的发展模式等优势，已吸引了100多家跨国公司进驻，累计投资达330亿美元。据官方机构统计，2011年新加坡化工行业产值达到972亿新元（约合770亿美元），同比增长19.6%。化工行业是新加坡生产总值的主要贡献者，占其2011年全国总产值的约34%。近年来，新加坡在石化发展战略上，不仅注重吸引项目投资，更致力成为亚洲研发"枢纽"。

为促进化工行业进一步增长，新加坡政府不惜扩大投资，强化研发地位。新加坡政府计划在2011~2015年投资161亿新元（约合127亿美元）用于研发，较过去5年投资额增加20%，从而使新加坡的研发投资占GDP比例由3%增至3.5%，并进入世界上研发投资比例最高的国家行列。

增加研发投资对行业发展将是一个很好的促进，特别是对化工行业。因为在研究开发上的投资会带动很多领域，为新加坡生产价值较高的特种化学品。新加坡的这些政策达到了"筑巢引凤"的效果，跨国化工企业争相来此设立研发机构，并纷纷增加在新加坡的研发投资。目前，一些领先的跨国公司已把新加坡作为研发平台，以提升其亚洲业务。

三井化学于2011年7月宣布成立其新加坡研发中心，将专注于高端材料和技术创新，并扩大人力资源。此前三井化学已于2011年4月将其高性能弹性体业务总部职能从东京转到新加坡，目标是使其高竞争力业务拓展至全球。

东芝在新加坡也成立了污水处理研发中心，将与新加坡公用事业局共同开发功能粉污水处理技术，专注于电子设备以及半导体工厂含氟污水的分离和回收技术开发和应用。东丽工业公司2009年在新加坡建立一个研发中心——东丽水处理技术实验室（TWTL），进行水处理技术研究，重点研究水处理膜技术。为了扩大规模，该公司考虑把该研发机构从新加坡南洋理工大学迁至清洁技术产业区。

巴斯夫目前在亚太地区专注于新业务的研发机构分布在新加坡和印度，其重点是能源管理（替代能源等）、原材料创新、农作物生物技术、工业生物技术和纳米技术等。2011年，巴斯夫油田化学品研发中心开始投用。此前，巴斯夫还在新加坡投资建立了纳米技术研究中心、有机电子研发中心等。

此外，拜耳材料科技公司在新加坡也新建了一个功能薄膜研究中心，这是该公司在德国以外的首座此类研究中心，投资1200万新元（约合5870万元人民币），将从事电子应用的薄膜开发。其中包括用于柔性薄膜及显示屏的功能薄膜，以及用于印刷电子的导电墨水或节能灯之类的纳米材料。

3）电子信息。电子信息作为新加坡经济的支柱产业，约占本国制造业产值的26%，从业人员约达9.1万人。依托于强大的知识密集型制造业，新加坡现已成为电子领域的卓越中心，在半导体、电脑周边产品、数据存储及消费类电子产品等领域独占鳌头。

其中，最为成功的案例莫过于精工爱普生株式会社。作为全球三大打印机和扫描仪制造巨头之一的精工爱普生株式会社（Seiko Epson Corporation）将其电磁兼容测试厂设在了新加坡，这也是它在日本境外的首家测试厂。此外，还有另一家在新加坡设立首个有机电子元件研发中心的日本科技公司——日东电工株式会社（Nitto Denko）。该公司与数据存储研究院（DSI）、材料研究与工程研究所（IMRE）以及南洋理工大学（Nanyang Technological University）携手合作，共同开发用于生物医药领域的低成本、高效能传感器装置。

凭借其出色的端到端制造能力，新加坡成为许多国际顶级电子厂商开拓和管理新兴市场的理想选择。拥有14家硅晶圆制造厂、20家半导体装配和测试厂、约40家集成电路设计中心以及世界三大晶圆代工厂。伟创力公司（Flextronics）、日立公司（Hitachi）、保谷公司（Hoya）、昭和电工株式会社（Showa Denko）等世界领先的电子厂商纷纷将其研发中心设在新加坡。

（3）外资研发机构设立的主要动机。从新加坡外资研发机构的设立情况看，其母国来源以美、日、欧为主。跨国公司在新加坡设立研发机构的主要动机之一是利用新加坡良好的基础设施条件和政策环境，接近地方生产和地区总部。

新加坡从20世纪60年代开始发展外向型经济，形成了亲商的政府政策。例如：新加坡对外资和本土公司一视同仁，在发展对内投资的同时，也为企业的海外投资提供便利，这为企业依靠自身优势和能力在本土及国际市场有效竞争提供了信心。企业税负低使企业成为配置资源的角色。除此之外，新加坡还具备许多硬性的条件。首先，新加坡电信通信网络相当发达，与全球商贸中心接轨，是企业策划环球业务增长和执行商务发展计划的最好地点。其次，新加坡也是知识产权管理中心，是《巴黎公约》《伯尔尼公约》《马德里协定》《专利合作条约》等国际条约和组织的成员国，法律体系健全，知识产权法和执法政策严谨，是吸引各国企业到新加坡注册专利、进行知识产权审计、服务评估及找寻特许经营者活动的重要因素。另外，新加坡也是全球最大的外汇交易中心之一。目前，新加坡有700多所财务机构，这对在此从事现金集资、信贷服务的企业提供了便利条件。除此之外，新加坡地理位置优越，位于海上交通咽喉要道，拥有天然深水避风海港，是全球著名的转口贸易中心，是绝佳的供应链管理枢纽，基础设施完善，拥有全球最繁忙的集装箱码头、服务优质的机场、亚洲最广泛的宽频互联网体系和通信网络等。

新加坡经济属于外向型经济，吸引投资是其基本国策。在世界银行发布的《全球经商环境报告》中，新加坡连续八年名列榜首，在其他的有关投资环境的评价指数中，新加坡也均名列前茅。从整体水平看，新加坡的科技水平在新兴工业化国家中并不具有明显优势，以外资为主导的经济结构，在政府目标明确而强有力的政策推动下，表现出强烈的向高端制造业和向服务业转型的趋势。投资环境好，是新加坡吸引外资研发机构的主要优势。跨国公司研发机构作为世界高新技术水平的代表，扮演着提升新加坡研发水平的重要角色。外资研发机构的主要目标是提供技术支持，其中有许多研发机构附属于制造业部门，任务是接受母公司技术转移、支持地方生产、改进产品设计以满足地方顾客的需求，因而规模普遍较小。

（二）新加坡对外资研发机构的管理与政策

新加坡政府一贯采取亲商、扶商、助商政策，其在鼓励和刺激经济发展的法律和政策方面具有完备稳定的保障体系，又有透明、务实和不断创新的政策环境。尤其对于外资研发机构的设立，新加坡政府给予积极的支持。

与其他东盟国家不同，新加坡并不明确规定鼓励外资投资的领域或行业部门。但总的来说，新加坡不太鼓励外商投资装配型工业部门，而是欢迎能引进"新技术"的投资。除对国家安全构成影响的敏感型部门外，新加坡政府允许外资可以拥有一个企业 100% 的股份。

金融危机爆发以来，为进一步吸引外资，巩固外资地位，增强对外资的吸引力，新加坡出台了一系列政策。

1. 对跨国公司设立研发机构的管理

新加坡对吸引跨国公司研发机构相当重视，并设立了专门的部门、制定了详细的规划。新加坡负责投资的主管部门是经济发展局（简称：经发局，英文：Economic Development Board ，EDB），成立于 1961 年，是隶属新加坡贸工部的法定机构，也是专门负责吸引外资的机构，具体制订和实施各种吸引外资的优惠政策并提供高效的行政服务，其远景目标是将新加坡打造成为具有强烈吸引力的全球商业与投资枢纽中心。职能是吸引外资和发展制造业为主的工业，致力于将新加坡建设成一个发展经济与吸引投资的热土，为跨国公司满足国际市场的需要提供最佳投资及发展环境。吸引外资的重要政策就是建设适合工业发展、特别是跨国公司投资的工业园区。EDB 主要通过分布世界各地的驻外办事处为海外投资者提供服务，包括投资咨询、协助投资者取得工业土地及所需的营业设施与服务；EDB 也在税务与财务方面提供一系列的奖励措施，为投资者引介申请长期低利资金；EDB 也实行了多项人力资源发展计划，确保新加坡劳动人口能够满足制造业和技术服务行业所需要的各类技术劳工。

2. 通过资金或计划支持外资研发机构发展

新加坡利用财政资金以计划的方式支持符合发展方向的外商投资和外资研发机构的发展，主要包括以下几个方面：

一是资本援助计划。对能在经济方面和技术方面为新加坡带来特殊利益的投资项目企业，以有银行保证为条件，新加坡可以为之提供低息的长期贷款。

二是创新发展计划。主要是协助、推动从事制造业和服务业的企业在新加坡进行 R&D 活动。面向在新注册的企业，并以资助形式承担所批准和各项目中一定比例的开销，包括人工、设备材料、专业服务、技术转让、版税等费用。

三是新技术培训计划。旨在鼓励新技术、新产品、新工艺流程的应用及开发和新服务方面的人力资源培训。在新加坡注册的企业参与新兴技术、技能研发培训、起步培训时，均可申请该计划的资助。包括受训员及培训员的工资、生活费津贴、机票、课程费用等。

为吸引跨国公司总部入驻，新加坡政府还制定了特许国际贸易计划、商业总部奖励、营业总部奖励、跨国营业总部奖励等多项计划以鼓励外资进入，对不同性质的总部实行不同的奖励。

新加坡把吸引研发投资与资金支持结合起来。在资金方面，2006 年，新加坡经济发展局投入 12 亿新元作为生物制药业的发展基金，以资金、土地和厂房折价等方式合资，用于吸引国际著名企业在新加坡设立制药工厂和研发中心，并促进和激励本地研究成果的商业转化。除了吸引国际著名大企业在新加坡设立研发中心和加工厂之外，新加坡政府大力招商引资，以促进生物医药产业规模的形成。

自 1991 年以来，经发局以资金入股的形式累计投入 4.36 亿新元，支持了大小近百家公司，有力地促进了产业规模的形成。直接投资办加工企业，是发展生物医药产业的另一种尝试。2002 年经发局投入 1.5 亿~2 亿新元建成了本地最大的生物制品生产企业，以生产克隆抗体为主，为主要制药公司提供原料和服务，包括培养、纯化、分析测试和质量控制等。2007 年，政府又启动了"生物医药科学概念验证计划"，计划在随后的三年中投入 600 万新元资助 20 个具有商业前景的研究项目。

淡马锡控股和政府投资公司这两家新加坡国有投资公司在吸引外国资本投资生物医药产业方面也发挥了巨大的作用。这两家公司一方面给海外的生物公司提供资金吸引他们到新加坡办厂，另一方面则投资设立新加坡的生物科技公司，其所控制的生物风险投资高达 10 多亿新币。

3. 吸引外资的税收政策

税收政策是多数地区吸引跨国公司前来投资的主要手段。新加坡税制简单，税率较低，极具竞争力和吸引力。新加坡采取的优惠政策主要是为了鼓励投资、出口、增加就业机会、鼓励研发和高新技术产品的生产，以及使整个经济更具有活力的生产经营活动，如对涉及特殊产业和服务（如高技术、高附加值企业）、大型跨国公司、研发机构、区域总部、国际船运以及出口企业等给予一定期限的减、免税优惠或资金扶持等。

此外，新加坡对跨国公司设立研发机构还给予特别的税收优惠。新加坡优惠政策的主要依据是《公司所得税法案》和《经济扩展法案》，以及每年政府财政预算案中涉及的一些优惠政策。

对研究与开发事业的优惠措施：研究开发支出可以双倍从应课税收入所得额中扣除；用于研究与开发用的机器与设备可以加速折旧；用于研发的投资可以从应课税收入所得额中以特殊形式扣除。新成立的高科技公司和从事研发的公司可获得 10 年的免税期。此外，为降低企业使用知识产权的成本，政府规定对从国外引进先进技术而支付的特许权使用费，其预提所得税税率自 2005 年起逐年从 15% 降低至 10%。对于资本性项目的投入不征收关税及增值税，同时可申请资本性支出项目加计 100% 所得税费用扣除；企业购入第三方专有技术可预提所得税，技术先进可免税；出售专有技术收入和技术许可收入按 22% 征收所得税，出售专有技术收入免所得税，技术许可收入需缴税但可扣减预提所得税；根据研发经费投入的情况及技术的先进性给予经费资助。

金融危机后，新加坡为增强对外资吸引力，进一步调整企业所得税。新加坡对内外资企业实行统一的企业所得税政策，自 2008 年估税年度起（即在 2008 年度缴纳 2007 财年的所得税时），企业所得税税率为 18%，自 2010 年估税年度起所得税税率调为17%，并且所有企业可以享受前30万新元应税所得的部分免税待遇：一般企业前1万新元所得免征75%，后29万新元所得免征50%；符合条件的起步企业前10万新元所得全部免税，后20万新元所得免征50%。

新加坡为吸引跨国公司总部入驻新加坡，对相关跨国公司实行税收优惠政策。将区域总部或国际总部设在新加坡的跨国公司，可适用较低的企业所得税税率。区域总部为15%，期限为3~5年；国际总部为10%或更低，期限为5~20年。此项政策主要是为鼓励跨国公司将区域或国际总部设立在新加坡。具体优惠企业可与新加坡企业发展局进行商谈，企业发展局可根据公司规模和对新加坡贡献为企业量身定做优惠配套。

为鼓励企业加大研发力度，新加坡政府规定，自2009估税年度起，企业在新加坡发生的研发费用可享受150%的扣除，并对从事研发业务的企业每年给予一定金额的研发资金补助。

新加坡政府不实行资本利得税，免征财产税；若是政府核准发展的行业，则在新加坡地区给予12%的优惠产业税。对投资生产设备的外国贷款利息免征所得税。

4. 投资行业鼓励政策

新加坡对外资准入政策宽松，除国防相关行业及个别特殊行业外，对外资的运作基本没有限制。但是在具体的行业扶持政策方面，新加坡政府却进行了较为严格的等级区分。根据新加坡政府公布的2010年长期战略发展计划，电子、石油化工、生命科学、工程、物流等9个部门被列为奖励投资领域。2013年1月，新加坡经济发展局称，新加坡吸引的外资增加主要是由于电子、能源和化工等行业投资增加，这些领域的合同投资额达到129亿新元。外国公司投资于这些领域将受到更多的政策支持与优惠。

5. 人力资源支持

新加坡政府除每年由国家拨款发展教育外，还制定了一项独特的政策，即从1979年起，通过向企业集资建立技能开发基金。政府规定，企业要为工资每月不满750新元的职工向国家缴纳相当于该职工工资1%~4%的技能发展基金，此外，新加坡政府还推出一项"海外培训计划"，即要求凡资本在百万元以上或雇员在50人以上的外资企业，招聘新职员，必须派到投资者或技术先进的外国企业进行实习、培训，其差旅费和生活补助由新加坡政府提供。

新加坡促进生物医药产业发展的特色之一是从世界各国和地区招揽人才为己所用。自1990年以来，新加坡政府广纳贤才，从世界各地大举引进专门人才。

为了吸引优秀研究人员，新加坡政府提供诸多优惠条件，包括优惠合同、低税收、舒适的生活和工作环境、高薪、假期、住房补贴、子女入学补助、配偶工作等，并鼓励这些人才加入新加坡国籍。目前，据不完全统计，新加坡研究领域里的外来人才占 70% ~80%。

6. 奖励政策

（1）先锋企业奖励。先锋企业由新加坡政府部门界定，通常情况下，从事新加坡目前还未大规模开展而且经济发展需要的生产或服务的企业，或从事良好发展前景的生产或服务的企业可以申请"先锋企业"资格。

凡享受先锋称号的企业，其资金投资于经批准的有利于创新科技及提高生产力的先进科研项目（本国境内尚无从事相同行业的公司），可减免 26% 的公司所得税。

享有先锋企业（包括制造业和服务业）称号的公司，自生产之日起，其从事先锋活动的所得可享受免征 5 ~10 年所得税的优惠待遇。

政府根据不同的项目分别给予 5 ~10 年的优惠期限。凡企业享有先锋科技成果的企业，在获得出口奖励后，在原基础上增加投资以扩大再生产，仍可在 5 年内减免至少 15% 的公司所得税。

（2）发展和创新奖励。从政府规定之日起，一定基数以上的公司所得可享受最低为 5% 的公司所得税率，为期 10 年，最长可延长到 20 年。此项政策主要是为鼓励企业不断增加在高新技术和高附加值领域增加投资并提升设备和营运水平。曾享受过先锋企业奖励的企业以及其他符合条件的企业均可申请享受此项优惠。

创新优惠奖励。2010 年，新加坡政府提出在研究与开发、认可设计、收购知识产权、知识产权注册、购买/租赁自动化设备、员工培训 6 项经营活动中进行创新优惠奖励，称为生产力及创新优惠计划（一年共计 5.2 亿新元）。该计划于 2010 年推出，有效期为 2011 至 2015 年。[①]

根据该计划，企业在规定的 6 项经营活动中，首 30 万新元符合规定的费用可以享受 250% 的税额抵扣。政府于 2011 年预算案中宣布加强计划的各项优惠。在六大项目中，每个项目可享受税额抵扣的上限从首 30 万新元提高到 40 万新元，可享受的税额抵扣比率从以前的 250% 提高到 400%。也就是说，企业在规

---

① 新加坡企业通网站. 新加坡对外国投资的优惠［EB/OL］. www. enterpriseone. gov. sg.

定的六项活动中的任一项中，每花费 100 元即可从政府处收到 68 元的津贴。2011 年预算中还提升了该计划的现金发放额，除了税收抵扣外，企业也可选择在首笔 10 万新元符合规定的费用中享受现金发放，最高套现额从 2010 年的 2.1 万新元提升到目前的 3 万新元。

科技奖励措施：①该措施是为了在新加坡从事科学研究的公司设立的补助金。②凡从事竞争力强及战略科技研究的公司可享受项目支出的 50% 为补助金，期限为 5 年，每年以 1000 万新元为限额。③补助金额取决于公司对新加坡科技贡献的大小及研究领域或学科。新加坡科技局在审核科技成果后给予补助金。

7. 注重科技园区发展

科技园区所拥有的优越投资环境往往更容易吸引跨国公司在内设置研发中心。为促进国内企业和跨国公司发展与交流，新加坡政府建设了著名的新加坡科技园。科技园区内，建设了文化设施、展览中心和娱乐设施等集中在内、相对完善的基础设施，既方便了园区内内外资企业的交流，也容易促进企业人员之间的信息交流。同时，园区还集中了大量的法律、会计、金融管理、管理型顾问、风险投资、IT 支持等技术服务部门，为跨国公司研发中心开展活动提供方便。

8. 鼓励联合研发

新加坡政府加强体现政府意志的研究机构力量，鼓励具有政府背景的研究机构与国外研究院所及跨国公司在新加坡的研发机构建立多种形式的合作关系，并促使其成为跨国公司研发机构与本土企业之间知识流动的桥梁。政府对符合一定条件的企业与研究机构、大学、政府部门在新加坡联合研究开发的所有项目或企业自身进行的研发项目提供财政支持。一是对研发项目和被认定为高技术项目的资金援助最高可达项目总成本的 50%；二是对符合条件的研发中心或项目的设立，政府可通过某种方式提供优惠贷款。

9. 出入境管理

新加坡出入境手续相对比较简单，在签证及工作许可证两个方面，都为想在新加坡创办企业的外国人打开了方便之门。来寻求商机和制订商业计划的企业家可申请在新加坡停留 6 个月，如得到国家科技局的认可，允许延长至 1 年；批准开办起步公司的外国企业家，发给有效期 2 年的工作准证，并可延长 3 年。对在本地工作的外籍人士要求必须具本地缺乏的特别技能、知识或经验；或能对本地经济有所贡献。根据新加坡的法律，在新工作的外国居民如果月薪超过 2500 新元，必须申请工作许可证。

五、爱尔兰外资研发机构发展和外资政策

爱尔兰是西欧一个面积只有 6.9 万平方公里、人口只有 460 万人的小国。20 世纪 80 年代以前，爱尔兰还只是一个以农业为主的国家，相对发展比较滞后。进入 90 年代，爱尔兰抓住经济全球化发展机遇，积极调整经济发展策略，吸引外资，发展高科技产业，经济得到快速发展，人均 GDP 达到欧洲前列，并成为全球最重要的投资目的地。爱尔兰因为快速发展，被称为"凯尔特之虎"。

（一）爱尔兰吸引外资和外资研发机构情况

爱尔兰经济快速发展，得益于其良好的投资环境和对外资的利用。爱尔兰从 20 世纪 60 年代起就开始注重引进外资，借助外国的资金和技术发展本国经济。由于引资成功，特别是 90 年代后期大量外资的涌入使爱尔兰经济发生了质的飞跃。外国企业成为爱尔兰经济发展和进出口贸易的主力军，使爱尔兰在短期内由一个农牧经济国家变成一个知识经济的发达国家。

1. 爱尔兰吸引外资总体情况

爱尔兰是高度外向型国家，近年来在吸引外资方面成绩突出（见图 14）。据联合国贸发会议组织资料，截至 2001 年底，爱尔兰共吸引外资达 750 亿美元，在世界上吸引外资最多的发达国家中名列第十一。据爱尔兰中央统计局资料，1999 年爱尔兰吸引外资额为 173.65 亿美元，2000 年上升到 261.77 亿美元。2001 年在全球投资不振的情况下，吸引外资额仍达 109.24 亿美元。2002 年增至 202.23 亿欧元。

爱尔兰从 20 世纪 50 年代末起开始对外开放，鼓励外资投资。近半世纪来，爱尔兰不断优化产业结构，提高利用外资的质量与水平。目前，原有的劳动密集型产业如纺织业等已被淘汰，现有的产业以高科技、资金与技术密集型的制造业，如生化制药、信息通信、电子机械、软件、医疗器械及国际金融服务业为主。目前爱尔兰引资重点也是致力于国际竞争力强、可创造较高附加值的制造业与国际服务业。

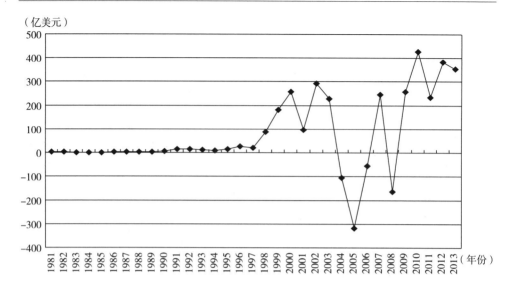

图 14　爱尔兰吸引 FDI 金额的趋势变化

资料来源：联合国贸易与发展会议（UNCTAD）。

　　爱尔兰吸引 FDI 呈现一定的阶段性变化，也与爱尔兰经济的发展历程直接相关。在整个 20 世纪 70 年代，爱尔兰每年吸引 FDI 流入额都在几亿美元之间波动，到 80 年代，爱尔兰吸引 FDI 开始平稳增长，但是增长速度并不快，直到 1991 年突破 10 亿美元，达到 13.61 亿美元。进入 90 年代，爱尔兰吸引 FDI 开始快速增长，特别是 1997 年以后，增长速度显著加快，1997 年达到 88.62 亿美元，1999 年突破 100 亿美元，达到 182.11 亿美元，2000 年达到 257.79 亿美元，如图 14 所示。爱尔兰吸引 FDI 快速增长，得益于爱尔兰采取的吸引外商投资政策，通过实行超低的企业所得税、削减劳动力保护以及鼓励出口的市场化经济政策，使得外企在爱尔兰的投资回报率较高。根据美国国家经济分析局对美国公司海外投资平均收益率的统计，1996～1999 年收益率最高的是在爱尔兰，为 22%；2000～2004 年，在爱尔兰的收益率与在中国的一样均为 16%。良好的投资环境，吸引了大量外资涌入爱尔兰。1996 年以来，大量的社会资金和风险资本、外国资本以及跨国软件公司进入爱尔兰软件产业，国内从事软件业的公司由 1995 年的 390 多家，急剧增加到 2000 年的 780 多家。截至 2004 年，爱尔兰共有外资企业 1300 多家。到 2006 年，跨国公司在爱尔兰的生产总值，约占全国生产总额的 75%。出口总额中，外资企业更高约占 85%，美国跨国公司约占其中的 80%。

2000 年，爱尔兰人均拥有的外商直接投资流入存量是欧盟平均水平的 2 倍多。到 2006 年，全世界 10 大软件公司都在爱尔兰设分公司。跨国公司雇佣的劳力人数，占总劳力市场的 1/3。全球 10 大药厂，有 9 家在爱尔兰设厂。全球 20 大医疗器材制造商，有 16 家进入。

但是此后，2001 ~ 2009 年，爱尔兰每年吸引 FDI 金额呈现较大的波动性，其中 2002 年达到历史新高 293.23 亿美元，之后开始下降，2004 ~ 2006 年连续三年呈现负增长，2007 年有所恢复后，2008 年又开始负增长。从 2009 年后，爱尔兰吸引 FDI 开始恢复增长，特别是 2010 年达到历史最高点 428.04 亿美元，此后有所下降但仍维持在较高水平，2012 年和 2013 年分别为 381.15 亿美元和 355.2 亿美元，表现出爱尔兰作为东道国对外商直接投资的吸引力重新恢复。

2013 年，福布斯杂志评选爱尔兰为全球最适宜经商的国家，并且对爱尔兰的竞争优势进行了简单的总结，认为爱尔兰吸引外资的优势主要集中在：高素质且高教育水平的劳动力，富有竞争力的税收制度，天然的语言优势和进入欧洲及北美市场的便利以及信息通信技术、国际金融服务、生命科学产业等知识型产业的产业聚集效应。

如表 11 所示，从外商直接投资的来源地来看，主要来源地区以欧洲国家为主，其中来自卢森堡的跨国公司投资额度最高，其投资额为 571.9 亿欧元；其次，荷兰、英国、法国、瑞士等国的投资额度也都超过了百亿欧元；相较于来自欧洲地区的投资，来自美洲和亚洲的投资额度相对较少。

表 11　2011 年爱尔兰 FDI 主要来源地分布

来源国	外资额（亿欧元）	占比（%）
卢森堡	571.9	36.0
荷兰	274.3	17.3
英国	221.7	14.0
法国	151.7	9.6
瑞士	118.7	7.5
德国	99.2	6.3
意大利	73.9	4.7
美国	44.7	2.8
加拿大	25.3	1.6
日本	5.8	0.4

资料来源：爱尔兰中央统计局。

如表 12 所示，2011 年，外商直接投资在爱尔兰主要投资于医药制品、食品、饮料、烟草以及其他服务行业，其中医药制品行业吸引了 79.8 亿欧元的投资，而信息通信行业外商直接投资额减少了 74 亿欧元。

表 12　2011 年爱尔兰外国直接投资行业分布

行业	投资额（亿欧元）
医药制品	79.8
食品、饮料、烟草	19.9
批发、零售和机动车维修	2.7
保险服务	−28.2
信息通信	−74
其他金融服务	12.2
总计	82.5

注：负值说明实际投资额小于变现和撤资额。

资料来源：爱尔兰中央统计局。

爱尔兰经济严重依赖对外出口，出口比重占整个国家经济的 70%，极易受到全球经济的影响。一旦全球出现经济危机，需求萎缩，就将极大打击爱尔兰的经济。进入 21 世纪初期，由于世界经济不景气，爱尔兰对主要贸易伙伴的进出口均出现大幅下降，使得爱尔兰的经济发展速度大为下降，2001～2005 年的 GDP 年均增长降低到 5.3%。2008 年，受到全球经济危机的打击，爱尔兰的年税收仅为 320 亿欧元（约合 3278.50 亿元人民币），而同年的支出约为 550 亿欧元（约合 5633.65 亿元人民币）。

爱尔兰的制造业来自美国制造业的外移，是靠低税和一些优惠政策吸引国外直接投资，外资公司在爱尔兰的生产总值占全国生产总值的 75%。爱尔兰的 GDP/GNP 之比率长期呈上升趋势，自 1976 年开始突破 100%，此后并呈长期上升趋势，2001 年增加到 120%，2002 年达到更高的 125%。外资公司在爱尔兰的利润率极高，21 世纪的前 10 年，美国在爱尔兰的投资制造业平均税后回报率达 24%。更由于爱尔兰极低的企业所得税率（12.5%），不少公司倾向于将总部设在爱尔兰以避税，2005 年底谷歌公司将欧洲总部设在爱尔兰就是一个例子。相较于在爱尔兰营运的跨国企业，本地企业员工薪资较低、成长较缓慢、研发经费较少，研发成果甚至落后于以色列等小国。

2. 外资设立研发机构情况

跨国公司在爱尔兰投资主要集中于信息通信技术、化学制药、电子商务、国际贸易等领域。在通信技术领域，全球 10 强信息通信技术公司有 9 家在爱尔兰设立了分支机构。而在医药制品行业，诸如辉瑞、葛兰素史克、惠氏、强生等著名国际公司在爱尔兰设有分支机构。从表 12 可以看出，2011 年跨国公司在医药制品行业的投资高达 79.8 亿欧元，位列各个行业榜首。

爱尔兰在 2006 年 6 月实施的《科学技术与创新战略》中提出："将更多资金投入到国际合作研究中，吸引国际上更多的科技型企业进行高质量投资，创造更多高质量和高报酬的就业机会。"

与跨国公司在爱尔兰直接投资额的波动相比，跨国公司在爱尔兰研发投入呈现稳定增长态势，特别是金融危机后，研发投资不降反增，2012 年达到 19.62 亿欧元（见图 15）。但是，据爱尔兰国家企业贸易科技与创新政策咨询委员会的调查研究表明，在爱尔兰外资企业的研发投入占产出的比例不但低于国际标准，甚至低于爱尔兰本土企业。这表明跨国企业更倾向于将大部分的研究开发活动放在本国，而不愿意投入到其他国家。

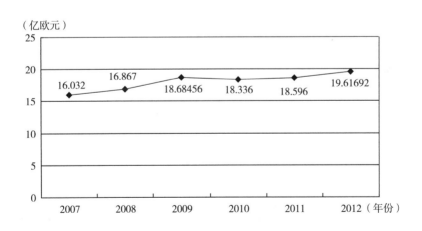

图 15 爱尔兰外资企业 R&D 投入

资料来源：经济合作与发展组织（OECD），http：//stats. oecd. org/viewhtml. aspx? datasetcode = BERD_ SIZE&lang = en#.

爱尔兰是全球最重要的软件出口国，世界前 10 大的软件公司有 9 家，包括前3大安全软件公司和前3大的企业软件公司、美国前10大IT企业中9家、全世界前10大"生于互联网"的企业、全球前10大制药企业中9家、前25大医疗器械企业中17家以及超过一半的全球领先的金融机构都在爱尔兰有相当规模的投资。这些跨国公司把区域管理总部或区域业务支持中心设在爱尔兰；但是，爱尔兰并不是这些跨国公司的目标销售市场，它们是通过爱尔兰来支持欧洲，甚至是国际市场的业务。国外企业进入爱尔兰投资，对爱尔兰的发展影响非常大。比如一个企业进入爱尔兰，就会带动为它提供配套的一些产业，像在IT领域、工程技术领域、医疗器械领域非常具有竞争力的企业，最终与其相关的服务型厂商和这些企业一起成长起来。持续的海外高科技企业的进入和爱尔兰本土企业的崛起在爱尔兰形成产业集群，也使得爱尔兰被誉为"欧洲的硅谷"。

高科技产业的发展在爱尔兰并不是一蹴而就的。事实上，科技产业在爱尔兰的发展经历了三个阶段。在20世纪80年代，爱尔兰的科技产业基本上是以组装测试、欧洲本地化以及包装和印刷为主；进入90年代，主要是高端制造、低端服务、呼叫中心、软件开发为主；而进入2000年后，产业的发展才真正体现知识经济的核心，包括先进制造、产品流程开发、研发、高端服务、软件开发和分析、个性化服务等。在产业结构调整和优化中，爱尔兰政府通过积极打造一个良好的营商环境为企业的发展保驾护航。

（二）爱尔兰吸引外商直接投资的机构和政策

1. 负责机构

爱尔兰投资发展局（IDA Ireland）原名为爱尔兰工业发展署，成立于1969年，是爱尔兰的对内投资促进机构，主要负责吸引和发展外国的对爱尔兰投资，是隶属爱尔兰企业、贸易和就业部的准政府机构。1994年，该署开始成为爱尔兰政府进行招商引资促进工作的专门机构，具体负责吸引外国企业来爱尔兰投资制造业和服务业，鼓励爱尔兰现有外商投资企业扩展业务，促进经济协调发展。

除了IDA，还有其他几个负责促进地区经济发展的机构。一是香农开发署（Shannon Development）。该机构原只负责香农机场自由区开发，后职能扩大到负责整个香农地区的开发。其目的是把香农地区建设成为国际制造业与服务业中心，支持本土企业，促进旅游与农村开发。该机构提供的资助与IDA基本相同。二是凯尔特开发署（Udara na Gaeltachta），负责引资开发爱尔兰凯尔特地区。凯尔特地区是爱尔兰西南海岸仍讲古爱尔兰语的偏僻而人烟稀少的农村地区。该机构旨在增加该地区就业与促进区内经济发展，重点支持使用自然资源行业以及出口导向项目。

外商投资企业也有资格申请由欧盟管理的资助。与商业有关的主要是欧盟研发框架计划设立的研发资助，最高资助额达项目成本的50%。但重要条件之一是该申请公司必须与欧盟至少两国内的公司或高校或科研机构合作，公司间不能是关联公司。

2. 吸引外资研发机构的优惠政策和优势

爱尔兰对外资有一定的优惠政策。爱尔兰政府确定的吸引外资的目标项目是国际竞争力强、可创造较高附加值的制造业与国际服务业。也就是国际上可转移的能够在爱尔兰有效运营并获利丰厚的优势项目，范围包括信息通信技术、软件、化工、制药、医疗保健等制造业和国际金融服务等行业。对符合其目标的外资项目，爱尔兰政府引资机构 IDA 积极介入，主动热情提供服务与优惠。对其他非目标行业外资进入爱尔兰市场，爱尔兰政府没有限制，但一般 IDA 或其他引资机构不介入，也不享受有关优惠政策。

2004年，爱尔兰政府专门成立企业战略专家小组，对企业的研发和创新及企业竞争力现状进行分析，对爱尔兰产业政策进行了评估，并向政府提交题为：*Ireland's Place in the Global Economy Ahead of the Curve* 的报告。报告认为，爱尔兰不应再依赖低税收政策吸引外资，而要优先发展研究与开发，加强科研机构和企业的在职培训，提高本土企业的发展能力，通过提高生产率和技术水平来保持竞争优势。

爱尔兰对目标外资项目提供的优惠，主要参照地域、行业、业务、就业人数等而有财政与税收两方面不同形式的资助。具体资助由职责不同的政府机构管理，数额视申请磋商而定。国家财政资助要受爱尔兰国内法和欧盟法律的约束。

（1）财政优惠。爱尔兰一直以其欧盟最初的15国内最低的公司税率作为其引资政策的主要吸引点，而事实上也确有不少外资公司是奔着这一最低公司税制度到爱尔兰投资的，且获利颇丰。公司税务激励制度已经成为爱尔兰政府吸引外资战略的重要组成部分。几十年来，爱尔兰政府高度重视并坚定不移地实施这项制度，旨在通过财政政策手段鼓励外商投资爱尔兰，不断优化爱尔兰的投资环境和投资政策，从而使爱尔兰成为外国公司进入欧洲市场的理想窗口。爱尔兰的财政优惠主要分为资本资助、就业资助、研发资助与培训资助。

1）资本资助。资本资助用以补贴购买土地、房屋、新工厂与设备的资本支出费用。有关资本支出与资产征得 IDA 同意，与之磋商签订资助协议，确定资助率与资助支付计划。资助率以资本支出额为基础，比例不尽相同。最高比例由欧盟国家援助规则限定，也很大程度上取决于在爱尔兰的地理位置。目前，最高比例在边境、中西部，为资本支出额的 40%，依次降至都柏林的 17.5%。实际运作中，除极特别的项目外，资本资助比例远低于最高比例。资本资助通常与创造的就业机会相联系，而且在每 12 个月内有一个最高数额限制。在赎买土地、房屋等资本支出中的印花税、外汇损失以及其他附带费用（如律师费用等）不在资助之列。通常协议中对受资助资产的处置进行限制。

2）就业资助。这类资助是最为普通常见的资助，只要有创造长期全职的就业机会就可享受到。具体资助数额取决于项目位置、投资额、业务与雇员技术水准。水准越高资助也越高。通常资助额按就业人数平均从 1250 欧元到 12500 欧元不等。如果某一项目因其性质雇佣大量的临时雇员，IDA 可能会同意给予相应长期雇员数量的资助，即采取两个临时雇员相当于一个长期雇员的折算方法。

3）培训资助。对在爱尔兰已成立的外商投资企业，IDA 会提供培训资助。有关公司应其培训计划向 IDA 提出资助申请，与 IDA 磋商确定资助水平。在培训方面，负责促进爱尔兰本土企业发展的爱尔兰企业局有着丰富的经验，该局与申请公司密切合作，可帮助公司制订培训方案并确保符合 IDA 的资助要求。

4）研发资助。对在爱尔兰已设立的公司，有两种研发项目适用：一种是资助公司建立或升级改造其常设研发职能部门和设备；另一种是资助有相当研发实力公司的高质量高风险研发活动。研发项目可以是新产品或新工艺开发，适用于制造业和国际服务业，一般通常产品的开发不属于资助范围。资助率根据开发规模、对长期研发能力的潜在影响以及项目的地理位置等而不同。实践中，资助协议中往往贯彻两条不成文的原则，一是就业基准原则，二是保持国际竞争力原则。

（2）税收优惠。爱尔兰实行低税政策。公司税仅为 12.5%。这较欧盟大部分国家 30% ~40% 不等的公司税要优惠得多，这在发达国家中是极为少见的，也由此使爱尔兰成为著名的低税港，对跨国公司投资有很大的吸引力。个人所得税也较低，据 OECD 统计，已婚职员平均在爱尔兰纳税为其总收入的 5%，在OECD 国家中排名倒数第七。

同时，爱尔兰与包括中国在内的近 70 个全球主要经济体签订了互利的双边税务协定，避免了一些重复扣税，这也为国外企业利用爱尔兰作为欧洲或者国际业务的平台提供了有利条件。与此同时，爱尔兰政府鼓励企业进行研发创新，符合条件的企业可将 25% 的研发费用来抵扣企业所得税，这一政策吸引了大量高新技术企业入驻，利用爱尔兰开展研发活动。

爱尔兰地方税仅对商业财产征收。印花税适用于房地产转让、财产租赁及一些法律服务，税率在 1% ~9% 之间。另外，爱尔兰与近 50 个国家缔结有关避免双重征税条约，规定双边税收方面的扣除、减免、抵免、饶让以及管理合作事宜。公司整体投资形式在很大程度上受税收机构影响，爱尔兰作为低税地区，许多大公司充分利用这一点来处理其投资关系，以尽量减少其全球税收负担。

研发税收抵免政策。为了吸引跨国公司在爱尔兰设研发部门，爱尔兰还提出了如下激励措施：累计研发支出可享受税收抵免政策、研发人员可享受税收抵免政策、转让知识产权可免除印花税。对于公司在基准年花费在研发活动上的累计研发支出，公司可享有 25% 的研发税收抵免。此外，研发支出还可享有 12.5% 的税收抵免，从而可有效节省 37.5% 的税款。在爱尔兰纳税且在欧洲经济区开展研发活动的所有公司均可享受此项优惠政策。

税收优惠是爱尔兰能够吸引外资的重要手段。但是，OECD 正在研究制定的预防跨国公司转移利润的国际税收准则（BEPS），将对爱尔兰吸引国际投资，特别是高科技跨国公司带来挑战。OECD 的税收新规则将更多地把跨国公司在某国的应缴税款与在该国的实质经营活动相联系，规定跨国公司必须在实质经营所在地纳税。此外，BEPS 项目将制定规则对跨国公司在不同国家进行"模块化布局"进行限制，预防其出于避税目的而刻意将某些公司功能模块设立在特定的国家。据分析，这些举措将减少跨国公司可以在爱尔兰登记的应税利润额，降低爱尔兰作为跨国公司实现避税中转国的吸引力，给爱尔兰吸引外资带来新的挑战。

（3）高素质且高教育水平的劳动力。相对成本较低并且专业的劳动力是吸引更多企业来此投资的一大因素。在欧洲，爱尔兰的劳动力最为年轻，约 36% 的人口在 25 岁以下；且爱尔兰人均受教育的程度较高，根据《2012 年世界竞争力年鉴》，爱尔兰在教育体系评估排名中位居全球第六。在专业人才培训方面，得益于爱尔兰当地政府的大力推动，爱尔兰本地教育与爱尔兰的优势产业得以紧密结合。爱尔兰政府不仅在信息通信技术等领域为当地劳动力提供教育培训，同时对当地学生进行专业指导，鼓励学生尽量选择信息通信技术等专业，持续为当地优势产业补充专业人才。爱尔兰的大学率先提供云计算的相关课程，为许多跨国公司在爱尔兰设立云计算中心和大数据分析业务提供人才的支持。

（4）天然的语言优势和进入欧洲市场的便利。爱尔兰是欧元区内、唯一官方语言为英语的国家，这点对于像中国企业这样有意扩张欧洲业务的企业来说，在语言方面适应起来相对容易。爱尔兰欧盟成员国的身份，意味着你的产品和服务可以在拥有5亿多消费者的欧洲市场自由流动。爱尔兰位于欧洲和北美大陆的中间位置，这将有利于中国企业在爱尔兰设立基地来同时服务于北美和欧洲两个大市场，实现跨洲业务的无缝连接。

（三）爱尔兰外资研发机构发展案例

爱尔兰的信息和通信技术行业吸引了众多跨国公司入驻，目前世界前10的公司有九家在这里运营。在爱尔兰的跨国公司开展的活动包括研究与开发、共享服务、供应链管理、软件开发和技术支持等。此外，爱尔兰的生命科学和医疗产业是另一个重要的支柱产业，据IDA的统计，全球前10的制药公司已有9家在爱尔兰落户，10种畅销药中有7个在爱尔兰生产。

1. 信息和通信技术（ICT）——英特尔

英特尔是全球最大的半导体芯片制造商，该公司在爱尔兰建有欧洲创新实验室总部，作为研究和发展各种最新应用技术的基地，包括同行网络、数字医疗、移动解决方案和教育配置系统。英特尔于1989年在爱尔兰设立了其唯一的欧洲制造厂，英特尔爱尔兰现在是英特尔在美国以外的最大运营部。该公司在爱尔兰已累计投资70亿欧元，在过去的10年已向爱尔兰政府交纳税款14亿欧元。

最近，英特尔公司宣布投资5000万欧元，扩大其克莱尔郡设施，这将包括两个独立的研发项目。第一个是有关新硬件的项目，包括了高级32nm硅芯片的设计和验证，旨在有助于研发下一代产品，并综合提升中小企业的业绩、用电效率、占位面积节省和成本效率。将提供的新芯片，在嵌入式应用设计方面大有改进。第二个是一项扩展Quick Assist技术的软件开发项目，以处理价格与功能消耗的限制而提供惊人的效果。英特尔在爱尔兰的研发活动正为爱尔兰的经济发展和科研实力提升提供巨大的帮助。

2. 生命科学和医疗——葛兰素史克

葛兰素史克公司（GSK）在三大治疗领域享有领导地位。葛兰素史克公司于1975年在科克建立了一个制造厂，自那时起爱尔兰已成为GSK公司一再投资扩展主要生产和重大研发之地。

葛兰素史克在爱尔兰的研发活动主要包括：在沃特福德郡邓加文设有两个制

造厂：第一个是全球制药厂，生产一系列非处方药品。第二个是口腔保健设施制造产品，如牙科固定和义齿清洁片；与科克大学的营养药物中心（APC）合作，对胃肠疾病进行开创性研究项目。这个项目得到 IDA 和爱尔兰科学基金会（SFI）的共同支持，涉及投资额将高达 1370 万欧元；在 IDA 的支持下，投资 1460 万欧元，与圣三一学院神经科学研究所（TCIN）和高威爱尔兰国立大学合作，为发现治疗阿尔茨海默氏症新疗法而开展一项重大研发计划。葛兰素史克在爱尔兰的研发活动为爱尔兰积累了强大的医药研发实力以及大量的科技人才，并为爱尔兰的经济发展做出了巨大贡献。

（四）爱尔兰外资研发政策对我国的启示

（1）低税政策和研发税收抵免。爱尔兰长期坚持低税政策，其公司所得税仅为 12.5%，这吸引了大量跨国公司到爱尔兰进行投资。而 25% 的研发税收抵免政策又进一步刺激了跨国公司在爱尔兰进行研发活动的积极性。

（2）高素质专业人才输送。爱尔兰在人口结构方面呈现年轻化的特点，这使得爱尔兰政府更加重视人才的教育和培养工作。爱尔兰的人才培养模式有两个鲜明的特点：一是注重应用型人才的培养，使培养出的人才能够拥有良好的技术能力；二是吸引在国外留学的爱尔兰青年回国工作、创业。

（3）产学研一体化促进技术创新。在爱尔兰，大学、研究开发机构与企业之间的相互衔接和紧密结合，它们在运行上和组织结构上都充分体现了产学研三位一体的紧密联系。而政府向科技开发部门注入资金，扶植大学校园公司、提供中介和孵化服务等措施则进一步加快了科研成果的转化。

（4）重点产业扶持。爱尔兰软件产业和生命科学产业的发展备受关注。由于爱尔兰人口少、传统产业规模有限、市场需求也有限，爱尔兰较早地投入对本国重点产业的发展和扶持上，包括一系列的政策和资金支持。成熟的产业发展模式以及充沛的人才储备吸引了越来越多的跨国公司入驻爱尔兰。

（5）良好的专业服务机构。IDA 是独立的准政府性引资促进机构，专门负责引进外资业务。IDA 在全球设有多家办事机构，致力于寻求国际上可转移的能够在爱尔兰有效运营并获利丰厚的优势项目，并为海外投资者提供政策导引、有关财政扶持及咨询意见。

六、印度外资研发机构及其政策

印度是新兴的发展中国家，对外资采取逐步放松管制的政策。近年来，在印度设立外资研发机构越来越多，外资在印度的研发投资也不断增加。特别是金融危机以后，印度更加认识到吸引外资对于印度经济发展的重要性，采取多种措施吸引外商直接投资。莫迪于 2014 年 9 月提出了"在印度制造"的设想。但是从总体上看，印度吸引外资的主要着眼点还在于开放投资领域、增加投资比例、提高进入规模，对外资研发机构的重要性和独特性还未采取特别的策略。

（一）外资发展趋势

1. 总量变化

（1）印度外商直接投资的总体情况。随着印度经济逐渐实现自由化发展以来，印度 FDI 资本流入总体上呈现逐年递增的态势，如图 16 所示。1991 年印度 FDI 流入量为 75 百万美元，2009 年这一数值达到最高值 37838 百万美元，但是从 2009 年开始，印度 FDI 资本流入开始逐年回落，其中 2010 年印度 FDI 资本流入为 37763 百万美元，2011 年 FDI 资本流入进一步降为 30380 百万美元。在资本存量方面，1991 年的 FDI 资本存量为 1.732 亿美元，2011 年 FDI 资本存量增长为 2112 亿美元。自 2006 年以来，FDI 资本存量的增速明显，并且一直延续了较大的增长幅度。

（2）印度外资研发机构情况。1985 年美国德州仪器公司在班加罗尔设立了 R&D 中心，由此拉开了外资在印度 R&D 投资的序幕。外资 R&D 机构在印度的快速增长出现在 20 世纪 90 年代实行开放政策以后，更多的跨国公司开始在印度设立 R&D 机构。从图 17 可以看出，1985 年印度的外资 R&D 机构有 3 个，到了 1999 年增加到 49 个，进入 2000 年以后，在印度设立 R&D 机构的跨国公司越来越多，平均每年新设的 R&D 机构在 35 ~ 40 个，2006 ~ 2007 年已经有 200 个外资 R&D 机构，到 2010 年底，外资 R&D 的数量达到了 851 个。这些研发机构的母国来源以美国、欧洲国家和日本为主，投资方向集中在 IT、制药和化学产业，其中

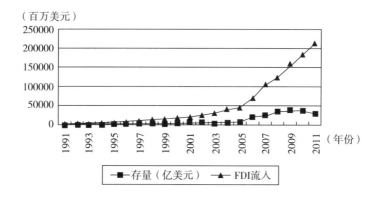

（百万美元）

图 16　印度 FDI 资本流入和存量

资料来源：印度储备银行（RBI）、联合国贸易与发展会议（UNCTAD）。

不少研发机构是跨国公司在其母国以外最大的研发机构。跨国公司在印度的研发投资主要是为了利用地方高素质、低成本的劳动力资源，以及通过近距离接触获取地方科技成果。而印度则迫切需要利用跨国公司离岸研发机构将本土的人力资源转化为经济效益，并从与它们的合作中获取国际化知识和研发管理能力。

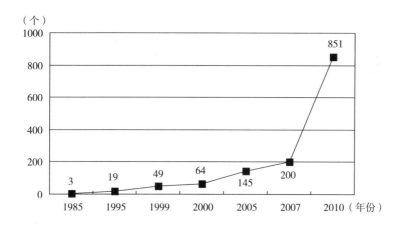

（个）

图 17　印度外资 R&D 机构数量

资料来源：Zinnov，印度技术预测与评估委员会（TIFAC）（2011）。

（3）外资研发机构 R&D 投入。外国公司在印度的研发投入呈现逐年递增的态势。从图 18 中可以看出，在 2002～2003 年，外国公司在印度的研发投入为

2869 百万卢比,而在 2009～2010 年这一投入跃升为 28830 百万卢比。此外,在 2007 年左右,外国公司的 R&D 投入明显增多,由 6680 百万卢比增长为 22230 百万卢比,增长幅度高达 233%。

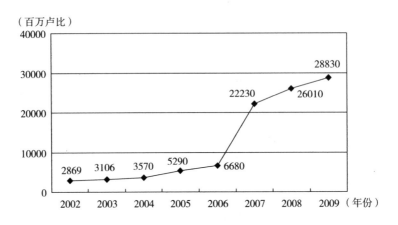

图 18　印度外资研发机构 R&D 投入

资料来源:印度储备银行(RBI)。

2. 产业结构变化

(1) 前十位 FDI 来源国。从表 13 中可以看出,印度排名前十的 FDI 来源国分别为毛里求斯、新加坡、英国、美国、日本、荷兰、塞浦路斯、法国、德国和阿拉伯。从 FDI 的投资国别来看,毛里求斯应是印度的最大 FDI 来源国家。事实上,美国才是印度最大的 FDI 来源国家。由于毛里求斯是一个自由港,一些外国投资者通过在该国注册再向印度投资,可以享受印度与毛里求斯之间避免双重税的优惠,投资来源复杂,因而毛里求斯并不是一个 FDI 的真正来源国,印度的官方文件也一直将美国视为印度 FDI 最大来源国。

表 13　印度前十位 FDI 来源国(2000～2011 年)　　　单位:百万美元

国家	毛里求斯	新加坡	英国	美国	日本
FDI 流入	7681.06	3135.34	3057.88	1898.46	1709.42
国家	荷兰	塞浦路斯	法国	德国	阿拉伯
FDI 流入	1579.05	1398.25	974.44	883.23	589.06

资料来源:印度产业政策与促进部网站(DIPP)。

（2）外国直接投资行业分布。长期以来，印度本国的能源发展非常落后，资金不足、产量不足、效率不高是印度能源领域的特点，这迫使政府加大了对能源发展方面的 FDI 批准额度和优惠，从表 14 中可以看出，外国公司在印度的投资涉及众多行业，其中吸引外国直接投资资金最多的行业是能源行业（27.01%）；印度的信息产业尤其是软件业是印度发展快速的行业，也是外商热衷于投资的行业，软件和信息技术行业的外商投资仅次于能源行业，占比达到了13.79%；而印度的地产和建筑行业也备受外商投资青睐，在所有外商投资行业中排名第三（11.33%）。此外我们从表 14 中还可以看出，能源、软件和信息技术、地产和建筑这三个行业总计吸引外资的比例达到了 52.13%。占据了外国直接投资行业比例的一半以上，而其他方面的投资则投向了汽车、运输、服务、仓储、航天航空、旅游娱乐、发动机、电子器件、机械设备、化学、医药和生物等行业。

表 14　外国直接投资的行业分布比例

行业	比例（%）
能源（五金矿产）	27.01
软件和信息技术	13.79
地产和建筑	11.33
汽车	8.7
运输	6.62
服务	5.16
仓储	5.1
航天航空	3.26
旅游和娱乐	3.1
发动机	2.4
电子器件	1.99
机械设备	1.86
化学	1.54
医药和生物	1.4
其他	6.73

资料来源：CSIR – NISTADS – TIFAC（2011）。

（3）外资公司的 R&D 产出、地域分布。近年来，印度经济发展迅速，并且成为世界经济增长第二快的发展中国家。得益于印度和美国的良好双边关系，印度自然也就成为美国的海外重点投资国家，从2006年到2010年驻印度的外资公司在美国专利商标局申请专利前20名的公司情况来看（如表15所示），美国公司的数量占据了绝大多数（共有17家）。在FDI公司所属行业方面，信息通信技术类公司最多，其次则是电子、医疗和化工等行业。专利申请方面，IBM、德州仪器、通用电气、意法半导体等公司的专利申请数量达到了49.3%，占据了将近一半的比例。就外资研发机构的地理位置选择来看，驻印度的外资公司表现出了较为明显的区域聚集现象，从表中可以看出，超过85%的公司选择了班加罗尔地区，此外在新德里、浦那、诺伊达等地区也有相应的外资公司分布。

表15　2006～2010年驻印度的外资公司在美国
专利商标局申请专利的情况（TOP20）

排名	公司	母公司国别	地区	产业	专利总计
1	IBM	美国	新德里、班加罗尔、浦那	信息通信技术	250
2	德州仪器	美国	班加罗尔	信息通信技术	211
3	通用电气	美国	班加罗尔	电子和医疗设备	193
4	意法半导体	意大利、法国	诺伊达	信息通信技术	135
5	霍尼韦尔	美国	班加罗尔	信息通信技术	93
6	英特尔	美国	班加罗尔	信息通信技术	92
7	思科	美国	班加罗尔、海德拉巴	信息通信技术	91
8	赛门铁克	美国	浦那	信息通信技术	91
9	博通	美国	班加罗尔	信息通信技术	60
10	惠普	美国	班加罗尔	信息通信技术	57
11	微软	美国	海德拉巴	信息通信技术	49
12	太阳微系统	美国	班加罗尔	信息通信技术	43
13	沙伯基础创新塑料	沙特	班加罗尔	化工	39
14	飞思卡尔半导体	美国	班加罗尔	信息通信技术	35
15	SAP	德国	班加罗尔	信息通信技术	31
16	塞普拉斯半导体	美国	班加罗尔	信息通信技术	28
17	奥多比（Adobe）	美国	班加罗尔、诺伊达	信息通信技术	27
18	甲骨文	美国	班加罗尔、海德拉巴	信息通信技术	27
19	威尔（Veritas）	美国	浦那	信息通信技术	26
20	通用电气医疗系统	美国	班加罗尔	电子和医疗设备	23

资料来源：美国专利商标局（USPTO）。

印度的外商直接投资不仅数量快速增加，领域不断扩大，外商直接投资的质量也有所提高。2002～2004年，外商在印度的研发投入资金增长45%，达68亿美元，使印度成为世界第三大研发投资目的地。印度拥有2000个政府认可的研究机构，380所大学每年向社会输送6000名博士。大量研发人才、低廉研发成本、雄厚研发基础设施及政府对研发领域的扶持，使越来越多跨国公司选择将研发基地设在印度。

自21世纪以来，随着一大批发展中国家实行对外开放政策，西方发达国家的跨国公司逐渐扩大对发展中国家的投资。通过对外直接投资，它们在将生产制造过程转移到国外的同时，逐渐将研发活动转移到国外，特别是科技人才资源较为丰富的国家。在西方发达国家跨国公司向国外转移研发活动的进程中，印度逐渐成为它们转移研发活动的重点国家。

在软件信息行业，长期以来，印度一直凭借着为欧美国家信息技术机构提供低成本技术服务而享有盛誉。现在，印度在信息技术等高新技术的自主研发方面，也逐渐成为炙手可热的科技乐土。全球最大芯片生产商英特尔公司已将其部分设计工作转移到印度。在过去10年中，该公司向印度投入资金超过7亿美元，其班加罗尔研发中心，在针对新一代笔记本电脑芯片组的研发过程中，扮演着越来越重要的核心角色。世界著名公司IBM也在班加罗尔建有研发中心，为其在全球建立的最大研发基地，拥有2300个雇员。2006年6月该公司宣布，将在未来3年内向印度投资60亿美元，建立海外基地。这笔投资将用于加强其全球技术和商业服务及在印度技术和服务的拓展，并建立电信研发基地。该投资为其过去投资总额的3倍，超过微软、英特尔、希斯克等公司总额39亿美元的对印联合投资。目前，该公司在印度几十个城市雇佣4.2万名员工。

在医药行业，由于印度人口多，经济增长较快，又对药品放松管制，使得印度药品市场规模不断扩大，且增长潜力巨大，吸引了越来越多的跨国企业进入。辉瑞、葛兰素史克、默克、诺华等跨国巨头均进入印度。其中葛兰素史克公司在印度已建四个生产基地，雇员已达4200名，该公司已将其设在孟买的塔纳制药厂变为全球供应中心。而更多的跨国巨头不断增加对印度医药产业的投资：或收购印度的医药企业，或与印度制药企业进行合资，或扩大其在印度的生产规模。这使得印度制药业吸引的外资不断增加。目前，制药业已成为印度吸引外国直接投资最多的五个重要产业部门之一。辉瑞、葛兰素史克、百时美施贵宝、诺华等制药公司还在印度建立了研发基地。此外，印度还吸引了大量国外医药企业到印度开展临床试验。现在诺华公司、阿斯利康公司和美国礼来制药公司等把印度作为其临床试验的一个全球中心。

（4）印度在吸引外资研发机构方面的优势。外国公司在印度设立研发中心的数量和 R&D 的投入呈现逐年递增的态势。印度暂时还未出台专门针对促进外国公司设立研发中心的相关法律法规，现有的法律法规多是针对外商直接投资而制定的。但是印度在吸引外国公司设立研发中心方面具有相当大的"软实力"，这其中包括：

1）较快的经济增长速度。自1991年开始经济改革以来，印度国内生产总值一直呈现稳步增长态势，较快的经济增长速度吸引了越来越多的外国公司进入，并且很多外国公司开始在印度设立研发中心。

2）庞大的市场规模。印度是仅次于中国的人口大国，庞大的人口规模蕴藏着巨大的市场潜力，随着近年来印度经济的崛起，居民的消费水平也在逐渐提升。为了攫取更大的利润，外国公司更倾向于通过在印度设立研发中心的方式来更好地满足当地消费者的需求。

3）语言优势明显。在印度，英语的普及程度之高，远远超过中国。作为全国性通用语言，英语在印度的政治和商业领域中应用广泛。语言上的互通优势使得印度科研人员能够更好地融入外国公司的科研团队，从而一定程度上解除了外国公司在印度开设研发中心的后顾之忧。

4）丰富且廉价的科技人才储备。印度不但拥有高质量的技术人才，而且这些劳动力与发达国家相比十分低廉。为了更好地参与全球竞争，外国公司也开始寻求将越来越多的研发活动转移到发展中国家，而拥有高质量且价格低廉科技人才的印度往往就是他们考虑的重要国家之一。

5）注重科技园区规划。为了更好地建立起大学、科研机构、企业之间的紧密联系，印度政府着手规划了一系列科技园区，并且从税收、投资、培训、技术支持服务等方面给予了较为完善的扶持政策。这其中，又以依托于生物、医药、软件信息等传统优势技术所建立起的科技园区获得了较快的发展。这些科技园区所拥有的优越投资环境吸引了大量外国科技公司入驻并在园区内建立了相应的科研中心。

6）重视知识产权保护。20世纪90年代之后，印度修订了一系列知识产权保护法案。1994年，印度对版权法案进行了重新修订；2003年，印度国会通过了一系列知识产权保护法案；2005年，印度制定了与 WTO 标准一致的专利制度。众多知识产权保护法律法规的出台极大地促进了跨国公司在印度设立研发中心的信心。

7）便利的融资政策。为帮助解决企业在新技术研发、产品推广以及后期发展过程中遇到的资金短缺问题，印度政府推出了较为便利的融资政策，包括设立风险投资基金、提供优惠的商业银行贷款、鼓励有条件的企业上市集资等。这些便利的融资政策既惠及了印度本国的企业，也同时惠及了那些在印度建有研发中心的跨国公司。

（二）印度对外资的管理与政策

1. 印度外商直接投资政策的演变

印度利用外商直接投资的政策经历了从严格限制到调整开放，再到完全自由化的过程。从1947年独立后，印度就从没中断过利用FDI，印度扩大利用外资是从20世纪90年代初期实施经济改革开始的。印度改革的方向是从国家主导型经济模式转向市场经济模式，从而提高经济效率，促进经济发展。导致印度进行改革的主要原因是80年代末政府财政状况不断恶化，外汇储备严重不足等问题。改革所包括的内容是放宽工业生产管制、更广泛开放外国对印度的直接投资领域、实行自由贸易、重整社会公共部门和金融部门。由于吸引外资并不是印度改革主要方面，也就使得印度利用外资改革的力度和步伐、各项吸收外资政策的制定和实施显得比较缓慢。

（1）改革以前的外国直接投资政策。独立以来，印度对FDI一直都很谨慎，把外国直接投资严格控制在与印度已确立的发展思想保持一致的基础上，引进外资的行业大多是被认为需要引进国外先进技术或是确保产品出口的行业。印度政府在1948年4月的《工业政策决议》中明确指出："作为法规，为了达到有效控制的目的，主要股权应控制在印度手里，而且始终坚持培训旨在最终取代外国专家的合格印度人员。"1956年，印度颁布的第二个《工业政策决议》对外资的态度没有很大的改变，但是由于实现工业目标需要大规模投资，而国内资金不足，因此印度政府针对不同行业有选择地利用外资，其中制造业利用外资最多。

到60年代末，由于"三五"计划失败，外汇短缺严重，卢比大幅贬值，印度政府对外资的态度有了全面改观。1973年出台了《外汇管制法》，是新的对外直接投资政策的标志，其对外国直接投资政策有了一些变化：要与印度本国公司享有同等待遇，合资企业外国持股比例不得超过40%；符合一定条件（如外国分公司全部产品供出口），通过政府的审批，合资企业外资股权可以超过 40%；对不同行业制定不同的标准来判断该行业与外资合作是否必要，在需要外国知识技术的行业允许外国直接投资。但是仍然强调印度政府能对与外国合作项目实施有效控制。

1985 年，印度开始执行经济开放政策，当时的拉吉夫·甘地总理与财政部长辛格制定了一套改革方案，放松了对外资的限制；产品出口的合资企业外资股权可达到 100%；将《外汇管制法》的条款推广到消费品领域；1984 ~ 1985 年印度对多种资本品取消许可证限制；1986 年对矿区征收的税率从 40% 降到 30%。1990 年的工业政策提到如果企业家认为有必要引进技术，只要对国内销售和出口征收分别不超过 5% 和 8% 的专利费，那么他就可以与外国合作而无须得到政府的批准。

（2）1991 年经济改革以及外国直接投资政策。印度真正进入 FDI 大发展的时期是在 90 年代经济自由化以后。1991 年，印度遭遇了历史上最严重的国际收支危机，近 1 亿美元的非印度常驻居民投资（NRI）外逃，外汇储备只有 10 亿美元，仅够两周进口所需，在国际借贷市场的信用等级下降。在世界银行和国际货币基金组织的帮助下，印度进行了根本性的经济改革，取消对外国直接投资的限制，并建立了外国投资促进委员会来鼓励外国直接投资；取消外国投资必须进行技术转让的规定，如果技术引进一次性总付费用在 1000 万卢比以内，或从开工之日的 7 年内，专利费占国内销售额的 5% 或出口价值的 8% 以内，都可自动许可；允许优先发展产业、重点工业项目和引进先进技术产业的直接投资可以达到其股本的 51%；允许主要从事出口活动的商贸公司外资股本过半，达到 51%；许多以前外资限制在 40% 以内的工业，外国直接投资的比例达 51% 将自动许可；在一些行业如基础设施和电脑软件，外资股权可达 74%；一些行业如运输基础设施甚至允许外资股权达 100%，占 1991 年工业政策规定 34 个行业的外资股权可达 51% 并自动获准，但自动获准的条件是资本货物的进口由投资资金以外的外资提供以及红利外流在一定时期内由出口收入平衡；取消合资企业扩大生产规模必须审批的规定；允许在国内市场使用外国商标出售商品；除 24 种消费品工业外，取消其他消费品工业投入生产后的头 7 年内外方红利的汇出需与出口所得持平的规定；取消了对固定资产投资的要求。另外一个值得提到的特点是：审批速度大大提升，有些只需 7 天。1991 年经济改革使印度成了对外资有吸引力的国家。

此后，印度开始逐步扩大外商直接投资的过程。1996 年，印度政府对外国投资促进委员会进行了改组，将其划归印度商工部领导，并授权该部可直接审批不超过 60 亿卢比的外国直接投资申请。更重要的是工业部制定了一套进一步扩大吸收外国直接投资的新政策：在采矿服务、冶金、电力、非常规能源、交通、仓储等 9 个行业，外资比例不超过 74% 的合资项目申请将自动获准；将外资比例不超过 51% 的合资项目申请可自动获准的行业范围予以扩大，新增采矿、纺织、化工、食品加工、机械制造、家用电器，以及市场调查等 16 个行业。这标志印在 1991 年"新经济政策"的基础上又迈出新的一步。

　　1998 ～ 1999 财政年度，印度出台了几项促进外国直接投资的政策措施：允许在国内使用外国商标或品牌；将免征 5 年税收的优惠扩大到基础设施建设的直接投资；允许外国投资者在印度设立联络处和代理处，部分或全部拥有子公司或合资企业的股权；减少对外国公司的歧视性待遇（外国公司长期资本所得税税率降低到 20%，免征外国公司出口所得收入税）；对发电、输变电、道路、港口、隧道、桥梁投资，允许外资在不超过 150 亿卢比的条件下，外资股权达 100% 并自动获准；允许在一些非银行金融部门进行直接投资如信用卡业务、货币兑换业务；允许外资进入私人银行部门，但股权不得超过 40%；政府允许在全球私人移动卫星通信服务投资，经过审批，外资股权可达到 49%。1998 年 7 月，政府计划开放保险市场，允许外国直接投资进入印度保险业，股权比例可达 26%。同年，印度商工部扩大了可自动获准的外资企业范围，并在某些行业，将外资股权比例上限从 51% 提高到 74%，甚至 100%。

　　2000 年，印度政府准许外国直接投资进入航空业和邮政业，除了公司所得税比印度本土公司稍高以外，给予进入邮政业的外资与国内邮政业相同的待遇。2000 年底，印度取消了对某些自动许可行业的红利平衡要求。鼓励和吸引外国直接投资对印度经济快速发展的作用仅仅是众多因素之一，特别是每年 50 亿美元左右的外国直接投资也没显得特别重要。因此，印度政府在制定利用和吸引外资的优惠政策方面没有将其摆在特别突出的位置。

　　印度历来以世界上最大的民主国家自居，中央政府和地方政府制定和修改各项法律的程序比较烦琐，政府各部门相互制约和相互牵制，任何一项新政策的提出到最后付诸实施时间和过程都很长，很大程度妨碍利用外资政策的出台。印度对本国经济和民族工业保护的力度很大，特别是各政党要在大选中取悦于选民，力求维护中小企业的生存，解决广大民众的就业和谋生问题，成为政府获得选票的最有效竞选口号和手段，大量吸引外资、扩大和开放外国投资领域与深度在一定程度上损害一些人的近期利益，所以印度吸引外资各项政策的制定历来有很大阻力。

2. 印度外商直接投资的方式和外资准入政策

进入印度的外国投资通常有两种路径，一种是自动路径，另一种是政府路径。自动路径的外国投资者或印度公司无须经过印度储备银行（RBI）或印度政府的投资审批；政府路径则要求印度政府通过外国投资促进委员会（FIPB）对该投资项目进行事先批准。印度经济事务部外国投资促进委员会将根据情况，对需要经过政府路径批准的外国投资进行修改和调整。

外国投资者可以通过以下几种方式在印度投资：

（1）设立公司。根据印度公司法，外国投资者可在印度独资或合资设立私人有限公司，此类公司设立后视同印度本地企业；外国投资者可以以设备、专利技术等非货币资产用于在印度设立公司，上述资产须经当地中介机构评估，且股东各方同意后报公司事务部批准。

（2）跨国并购。印度允许外资并购印度本地企业。当地企业向外转让股份必须符合所在行业外资持股比例要求，否则需获得财政部批准；所有印度企业的股权和债权转让都须获得印度储备银行的批准；如并购总金额超过 60 亿卢比，还需获得内阁经济委员会的批准。

（3）收购上市公司。外国企业可以通过印度证券市场收购当地上市公司。如外国公司通过市场持股超过目标企业流通股总额的 5%，则须通知目标企业、印度证监会和交易所；如果持股超过 15%，继续增持股份则需要获得印度证监会和储备银行的批准，获得批准后必须通过市场邀约收购其他股东所持股份的 20%。

（4）DPPBOT 方式。由于印度公共财政能力有限，基础设施薄弱。"公共私营合作"（Public Private Partnership，PPP）PPP/BOT 模式在解决投资短缺、降低项目风险、克服腐败和征地困难等方面优势明显，未来将在印度基础设施建设中发挥关键作用。据统计，从 2007 年到 2012 年，印度私人部门在基础设施建设领域的投资达 2250 亿美元，其中大部分是通过 PPP/BOT 模式投入的。目前有总投资高达 700 亿美元的 758 个 PPP 模式项目正在执行或即将完工。以公路建设为例，外资可以 100% 进入印度公路领域，目前在该模式下，共有 20 个外商独资项目和 80 个合资项目，外资总投资达 24 亿美元。主要投资国家有马来西亚、中国、韩国、俄罗斯、西班牙、泰国、英国、印度尼西亚、土耳其等。

3. 外商直接投资优惠政策

印度政府力图发挥人力资源优势，促进相关产业发展，通过本土研发机构与跨国公司研发机构的合作，进入跨国公司全球创新网络，提高本土创新网络的国际化水平。2002 年，印度计划委员会发表了《印度 2020 年展望》报告，在这个报告中，明确提出了创立世界级的研发中心的目标，并提出了利用人力资源优势、投资自由化和优惠的税收政策，吸引跨国公司来印度进行研发投资，鼓励外国公司在印度建立研发中心或与印度联合开发研究，鼓励海外印度专业人员和企业家参与合作等。

（1）前期外商直接投资优惠政策。

1）投资领域。进一步放松对外国投资领域的限制。政府内阁经济事务委员会原则同意向外国直接投资开放建筑市场，外国独资房地产开发项目可经自动生效程序获批准。政府试图通过允许外资参与城镇和住房开发建设、基础设施建设和建筑开发项目，加速城镇改造和基础设施建设。但为防止和避免房地产市场投机，规定外资进入房地产开发市场的条件是：每个公共设施开发项目占地大于10 公顷，房屋建筑面积大于 5 万平方米；外商独资开发项目最低投资额不低于1000 万美元，合资开发项目最低投资额不低于 500 万美元；投资自项目批准之日起 6 个月内注入；项目投资三年内不得撤出；未完成开发的土地不得出让。为解决国内钢铁公司煤炭问题并吸引更多外资，政府允许外国钢铁和水泥公司直接投资开采生产用煤，其所持股份可达 74%，外商电力公司投资开采生产用煤可持100% 股份。为促进零售商业发展，政府决定向外资开放零售商业。美国沃尔玛已决定在印度建合资超市，并已与马亨德拉等印度大企业集团商谈办合资超市的可能性。印度政府规定，外商投资零售业，只能以合资形式建零售店，外资持股不超过 26% 或 49%。

2）投资比例。从 90 年代以来，WTO 积极推动自由化谈判，经济全球化、投资自由化不断发展，不论是主动还是被动，印度已被卷入了这一过程，对 FDI 政策不断开放。从 90 年代初开始，印度对 FDI 的政策不断进行修正，逐步放松对 FDI 的管制，扩大 FDI 进入范围，放宽股权控制，加大了吸引 FDI 的力度。90 年代以来，印度政府扩大了外资可参股的企业的范围（1991 年有 34 个），并新开放一批企业可自动获准，且外资股权可为 24% 甚至 100%；进一步扩大外资控股比例达 51%，并扩大了自动许可的行业范围；扩大外国公司在印度的经营范围。总之，印度对外国直接投资的政策是向着越来越自由化的方向发展。

1991 年以来印度逐渐提高外资所占比例。2004 年初允许外资成立独资海运、宾馆、旅游公司，同时允许外资在银行、风险资本、保健、计算机相关服务业持有股份由 49% 和 51% 提高到 74%；外资在电信业持有股份仍为 25%，电邮业仍为 51%。曼莫汉·辛格政府上台后进一步提高外资所占的比例，允许外国机构投资私有调频广播公司，但其股份不能超过 20%；允许外商直接投资报纸和电视调频广播新闻频道的股份不超过 26%；外商直接投资电视娱乐频道没有限制。外资对专业技术刊物投资不超过 74%，对有线网络投资不超过 49%；外商直接投资可通过金融协作、合资、技术协作、资本市场等方式进行，但对外商直接投资设定不同持股比例，如外商直接投资印刷业最高持股 26%，炼油 26%，出口公司 51%，采煤 74%，钻石和宝石开采 74%，原子矿物 74%，投资公司 49%。印度还将外商直接投资科技期刊出版业所占股份由 74% 提高到 100%，还允许外国媒体业直接投资印刷业，从事外文报纸和期刊（不含广告）出版印刷业务，持股比例最高 26%。例如：伦敦《金融时报》已持有印度《贸易标准报》股份为 14%。

3）税收政策。印度长期对外国直接投资规定较高税率，20 世纪 90 年代外国公司税率印度为 55%，印度尼西亚为 15% ~ 34%，巴基斯坦、泰国、巴西为 30%，新加坡为 25%，斯里兰卡为 35%；印度平均关税率为 35%，中国仅为 13%。因为外商对印度投资目的多为占据印度市场或兼并当地公司，很少为促进出口。从投资部门看，形成资金和技术优势互补关系在信息技术部门较突出。电器设备（包括计算机、软件和电子）占实际投资的 13.9%，电信占 12.9%，运输业占 10.8%，能源（电力和石油提炼）占 10.4%，服务业占 8.3%，而纺织和冶金仅分别占 1.5% 和 1.4%，因此高税收政策对引进外国直接投资极为不利，"税收天堂"毛里求斯超过美国，居对印度实际投资首位。为引进更多外国直接投资，曼莫汉·辛格政府逐渐调整与外国直接投资有关税率。2005 ~ 2006 年度财政预算草案把企业税率从 35% 降至 33%，并通过实施一系列合并使企业总税负下降到目前水平的 1/3；同时，印度将把所有非农进口产品最高关税从 20% 削减至 15%。

印度企业，包括内、外资企业在税收等方面几乎是一律平等待遇，对外国投资没有凸显的优惠政策。印度政府通过对不同行业的非国有化或私营化来鼓励印度国内企业在某些行业的发展；对外资企业主要是通过允许外国投资持有公司股份比例的高低和项目审批难易程度，如是否可以通过自动获准程序获得批准，来引导外国投资在印度不同行业的投资。

印度作为联邦制的国家，印度中央政府每年通过财政预算报告制定和调节税收等有关政策，各个邦可以自行制定一些鼓励当地企业或外资企业发展的优惠政策，包括是否实行征收增值税。但是由于印度目前吸引外国投资的态度不是很积极，各地区之间在吸引外资的优惠政策的制定和实施的差距不是很大。

从外资差别对待逐渐向国民待遇过渡。WTO 有关投资协定（TRIMS）提出了外国投资适应国民待遇的要求。作为 WTO 初始成员国之一的印度，与国际规则和惯例接轨，取消歧视性政策，使 FDI 政策逐步转向国民待遇，使内外资企业待遇接近是大势所趋。印度已开始在这方面做出努力，取消了多项对外资企业的歧视性政策，如出口限制、红利平衡、较高公司营业所得税等歧视性措施；1994～1995 年财政年度预算将对外国公司的公司税率由 65% 降低到 55%；在软件技术园落户的国内外公司，可享受印度政府对出口加工区的所有优惠；政府为出口加工区制定的所有优惠政策均适用于园区内的软件企业。在一些行业，印度甚至实施了有利于外国公司的政策，如电信服务业，印度 90 年代以来才向私人企业开放，但就要求新进入该行业的私人投资者必须与外资合作才能申请领取许可证。

4）投资软环境。由于对外国直接投资存在诸多限制，印度不能吸引更多外国直接投资，甚至投资者还不断退出印度。印度政府希望借助国外资本加速现代化进程，但又害怕外资进入挤垮民族工业，重蹈国家经济命脉被外人控制的覆辙。政府官员也各行其是，常令投资者感到困惑。印度对外资企业征收高额税收、实行投资限制及在相关法律方面的自相矛盾和不确定性，加上各级政府中普遍盛行的官僚主义作风，使印度市场犹如一张梦幻中的大饼，让众多投资者感到可望而不可即。曼莫汉·辛格政府采取措施，积极改善外国对印投资的软环境。2004 年 10 月政府财长向担心印度办事官僚和腐败的欧洲投资者表示，凡是投资基础设施的外资申请，政府保证于 7 天内审批完毕，并为投资者在电力、电信、海港、道路、机场、石油、采矿等方面提供大量投资机会；印度还对保险法案进行修改。为改善外国投资软环境，有的邦还对大型外国投资实行一站式服务方式，避免外国投资者遭遇不必要麻烦。2005 年 4 月印度商工部长在东京会见日本经贸部长，双方同意通过贸易促进部门改善加工生产领域投资环境。

5）投资硬环境。交通基础设施差也是影响外国向印度投资的重要原因之一。

正如美国《国际先驱论坛报》所说："过去只是喜马拉雅山把中印分开，现在，将它们分开的是纷纷避开印度而直接涌入中国的大量外国直接投资。中国拥有高速公路、现代化的机场、高效率的港口、稳定的电力系统和宽松的政策吸引外资。印度坑坑洼洼的公路、陈旧的机场和拥挤的港口使出口极为困难。"早在 21 世纪初期，印度政府就着手实施连通德里、孟买、钦奈和加尔各答的金四边计划。德里到斋浦尔、德里到阿格拉、孟买到浦那等高速公路已经通车。印度政府下大力气改善印度的基础设施。为顺利实施 2005 ~ 2006 年度财政预算提出的重要举措，印度新政府需要扩大政府收入，为加强基础建设提供强大财力保障。印度政府计划通过一个特设机构在未来 12 个月中动用印度 1310 亿美元外汇储备并希望通过印度服务业增加政府收益。印度政府宣布加大基础设施支出的预算报告，并不惜动用外汇储备来加速基础设施建设。

6）经济特区。早在 20 世纪 70 年代，印度就建立了一批出口加工区，对区内外国投资实行特殊政策，但由于种种原因并不十分成功。20 世纪 90 年代初期实行经济改革以来，在继续发展出口加工区的同时，印度大力兴办经济特区，并将一些出口加工区升级为经济特区，但效果依然不十分理想。政府继续执行发展出口加工区和经济特区的政策，各地陆续开办诸多出口加工区和经济特区。2006 年 2 月，印度政府正式实施新制定的《特殊经济区（SEZ）法》。该法规定：在特殊经济区内，经营单位无须获得许可或特定批准，即可进口或从印度国内购买建立特殊经济区及进一步经营所需的资本货物、原材料、消耗产品及办公设备等，且无须缴纳关税，进口或本地购买的免关税货物，批准的使用有效期为 5 年；企业在特殊经济区的投资，其前 5 年的利润所得可获得 100% 的利润免税优惠，第 6 ~ 第 10 年可得到 50% 的利润免税优惠政策，第 11 ~ 第 15 年可得到 50% 的再投资所得盈利的免税优惠；除需要产业许可的产业外，特殊经济区的制造业允许 100% 的外商直接投资；特殊经济区内允许建立境外金融业务单位，且在前 3 年可获得 100% 所得税减免，在其后的 2 年可获得 50% 所得税减免；针对特殊经济区经营单位的外汇管制更具灵活性，上述经营单位每年的外部商业借款限额为 5 亿美元；特殊经济区经营单位无须缴纳服务税；被征土地 1/4 须用于生产和加工业，其他部分可用于任何目的；简化申请手续，提供"一站式"服务。

7）注重外资流向高新技术产业尤其是软件业。为促进外国直接投资流向本国软件业，印度政府对科技园实行一系列优惠政策，包括：免除进出口软件的双重赋税；免除全部进口关税；允许外商独资经营；10 年内免征所得税；全部产品用于出口的软件商可免征所得税；打破国家对电信业的垄断，网络经营业务向私营部门开放，并允许外资拥有不超过 74% 的股份。印度政府还特别注意通过建立和执行符合国际惯例的知识产权标准维护直接投资企业的知识产权，以鼓励外国直接投资投向软件业。印度在 1994 年 6 月就对版权法做了较大修改和补充，明确规定了版权所有者的权利、软件出租者的行为规范、用户备份软件的权利以及侵犯版权的惩处和罚款条例等。

2006 年，为鼓励外国高科技公司投资，印度宣布，由于印度大规模半导体制造业匮乏，高科技开发中心的技术创新疲软。为了使印度成为外国制造计算机芯片和其他产品的首选国家，印度政府将出台新的投资方案，帮助高科技合资企业双方公平的分担投资成本并提供融资，目标是弥补由于印度基础设施薄弱而导致合资企业附加的成本。这个措施将帮助吸引外国的大芯片制造公司，预期当地政府将分担投资工程的成本。融资将弥补由于印度基础设施薄弱而导致合资企业无关的成本，印度政府将在道路、通信、港口设备、供水和能源供应方面为外国的企业提供更多的方便。

（2）金融危机后外商直接投资优惠政策。金融危机对世界经济造成严重冲击，为了应对金融危机，吸引外商直接投资，印度出台了一系列措施。

1）进一步明确审批程序。2009 年 2 月 16 日，印商工部工业政策促进局发布了 2009 第 2、第 3 号公告，分别规范了 FDI 企业的外资股份计算方法和限制领域内印资企业控制权向外资企业转让的行为。公告系对日前公布的部分开放限制领域外资间接投资政策的补充说明或实施细则。两项公告主要内容如下：

第 2 号公告列明了印度公司直接、间接外商投资计算方法指引。印度公民拥有并控制的（印公民持有 50% 以上股权且有权任命多数董事）的印外合资企业，投资于印度其他企业，其在被投资企业中的股权不视为外商间接投资；如果印度外合资企业所投资的企业为其 100% 控股的子公司，则被投资企业中的外资成分属于外资间接投资，股份比例且与投资企业外资比例相对应。

第 3 号公告对外资限制领域印度公司印方所有权、控制权转移给外方做了有关规定。印度企业所在行业存在外资持股比例上限的，如国防工业、机场地面服务、资产重组公司、私人银行、广播、商品交易所等，其印度股东对公司的所有权、控制权向外资股东转让时，必须获得印度财政部外国投资促进局的批准。

2）进一步放松对外商投资的管制。2012 年 4 月 10 日，印度商工部工业政策促进局发布 2012 年第 1 号投资公告，对现有的外国投资政策进行评审，并决定对相关外国投资政策进行局部调整，其主要内容有：

一是放宽商品交易所投资政策。目前，外商投资商品交易所需政府审批，外资比例上限为49%，其中外国机构投资者投资上限为23%，直接投资上限为26%。此次政策修改放宽了对外商投资的要求，外国机构投资者投资商品交易所不再要求政府审批，只有外商直接投资需要政府审批。

二是澄清非银行金融公司活动。此次政策调整，澄清了非银行金融公司18项活动之一的"租赁与金融"活动，仅包括金融租赁，不包括经营性租赁。

三是二手机器设备不再允许转换为股权。此前，印度允许资本货物/机器设备（包括二手机器）进口转换为股权，此次修改把二手机器排除在外。

四是放宽外国机构投资者投资。目前，外国机构投资者可以根据证券投资计划的规定投资印度公司，外国机构投资者的个人持有比例上限为该公司资本的10%，外国机构投资者总的投资上限为24%。这个总的上限根据公司董事会的决议可以增加到行业上限或法定上限，但需要事先告知印度储备银行。

五是外国风险资本投资者投资。根据规定的条款和条件，印度政府允许外国风险资本投资者通过从第三方私人安排或购买的方式投资合格证券。根据印度证券交易委员会规定，允许印度证券交易委员会注册的外国风险资本投资者在一个公认的证券交易所投资证券。此次修改后，外商直接投资政策也适用以上的规定。

六是合格金融投资者投资。印度政府允许合格金融投资者投资印度上市公司股份，也允许合格金融投资者按照规定的投资限额，通过权利股、红利股，或股份的拆分及合并，或公司的合并、分立获得股份。此次修改后，外国直接投资政策也适用该规定。

七是股份和可转换债券转让的普遍许可。印度金融服务部门公司股票、可转换债券的转让政策已放开，此次修改后，外国直接投资政策也适用该规定。

八是放宽单一品牌零售业和制药行业投资政策。单一品牌零售业和制药行业的外国直接投资政策放宽，投资比例可达到100%。

2013年7月，印度联邦政府推出针对12个领域外国直接投资条件的改革措施，大幅放宽对外资进入电信、保险、石油、天然气和国防等重点行业的限制。主要措施如下：

一是提高外国直接投资的投资比例上限。印度政府将电信领域的外国直接投资比例上限由原来的74%提高至100%；在保险行业，外国直接投资上限也提高到了49%。在国防生产领域，过去规定外国直接投资比例的上限为26%，并且必须由印度外国投资促进局批准，现在印度政府则表示如果投资项目能为印度引进新技术，超过26%的外国投资也可考虑。

二是减少投资审批环节，扩大"自动生效"的范围，将原先需由印度外国投资促进局批准的某些投资项目，改为符合条件自动生效。此外，2013年8月，印度联邦内阁批准一项提案，规定自2013年9月起放宽多品牌零售行业外商投资限制。联邦政府同时还取消了禁止外国零售商入驻人口不到百万的城市的规定。

2013年9月，印度商工部工业政策和促进总局（DIPP）发布本财年第6号公告，正式调整和放宽部分领域的外资政策，以加大市场开放力度，努力吸引外资，挽救经济颓势。主要内容包括：

一是茶叶种植。经过政府审批，FDI可继续在茶叶种植领域持股100%，原来5年内需向印度本土企业转股26%的规定取消。

二是石化冶炼。FDI在石油冶炼领域仍维持49%的持股上限，但由原来的"政府审批"改为"自动生效"。

三是国防工业。FDI投资上限为26%，且实行"政府审批"路线。如果FDI确能引进新技术，经过内阁安全委员会（CCS）审批后，FDI可超过26%。此外，该领域不允许外国机构投资（FII）投资；对于FDI不超过26%但投资额超过120亿卢比的项目，需要内阁经济委员会（CCEA）审批；对FDI超过26%的项目，则需要由国防生产部（DODP）先行审核是否能为印度带来现代技术，再由内阁安全委员会（CCS）最终审批，CCS审批后不再需要CCEA审批。

四是快递业务。外资可100%持股，但取消审批环节，由"政府审批"路线改为"自动生效"路线。

五是电信服务。所有电信服务，包括电信基础设施建设，FDI上限由74%提高至100%。其中，外资比例49%以下的实行"自动生效"路线，超过49%的实行"政府审批"路线。

六是单一品牌零售。外资可以继续持股100%，但调整全部需要政府审批的规定，如果FDI不超过49%，实行"自动生效"路线，若超过49%，则实行"政府审批"路线。

七是资产重组。通过FDI和FII，外资可持资产重组公司（ACRs）的比例由74%上调至100%，而且，FDI若不超过49%，实行"自动生效"路线，超过49%的实行"政府审批"路线。

八是商品交易。外资（包括 FDI 和 FII）持股上限继续维持 49%，其中 FII 不超过 23%，FDI 不超过 26%。但取消政府审批，改为"自动生效"路线。且该领域的外商投资要接受消费者事务部（DCA）和远期交易委员会（FMC）的指导和监管。

九是信用资讯。投资印度信用资讯公司（Credit Information Companies）的外资（包括 FDI 和 FII）比例上限由 49% 调升至 74%，且全部实行"自动生效"路线。

十是证券交易。投资印证券交易、清算等基础设施公司的外资（包括 FDI 和 FII）比例继续维持 49% 的上限，但取消政府审批，改为"自动生效"路线。

十一是电力交易。外资（包括 FDI 和 FII）持股比例继续保持 49% 的上限，其中，FII 不超过 23%，实行"自动生效"路线；FDI 不超过 26%，实行"政府审批"路线。

2014 年 7 月，印度出台电商政策，允许在印度有制造基地的外国企业建立网络销售平台，直接向印度的消费者提供网购服务。以制造商身份进入印度市场的海外企业，将被允许从事电子商务，即使他们从印度第三方厂商采购商品。目前包括三星、LG、松下和联想在内的品牌厂商允许通过电子商务直接对消费者进行销售。但海外公司如果在印度只是扮演零售商的角色，就算是在其国内采购商品也是不允许在线销售的。

3）提升制造业吸引力。2014 年 9 月，印度总理纳伦德拉·莫迪宣布了名为"在印度制造"的一系列新政策，旨在增强在印度投资兴业的吸引力。这项新政将给有意在印度投资的国内外企业提供一站式服务，并改革劳动法律和税收，简化审批程序，吸引各界在印度投资设厂，扩大当地就业。据悉，新政策主要涉及 25 个行业，包括汽车、化工、制药、纺织、信息技术、港口、航空、旅游、铁路、再生能源、采矿以及电子产业等。莫迪说，印度拥有民主体制、人口红利和需求巨大这三大优势，是外资投资的理想目的地。政府的要务之一就是重建外界对印度工业的信心，让全球的企业都来印度生产商品。

与之相适应的是，2014 年 7 月，印度出台的电商新政也要求制造业方面的外国直接投资是列入印度国家自动审批行列的，政府允许这些项目通过零售的方式，包括电商平台销售他们的商品。因此，尽管苹果和索尼公司希望能在印度进行直销，但因为他们采购的商品来自中国、泰国和马来西亚，所以无法在当地建立自己的企业。政策有利于选择性地对国内行业进行直接投资，吸引海外资金对国内制造业的关注，创造更多的就业机会，加速印度经济的发展。

参考文献

［1］ Hirschey, Robert. C and Richard, E. Caves. Research and Transfer of Technology by Multinational Enterprise ［J］. Oxford Bulletin of Economics and Statistics, 1981.

［2］ Negassi, S. R&D Co – opertation and Innovation.

［3］ Florida, R. The Globalization of R&D: Results of a Survey of Foreign – affiliated R&D Laboratories in the United States ［J］. Research Policy, 1997.

［4］ Reddy, Prasada and Jon Sigurdson. Strategic location of R&D and Emerging Patterns of Globalization: The Case of Astra Research Centre in India ［J］. International Journal of Technology Management, 1997.

［5］ Dunning, J. H. The Geographical Sources of the Competitiveness of Firms: Some Results of a New Survey ［J］. Transnational Corporations, 1996, 5 (3).

［6］ Kuemmerle, W. Building Effective R&D Capabilities Abroad ［J］. Harvard Business Review, 1997.

［7］ Anabel Marin & Martin Bell. Technology Spillovers from Foreign Direct Investment (FDI) the Active Role of MNC Subsidiaries in Argentina in the 1990s ［R］. Final version received March 2005.

［8］ Kostova. Transnational Transfer of Strategic Organizational Practices: A Contextual Perspective ［J］. Academy of Management Review, 1999, 24 (2).

［9］ 楚天骄，杜德斌. 中国 R&D 投资环境评价指标体系 ［J］. 研究与发展管理，2006 (4).

［10］ 张水清，杜德斌. 跨国公司 R&D 全球化与中国的对策 ［J］. 世界经济研究，2001 (3).

［11］李洁．跨国公司在华 R&D 趣味选择的市政分析［J］．商业研究，2005（8）．

［12］Sun Y, Du D, Huang L. Foreign R&D in Developing Countries：Empirical Evidence from Shanghai , China［J］. China Review, 2006.

［13］李洁．跨国公司在华 R&D 趣味选择的市政分析［J］．商业研究，2005（8）．

［14］何琼，王铮．跨国 R&D 投资在中国的区位影响分析［J］．中国软科学，2006（7）．

［15］崔新健．跨国公司在华研发投资的行业决定因素——基于中国规模以上工业企业面板数据的实证研究［J］．科学学与科学技术管理，2011（6）．

［16］薛澜，柳卸林，穆荣平．OECD 中国创新政策研究报告［M］．北京：科学出版社，2011.

［17］喻世友，万欣荣等，长城企业战略研究所．拥抱中国——跨国公司在华的研究［M］．南宁：广西人民出版社，2014.

［18］柳卸林，赵捷.19 家跨国公司在京研发机构的研发活动分析［J］．决策咨询，2004.

［19］杜德斌．跨国公司 R&D 全球化：地理学的视角［J］．世界地理研究，2007（11）．

［20］林耕，陆莺，李明亮，张若然．把脉北京的外资研发机构［J］．科技潮，2004（2）．

［21］盛刚.2005 年度天津市实施国家级科技计划项目统计调查分析［J］．天津科技，2006（6）．

［22］Ronstadt, R. Research and Development Abroad by US Multinationals［M］. New York：Praeger Publishers, 1977.

［23］Tagger, J. H. The Organisation of International Business—proceedings of the 1997 Annual Conference of the Academy of International Business.

［24］Hood & Young. Multinationals, Technology and Competiveness［M］. London：Unwin Hymm, 1982.

［25］Pearce, Robert D M. Papanastassiou. Overseas R&D and the Strategic Evolution of MNES：Evidence from Laboratories in the UK［J］. 1999.

［26］Hewitt, Gary. Research and Development Performed Abroad by U. S. Manufacturing Multinationals［R］. Kyklos, 1980.

［27］Hakason, Lars and Robert Nobel. Foreign Research and Development in Swedish Multinationals［J］. Research Policy , 1993.

［28］Prahalad, C. K. and Doz, Y. L. The Multinational Mission：Balancing Local demands and Global Vision［M］. New York, The Free Press, 1987.

［29］Kuemmerle, W. Building Effective R&D Capabilities Abroad［J］. Harvard Business Review, 1997.

［30］Ghoshal. S. and Bartlett. C., Creation, Adotion, and Diffusion of Innovations by Subsidiaries Multinational Corporations［J］. Joumal of International Business Studies, 1988.

［31］Boutellier. Roman, Oliver Gassmann and Maximilian von Zedtwitz. Managing Global Innovation, Uncovering the Secrets of Future Competitiveness［M］. Springer – verlag Verlin Heidelverg, 1999.

［32］Brockhoffk. Internationalization of Research and Development［M］. Heidelberg：Spfinge – verlag Berlin, 1998.

［33］Chiesa. Separating Research from Development：Evidence from the Pharmaccutial Industry［J］. European Management Journal, 1996.

［34］von Zedtwitz, Maximilian, Oliver Gassmann. Market Versus Technology Drive in R&D Interenationalization：Four Different Patterns of Managing Research and Development［J］. Research Policy, 2002.

［35］Dunning, J. H. and Narula Rajneesh. The R&D Activities of Foreign Firms in the United Stateds［J］. International Studies of Management and Organization, 1995.

［36］Lucas, R. E. On The Mechanics of Economic Development［J］. Journal of Monetary Economics, 1988.

［37］Paul R. Krugman, The Narrowing Moving Band. The Dutch Disease and the Competitive Consequences of Mrs. Thatcher：Notes on Trade in the Presence of Dynamic Scale Economics［J］. Joumal of Development Economies, 1987.

［38］郑德渊，李湛. 有双向溢出效应的上游企业 R&D 政策研究［J］. 管理工程学报, 2002（1）.

［39］赖明勇等. 外资与技术外溢：基于吸收能力的研究［J］. 经济研究,

2005（8）.

　　［40］刘云，夏明，武小明. 中国最大500家外商投资企业在华专利及影响的计量研究［J］. 预测，2003.

　　［41］冼国明，严兵. FDI对中国创新能力的溢出效应［J］. 世界经济，2005.

　　［42］Hu A G Z，Jefferson G. Qian Jinchang R&D and Technology Transfer：Firm – Level Evidence from Chinese，2005.

　　［43］章文光. 跨国公司在华投资"研发中心"与我国政府的竞合博弈分析［J］. 北京行政学院学报，2007（6）.

　　［44］秦岩. 跨国公司在华研发机构功能演化与本土互动研究［M］. 北京：人民出版社，2011.

　　［45］Pearce，Robert D. The Internationalization of Research and Development in Multinational Enterprises［M］. New York：St Martin's Press，1989.

　　［46］Dunning，J. H. Multinational Enterprises and the Globalization of Innovatory Capacity［J］. Research Policy，1994.

　　［47］Reddy，Prasada and Jon Sigurdson. Strategic Location of R&D and Emerging Patterns of Globalization：The Case of Astra Research Centre in India［J］. International Journal of Technology management，1997.

　　［48］江小娟，冯远. 合意性、一致性与政策作用空间：外商投资高新技术企业的行为分析［J］. 管理世界，2000（3）.

　　［49］董书礼. 跨国公司在华设立研发机构与我国产业技术进步［J］. 中国科技论坛，2004（2）.

　　［50］Driffield，N. and Taylor，K. FDI and the Labor Market：A Review of the Evidence and Policy Implications［J］. Oxford Review of Economic Policy，2000.

　　［51］薄文广. 外部性与产业增长——来自中国省级面板数据的研究［J］. 中国工业经济，2007.

　　［52］蒋殿春. 跨国公司对我国企业研发能力的影响：一个模型分析［J］. 南开经济研究，2004.

　　［53］蒋殿春，夏良科. FDI对中国高技术产业技术创新作用的经验分析［J］. 世界经济，2005（8）.

　　［54］杜德斌等. 跨国公司在华研发：发展、影响及对策研究［M］. 北京：

科学出版社，2009.

［55］吴贻康．外国在中国兴办研究开发机构的调查研究［J］．中国软科学，2000（1）．

［56］袁建新．在华外资研发存在的问题及其对策［J］．苏州大学学报，2009（2）．

［57］江小娟．跨国公司在华投资企业的研发行为［J］．科技导报，2000（9）．

［58］王健．国内外促进外资研发机构的技术溢出政策及其对北京的启示［J］．科技智囊，2008（5）．

［59］孔欣欣，郭铁成．外资在华研发战略和我们的对策［J］．创新科技，2008（12）．

［60］崔新健．外资研发中心的现状及政策建议［M］．北京：人民出版社，2011.

［61］李茜．对在沪外资研发机构管理的政策建议［J］．商品与质量杂志，2010（SA）．

［62］李津．跨国公司在华研发的原因、影响及对策探析［J］．特区经济，2010（5）．

［63］马忠法，宋永华．改革开放三十年中国技术引进后续研发问题及完善［J］．知识产权，2008（11）．

［64］林耕，陆莺．把脉北京的外资研发机构［J］．科技潮，2004（2）．

［65］袁建新．国外知识流程外包研究述评［J］．外国经济与管理，2010（11）．

［66］外商投资研发机构研究课题组．外商投资研发机构特点及对我国自主创新影响的初步分析［J］．对外经贸导刊，2006（24）．

［67］张志斌．跨国公司在华研发策略研究．2006 年硕士学位论文［EB/OL］．中国知网，http：//kreader．cnki．net/Kreader/CatalogViewPage．aspx？dbCode = cdmd&filename = 2006062269．nh&tablename = CMFD0506&compose = &first = 1&uid = .

［68］袁建新．在华外资研发存在的问题及其对策［J］．苏州大学学报，2009（2）．

［69］谢富纪，董正英．技术转移与技术交易［M］．北京：清华大学出版社，2006.

［70］蔡兰．美国跨国公司海外研发投资区位选择的实证研究［D］．湖南大学，2009．

［71］陈继勇．美国对外直接投资研究［M］．武汉：武汉大学出版社，1993．

［72］陈禹彤．中美对外直接投资政策比较研究［D］．北京交通大学，2010．

［73］程欣然．外国投资与国家安全的经济考量——以华为并购案因危害美国"国家安全"被否决为例［J］．学理论，2013．

［74］吉小雨．美国对外直接投资的利益保护［J］．世界经济与政治论坛，2011（02）

［75］柳德荣．美国在华直接投资现状及制约因素分析［N］．中南大学学报（社会科学版），2007（01）．

［76］雷建，梅新育．美国海外投资保证制度［J］．计划与市场，2000（08）．

［77］王孜弘．美国对外投资的管理与限制［J］．中国经贸导刊，2005（07）．

［78］杨长湧．美国对外直接投资的历程、经验及对我国的启示［J］．经济研究参考，2011（22）．

［79］叶飞雪．美国跨国公司经营活动对母国经济影响［D］．外交学院，2013．

［80］张志雄．美国对外直接投资的发展对我国企业跨国投资的启示［J］．珠江经济，1997（04）．

［81］赵英奎．英美促进海外投资的做法及其启示［J］．全球科技经济瞭望，2002（09）．

［82］陈宁．美国政府对外国参与美国研发活动的管理概况［J］．全球科技经济瞭望，2009（03）．

后　记

近年来，国际形势发生着剧烈的变化，外资研发机构以及外资企业作为国家创新体系的重要组成部分，对我国创新驱动发展战略的实施发挥着重要作用。但是，由于我国对外资研发机构的认识还存在一定不足，限制了这类重要创新主体作用的发挥。本书的主要目的就是通过较为系统地梳理和分析我国外资研发机构的创新发展情况，分析外资研发机构发展中存在的问题，提出政策建议，以期能够更好地发挥外资研发机构在国家创新体系建设中的作用。

本书的写作，首先，感谢商务部黄峰和孟华婷、科技部陈成等在开展调研以及研究方面的支持与协调，当然本书只代表研究的看法，而不代表任何部门或机构。其次要感谢各位作者付出的艰辛与努力，很多研究分析工作十分扎实细致，但是由于各种原因不能一并呈现给读者。还要感谢为出版付出努力的高艳茹以及出版社编辑，他们出色的工作使本书的编写更加完善。

本书是一定时期研究工作的展现，相关的数据调查与调研能够反映特定时期内外资研发机构的发展状况和诉求，但是随着时间的推移，这些情况可能会发生变化。而且由于资料和数据所限，很多问题的分析还有待进一步深入，更主要的是，由于国内外发展形势的变化可能使一些研究结论或建议的借鉴意义下降，不足之处敬请批评指正。

作者

2019 年 5 月 4 日